Yvonne Weber

Hat Piräus einen Hafen?

Deutsche Touristen auf hoher See

Sämtliche historische Informationen, Daten und Fakten über Länder und Städte, beruhen sich auf die Auskünfte der örtlichen Reiseleiter.

Alle Erzählungen dieses Buches beruhen auf Wahrheit. Sollten zwischen den Personennamen im Buch, und denen, die auf dem Schiff arbeiten und leben, irgendwelche Ähnlichkeit bestehen, ist dies reiner Zufall. Der Name des Schiffes ist frei erfunden.

**„Das Leben ist wie ein Buch,
und wer nicht reist,
liest nur ein wenig davon!“**
(Jean Paul)

**„Jede Begegnung, die unsere Seele berührt,
hinterlässt eine Spur, die nie ganz verweht.“**
(Lore-Lilian Boden)

ꕤ *Inhaltsverzeichnis* ꕤ

Vorwort

Touristen sind eine ganz besondere Spezies, vor allem wenn es sich, wie in diesem Buch, um deutsche Pauschaltouristen handelt. Dank ihrer wurde ich, selbst im schönsten Urlaubsparadies, immer wieder vom Jammer des Lebens ergriffen. Was ich damit meine, werdet ihr verstehen, wenn ihr die folgenden Kapitel lest.

Manchmal denkt ihr vielleicht, ich würde Seemannsgarn spinnen, aber ich schwöre, es ist alles so geschehen, wie es geschrieben steht. Es gab Momente, da dachte ich, irgendwo sei eine versteckte Kamera, und wenn ich nicht selber dabei gewesen wäre, würde ich niemals glauben, dass solche Geschichten wirklich geschehen könnten. Viel zu kurios, viel zu abnormal, viel zu weit entfernt von meinem Denken, was möglich sei. Aber, und so viel sei vorweg gesagt – es ist möglich! Nach mehr als drei Jahren auf hoher See und täglichem Kontakt mit dem deutschen Passagier, wundere ich mich über gar nichts mehr.

Lehnt euch also zurück und genießt die Geschichten von Menschen wie du und ich, der Sehnsucht nach fremden Ländern, Abenteuern in weiter Ferne und dem unvergleichlichen, einzigartigen Erlebnis der Seefahrt.

ꕤ Et jet los ꕤ

„Wem Gott will rechte Gunst erweisen,
den schickt er in die weite Welt."
(Freiherr von Eichendorff)

Gerade noch in Träumen versunken, forderte mich der Wecker schrill und lieblos zum Aufstehen auf. Nur allzu gerne hätte ich mich in meiner Koje noch einmal umgedreht und weitergeschlafen, ein Luxus jedoch, der mir als Crewmitglied nie gewährt wurde. Sieben Tage die Woche arbeiten hieß die Devise. Von wegen freier Tag oder Wochenende. Wie ihr seht, auch das Leben auf einem Traumschiff ist kein Wunschkonzert.

In der Dunkelheit, die in einer Innenkabine nun mal so herrscht, ertastete ich mir schlaftrunken den Weg zum Lichtschalter. Schon war es angestrahlt, mein kleines Reich von sage und schreibe fünf Quadratmetern, das ich mir nur mit einer weiteren Person zu teilen brauchte. Jedes Mal achtete ich gebannt darauf, beim Aufstehen nicht mit dem Kopf gegen das Etagenbett über mir zu stoßen. Der kleine Fernseher, der auf dem nicht viel größeren Schreibtisch stand, war in dieser Phase des Morgens immer meine erste Verbindung zur Außenwelt, denn auf Kanal 14 verriet die Außenbordkamera mir, welches Wetter Petrus uns an diesem Tag geschenkt hatte. Wie fast immer, so hatte er sich auch heute für einen blauen Himmel und strahlenden Sonnenschein entschieden.

Ich durchquerte meine gesamte Kabine, mit anderen Worten, ich ging drei Schritte zum Bad. Nachdem ich salonfähig war, freute ich mich auf ein üppiges Frühstück in der Crewmesse, was mit den vielen Kollegen immer sehr unterhaltsam war. Das Leben konnte beginnen – ich war bereit für einen neuen Arbeitstag an Bord der „MS NABUCCO".

Wir hatten bereits in unserem Basishafen Heraklion auf Kreta angelegt. Die Sonne stand prachtvoll am Himmel und erfreute uns schon zu dieser Tageszeit mit ihrer wohltuenden Wärme. Möwen kreischten auf zum gemeinsamen Morgengesang. Im Steilflug steuerten sie mutig hinab in die

Gischt des Meeres, bevor der Wind sie wieder hinauf in schwebende Höhen trug. Gähnend, dem neuen Tag mit Gleichgültigkeit gegenübertretend, lagen Schiffstaue müde auf dem heißem Asphalt der Pier, und meterhohe Kräne verluden angestrengt Container auf wartende Ozeanriesen.

Neben uns hatte ein weiteres Kreuzfahrtschiff festgemacht. Genau wie unsere NABUCCO blickte es neugierig einer neuen Reise erfüllt von Freude, Begeisterung, Abenteuern und Erlebnissen entgegen. Die unstillbare Sehnsucht nach der Ferne legte Allem liebevoll ihren Schleier um.

Auf der Pier herrschte hektisches Treiben, da fast tausend Passagiere heute ihren Urlaub beendeten. Im Schweiße ihres Angesichts hatten meine philippinischen Kollegen kurz nach Anlegen das Gepäck der Gäste vor das Schiff gebracht und es dort aufgereiht. Viele der Abreisenden hielten nun Ausschau nach dem ihrigen, um es zum Check-in-Schalter im Hafengebäude zu bringen, damit es von fleißigen Heinzelmännchen wie uns direkt zum Flieger transportiert werden konnte. Ich beobachtete dieses Schauspiel von der Reling aus und wunderte mich, warum einige unserer Gäste so sichtlich hektisch waren. Offenbar waren sie besorgt, ihren Koffer nicht sofort zu finden und so nicht als einer der Ersten vor dem Check-In Schalter zu stehen.

Schon lange bevor das Schiff von den örtlichen Behörden freigegeben worden war und die Abreisenden es überhaupt verlassen durften, hatten sie sich die Beine in den Bauch gestanden und das gesamte Treppenhaus versperrt. Genauso gut hätten sie die Zeit gemütlich beim Frühstück verbringen und die Annehmlichkeiten des Schiffes ein letztes Mal genießen können. Aber wieso sollte man der Bequemlichkeit frönen, wenn man ebenso gut die Möglichkeit hatte, dicht gedrängt in einer Menschenmasse mit nur geringer Chance auf Atemluft zu stehen?

Sekundenbruchteile nach der Schiffsfreigabe stürmten die Gäste unter heftigstem Einsatz ihrer Ellbogen zur Pier, wo das besagte Koffersuchen begann. Wurde ihr Gepäck innerhalb von drei Minuten nicht gefunden, eilten sie auf das nächste Crewmitglied zu, das sie unmissverständlich aufforderten, ihnen bei der Suche zu helfen. Dabei beschrieben sie, Gott sei Dank, bis ins kleinste Detail ihr Hab und Gut, was uns eine große Hilfe war: „Mein Koffer ist schwarz und hat oben einen Griff“, hieß es meist. Welch optimale Voraussetzung für eine glückliche Wiedervereinigung zwischen Mensch und Koffer!

Was mich an einem Schiff wie dem unseren faszinierte, war die Logistik, die alles zum Leben brachte. Während sich alle auf die Abreise konzentrierten, waren gleichzeitig schon die Flieger mit den neuen Gästen aus allen Ecken Deutschlands im Anflug oder gar bereits gelandet. Um morgens, mittags und abends all unsere Gäste zu verköstigen, bedurfte es einer bis ins kleinste Detail durchdachten Planung. Auch heute standen bereits mehr als ein Dutzend Lkws auf der Pier, die, bis zur Decke geladen, auf unsere Ankunft gewartet hatten. In jedem Hafen dieser Welt ist die Arbeitsweise des Loadings – die Beladung des Schiffes – identisch.

Kurz nach dem Anlegen öffnet sich die Ladeluke des Schiffes und für unzählige Mitarbeiter beginnt ein Knochenjob, denn in den folgenden Stunden müssen die zum größten Teil philippinischen Kollegen in Schwerstarbeit die Lkws bis zur letzten Mehltüte ausladen. Eine Menschenkette bildet sich und wie ein auf die Sekunde genau tickendes Uhrwerk geht ein Handgriff in den anderen über und Kisten verschwinden tonnenweise im Bauch des Schiffes.

Zum Ausruhen bleibt keine Zeit, denn die Arbeit muss in Windeseile vollzogen werden, um das Beladen, in den wenigen zur Verfügung stehenden Stunden, zu bewältigen. Gabelstapler fahren ihre Bahnen und laden ebenfalls große Paletten ins Schiffsinnere. Kaum sind alle Vorräte an Bord, werden diese ausgepackt und zu ihrem jeweiligen Lagerraum gebracht, in dem jedes Produkt seinen exakten Platz inne hat. Insgesamt gibt es zwanzig Räume und in jedem lagern andere Lebensmittel: Pfeffer, Safran, Ingwer, Mangos, Ananas, Tomaten, Eier, Lobster oder was immer das Herz begehrt.

Nach jedem Loading befindet sich ein halbes Fußballfeld voller Lebensmittel an Bord. Eine sagenhafte Menge, die die NABUCCO stets frisch vom Hamburger Großmarkt bezieht, ganz egal, in welchem Hafen sie sich auf dieser Welt befindet. Um die Schlemmereien auf ihrer oftmals großen Reise frisch zu halten, werden sie in Containern verschickt. Diesen wird der Sauerstoff entzogen und im Gegenzug Stickstoff zugeführt. Da Stickstoff den Reifeprozess verhindert, bleibt das köstliche Obst und Gemüse lange schmackhaft.

Manchmal allerdings ersteigert der Provision Master, der zuständige Mann für die Beschaffung alles an Bord benötigten Proviants, gemeinsam mit dem Küchenchef, exotische Köstlichkeiten auf den lokalen Märkten verschiedener Destinationen. Doch nicht nur Lebensmittel müssen bestellt, geladen, und gelagert werden, sondern auch all die großen und kleinen Dinge, die eine schwimmende Stadt benötigt. Vom Kugelschreiber, bis hin zur Druckerpatrone, von der Serviette, bis hin zur Bettwäsche, an jedes scheinbar noch so kleine Produkt muss gedacht werden.

Das Auslaufen am ersten Abend stellte immer wieder eine Besonderheit dar. Kaum waren alle Passagiere an Bord, lud unser Partyschiff zur großen Fahrt ein. Für viele war es das erste Mal, dass sie dieses Spektakel erleben durften. Alle versammelten sich am Pooldeck, von dem aus sie einen wundervollen Blick auf den nächtlichen Hafen genossen.

Am Himmel funkelten die Sterne und die Lichter Heraklions aus der Ferne. Die Hafenarbeiter wuselten umher, wo hingegen auf der Brücke höchste Konzentration herrschte. Die Gangway wurde hochgezogen und die Motoren angeworfen, was mein schönes Schiff ehrfurchtsvoll erzittern ließ. Endlich war es soweit und es hieß: „Leinen los". Aus bombastischen Lautsprechern erklangen gewaltige Melodien, die jedem eine Gänsehaut bescherten.

Die Reederei hatte nicht gegeizt und Sekt wurde großzügig ausgeschenkt. Erhaben verließ die NABUCCO das Ufer und fuhr leise hinaus in die Nacht. An der Reling stehend sah man die Lichter der Stadt immer kleiner werden, bis sie ganz verschwunden waren. Kurz darauf umgab uns nur noch das endlose Meer und das Firmament, welches über uns wachte.

ꕤ Dubrovnik ꕤ

„Kreischende Möwen.
Wellenschlag folgt Wellenschlag.
Das Meer singt sein Lied.“
(EPROM)

Das erste Ziel unserer Reise war Dubrovnik, die Hafenstadt Kroatiens, auch als „Perle der Adria“ bekannt. Meine Aufgabe an Bord war von großem Glück gesegnet, denn mein Job nannte sich Scout, auf Deutsch „Pfadfinder“, und so begleitete ich in jedem Hafen die Gäste zu den Landausflügen und schaute mir, genau wie sie, all die schönen Seiten unserer Welt an. Ein Stadtspaziergang stand an diesem Tag auf meinem Programm und das Wetter war nahezu perfekt dafür – es regnete, es stürmte, es peitschte.

Die Organisation der Ausflüge war eine Meisterleistung, der wir uns täglich aufs Neue hingaben. Etwa 1000 Gäste wollten in jedem Hafen die Destinationen mit einem von uns organisierten Ausflug erleben und so standen Dutzende Busse allmorgendlich auf der Pier bereit und warteten auf die neugierigen Entdecker. Innerhalb kürzester Zeit hieß es, diese große Menschenzahl zu dem für den jeweiligen Ausflug richtigen Bus zu geleiten. Auf der NABUCCO gab es für jede Exkursion einen bestimmten Treffpunkt innerhalb des Schiffes, an dem wir uns mit den Gästen trafen und die Vollzähligkeit laut Teilnehmerliste überprüften. Der Stadtrundgang traf sich heute in der sogenannten NABUCCO-Bar. Meine Kollegin Kati und ich sagten jedem Gast ein freundliches „Hallo“. Als wir komplett waren und uns unsere Chefin über Walki-Talki versicherte, dass Busse und Reiseleiter bereit standen, konnte uns nichts mehr aufhalten. Dubrovnik wartete auf uns.

Vom Hafen bis zur Altstadt waren es einige Kilometer, so dass wir diese erst einmal mit dem Bus zurücklegten. Der Regen peitschte noch immer gegen die Fenster und ließ die Vorfreude auf den anstehenden Spaziergang ein wenig trüben. Jedoch, als wir von einem herrlichen Aussichtspunkt die Stadt vor uns liegen sahen, wusste jeder: egal ob Sonnenschein oder Regen –

Dubrovnik ist ein Traum. Wie eine Oase der Anmut schmiegt sich die Stadt sanft ans Meer, von dem aus sie sich huldvoll hinauf in die Berge zieht. Die roten Dächer der Stadt stachen wie Diamanten in unsere Augen. Grünbewaldete Berghänge erfreuten sich am Regen, der sie mit neuen Lebensgeistern erquickte. Das Meer brauste mit Getöse auf steile Felsklippen zu, zerschellte an deren Wänden, und ließ die Schaumflocken der Wellen wie Pulverschnee erscheinen.

In der Altstadt angelangt, gehörte zu unserer Erkundigung die Besichtigung diverser kultureller Höhepunkte, und so besuchten wir das Franziskanerkloster mit seinem erhabenen Kreuzweg. Just in dem Moment, als ich den Erklärungen des Reiseleiters folgte, wurde ich jäh aus meiner Aufmerksamkeit gerissen. Grund waren die Verbalattacken eines Pärchens, das sich ohne Scham lautstark in den heiligen Gemächern stritt. Ihre nicht für die Ohren aller Altersklassen geeigneten Worte wurden begleitet von mit vor Zorn sprühenden Blicken. Sie keiften und schossen unsichtbare Giftpfeile einander zu. „Gebenedeit seiest du und gebenedeit sei die Frucht deines Leibes", dachte ich nur und schlich mich, mich für die beiden schämend, gesenkten Hauptes aus den gesegneten Hallen.

Wieder im Freien, riss die Wolkendecke auf, und die Sonne kam zum Vorschein. So bummelten wir gutgelaunt durch die Gassen Dubrovniks – der Reiseleiter wie die Gänsemama vorweg, die Truppe in der Mitte und Kati und ich als verantwortungsvolle Aufseher hinterher.

Nach nur wenigen Sekunden in der Altstadt hatte man das Gefühl, in ein Zeitalter fern dem unseren versetzt worden zu sein. Kleine, enge, kopfsteingepflasterte Gassen bahnten sich, gesäumt von romantischen Steinhäusern mit leuchtend roten Ziegelsteinen und großartigen Kirchen, ihren Weg durch die Stadt. Urige Cafés und Restaurants luden zum Verweilen ein. Großzügig stellten Wirte Tische und Stühle im Freien auf, an denen sich die Besucher der Stadt ausruhten und vergnügt quatschend und lachend das Treiben auf der Straße beobachteten. Im kleinen anliegenden Hafen sprühte das Leben ebenso. Alte Frauen verkauften ihre Strickwaren und ein in traditioneller Tracht gekleideter Troubadour erfreute mit herrlich klingenden Weisen. Eine Volkstanzgruppe tat es ihm vor der Kathedrale gleich und brachte applaudierenden Zuschauern das kroatische Lebensgefühl nahe. Mit das Schönste, was Dubrovnik zu bieten hat, ist die Stadtmauer mit atemberaubenden Aussichten, die sich hoch über den Dächern erstreckt. Mit einer stolzen Länge von drei Kilometern umsäumt sie die gesamte Stadt.

Unser schweißtreibender Anstieg über steile, nie enden wollende Treppenstufen, wurde belohnt sobald wir die stolze meterdicke Mauer erklommen hatten. Schritt für Schritt eröffneten sich uns fantastische Blickwinkel und immerzu ein neues grandioses Panorama: das Meer, die vorgelagerte Insel Lokrum, die unzähligen roten Dächer, die sich vor uns weit wie ein Ozean ausbreiteten, anmutige Kirchen und die vor Anker liegenden Schiffe. Kati und ich spazierten enthusiastisch die ganze Strecke ab und schauten neugierig in Wohnzimmer und Hinterhöfe.

Ich betrachtete die alten Gemäuer und dachte, was ich dafür geben würde, wenn sie von ihrer langjährigen Geschichte erzählen könnten. Heute gilt die gesamte Altstadt als UNESCO-Weltkulturerbe, wodurch der Tourismus zusehends erblüht. Es gibt Tage, an denen im Hafen zwei Schiffe liegen und vor den Toren der Altstadt nochmals weitere drei Schiffe ankern.

Von den dunklen Schatten, die in den Kriegsjahren über der Stadt lagen, ist nichts mehr zu spüren. Nur wenn man genau hinschaut, erspäht man das ein oder andere Einschussloch in den Gebäuden. Kaum zu glauben, dass die Stadt von 1991 - 1992 unter serbischem Artilleriebeschuss stand. Leider war eines der serbischen Ziele gewesen, möglichst viel kroatisches Kulturgut zu zerstören, um die Geschichte dieses Volkes auszulöschen. So waren die Bibliotheken eines der Hauptvernichtungsziele gewesen, und es wird geschätzt, dass etwa 10.000 historische Drucke vernichtet wurden.

Mein Leben, wenigstens dann, wenn ich Abschnitte davon auf dem Schiff verbrachte, bestand nicht nur darin, Ausflüge zu begleiten. Wie es sich für einen Ozeanriesen schickt, verlässt er – und das ist, wie wir alle wissen, eigentlich der Grund, weshalb ein solcher gebaut wird – immer wieder den Hafen und sticht in See. Schön wäre es natürlich gewesen, wenn ich nach dem Auslaufen der Freizeit hätte frönen können, mich auf die faule Haut legend, dahin schippernd, aufs Meer blickend die Seele baumeln lassend. Wie wunderbar dies doch gewesen wäre. Aber für solche Sperenzien wurde ich natürlich nicht bezahlt, denn die Heuer, wie es in Seemannskreisen heißt, musste schwer verdient werden.

So war auch auf hoher See mein Alltag durch Arbeit geprägt, und natürlich – wie könnte es anders sein, widmete ich mich den Landausflügen. Jeder Gast konnte diese an extra dafür vorgesehenen Buchungsschaltern buchen, an denen ich gemeinsam mit meinen Kollegen zu bestimmten Zeiten zu finden war. Dank eines schlau ausgetüftelten Computersystems gab ich ruck zuck die Ausflugswünsche der Passagiere ein.

Obwohl – Ruck Zuck, klingt gut. Denn so ruck zuck ging es natürlich nicht immer. Schlaues Computersystem hin oder her, es waren die Gäste, die wissen mussten, was sie wollten, wobei die Unentschlossenheit einiger eine der größten Herausforderungen meines Berufsstandes darstellte. Zudem kamen sie nicht nur bezüglich der Ausflüge zu uns, sondern mit all ihren Sorgen, Nöten und Problemen. Manchmal war es uns, als sei in der Schiffs-Tageszeitung unser Arbeitsplatz als Kummerkastenecke ausgeschrieben worden. Nun ja, warum auch nicht.

Nachdem ich aus Dubrovnik zurückgekehrt war und meinen Mittagsschlaf gehalten hatte, begann mein Dienst am Abend aufs Neue. Kaum hatte ich den Computer hochgefahren, stand eine äußerst kräftige Dame vor mir. Um genau zu sein, lag sie, tief ein- und ausatmend, nach vorne gebeugt halb über meinem Schalter. Ihr Gesicht wies keine Spur von guter Laune auf, als sie auf einen bestimmten Ausflug in ihrer Ausflugsbroschüre zeigte.
„Buchen sie mir den!“ Stille! Kein Bitte, kein weiteres Wort erfüllte ihrerseits den Raum.
Ich sagte: „Gerne“, und tat wie mir befohlen. Während ich auf die Tastatur tippte, verharrte sie in ihrer vorgebeugten Stellung und atmete weiter tief ein und aus, immer mir entgegen. Obwohl ich gefügig war wie ein kleiner Dackel, blieb ihr Blick ausdruckslos und starr. Ich druckte das Ticket aus und überreichte es ihr. Sie nahm es ohne ein Wort entgegen, bäumte sich auf,

drehte mir den Rücken zu und zog mit schweren Schritten davon, die den Boden zum Vibrieren brachten.

„Nie zuviel Dienstleistung anbieten!“ – eigentlich kein guter Leitspruch, aber Gott vergebe mir, manchmal nahm mich dieser Gedanke ein. Selbstredend schüttelte ich diesen immer wieder ab und kam dem von mir verlangten Service nach. Einfach war es jedoch nicht immer. So wussten zwei Damen ganz genau, welchen Ausflug sie buchen wollten. Sie hatten sich artig vorbereitet, ihre Hausaufgaben gemacht und das Ausflugsheft, in dem alle Exkursionen beschrieben waren, gelesen. Entschlossen schauten sie mir in die Augen und sagten dann bestimmt und kurz angebunden:
„Venedig Gondelfahrt plus anschließend drei Stunden Freizeit.“ Anstatt ihnen diesen Ausflug in Sekundenschnelle einzubuchen, beging ich einen immensen Fehler. Wir hatten diese Exkursion zweimal im Angebot, und zwar zu zwei verschiedenen Startzeiten. Dauer, Inhalt, alles war identisch. Es wäre ein Leichtes für mich gewesen, sie für irgendeine mir beliebige Uhrzeit einzubuchen. Ich wollte es ihnen aber überlassen, wann sie den Ausflug antraten und so fragte ich:
„Möchten sie lieber von 10 bis 17 Uhr unterwegs sein, oder von 11 bis 18 Uhr?“ Ich erwartete ein kurzes, prägnantes Statement, nach dem Motto: „Klare Frage, klare Antwort“. Doch vor mir tat sich ein Meer der Verzweiflung auf, welches plötzlich von einer Sekunde zur anderen in ihren Gesichtern zu sehen war. Sie brachen unter der Last dieser Frage und dem Ausmaß der plötzlich und so unvorbereitet von ihnen abverlangten Entscheidung völlig zusammen. Die beiden überlegten, rechneten mit Hilfe ihrer Finger die Stundendauer beider Möglichkeiten nach, diskutierten fieberhaft, bestrebt den Unterschied zu finden. Hin und wieder warf ich ein, dass es keine Differenz gab, dass der eine Ausflug lediglich eine Stunde später starte als der andere, dafür aber auch eine Stunde länger dauere. Jedoch wurde ich völlig überhört und sprach gegen eine Wand. Sie kapitulierten und warfen einen erneuten Blick ins Ausflugsheft. Prompt wollten sie von mir eine bis ins kleinste Detail gehende Beratung betreff ALLER in Venedig angebotenen Ausflüge. Das Ende vom Lied war nichts weiter, als dass ihr Interesse nach einer Ewigkeit wieder bei ihrem ursprünglichen Wunsch angelangt war. Als hätten sie vergessen, das es zwei Startzeiten gibt, sagten sie von Neuem,

dass sie die Gondelfahrt gerne buchen wollten. Ich tippte in Windeseile, ohne eine weitere Frage, die Variante 10 - 17 Uhr ein. Ohne nochmals ein Wort über die Alternative zu verlieren, nahmen sie die Tickets in Empfang und verabschiedeten sich.

Nach diesem Erlebnis und nach Feierabend gingen Kati und ich auf Deck 4, auf dem sich im hinteren Teil, in der Seemannssprache auch Achtern genannt, ein Crewdeck befand. Wir lümmelten uns auf zwei Liegestühle und unser Schiff fuhr vorbei an den Inseln Kroatiens. Die Sonne ging langsam unter und der Mond auf. Ein herrlicher Anblick, um einen wunderbaren Tag ausklingen zu lassen.

Venedig

„Man mag so alt , so gelehrt, so weise
und geschmackvoll sein, als man will –
eine Reise nach Italien gibt
immer noch dem Geist ein neues Gepräge."
(Georg Christoph Lichtenberg)

Das Schöne an der Schiffsfahrt war, dass ich nie dort einschlief, wo ich morgens aufwachte. Als ich heute meine Augen öffnete, waren wir in einer meiner Lieblingsstädte dieser Welt – im wunderschönen Venedig. Ich war schon oft dort gewesen, aber immer wieder ging mir aufs Neue das Herz auf – verzückt von so viel kultureller und architektonischer Schönheit. Ich liebe die Gässchen und all das, was Venedig ausmacht. Allein schon die Einfahrt in die Lagunenstadt war pure Vollkommenheit. Ganz früh am Morgen, als das Leben Venedigs langsam erwachte, fuhren wir erhaben, anmutig und still entlang der berühmtesten Sehenswürdigkeiten.

Welch Traum diese Stadt doch ist – ein einziges Freilichtmuseum, ein wahres Juwel. Bevor ich jedoch vollends in die Faszination Venedigs eintauchte, wurde ich hinter einen Informationsstand neben der Gangway gestellt, den man, in den leuchtend bunten NABUCCO-Farben, bestimmt noch auf dem Mond sehen konnte. Ich stand, mit Stadtplänen gewappnet, dahinter und wartete auf den großen Frageansturm. Die Stadtpläne wurden mir förmlich aus der Hand gerissen. Kein Wunder – gab es die Pläne doch umsonst. Man muss schließlich sehn wo man bleibt.

Mit riesiger Hornbrille, aber im feinen Nadelstreifenanzug, stand ein Gast vor mir. Bevor er zu sprechen anfing, drehte er sich ein paar Mal um, um sicher zu gehen, dass ihn niemand hörte. Mit angsterfülltem Flüsterton meldete er mir:
„Ich habe heute Nacht mysteriöse Geräusche gehört. Da waren bestimmt Einbrecher in der Nachbarkabine. Es hat gebumst und rumort. Ich gehe jetzt zur Rezeption und melde das Bumsen. So was muss schließlich aufgeklärt werden."
„Aha!", dachte ich. Ich setzte eine gewichtige Miene auf und ließ ihn in heldenhafter Mission für Recht und Ordnung zur Rezeption schreiten. Dieser Sherlock Holmes hatte wohl zu viele Krimis gelesen. Wie ihr euch sicherlich denken könnt, war in keiner Kabine eingebrochen worden.

Die Lagunenstadt ließ weiter auf sich warten, vorab wurde mir jedoch ein wunderbares Aperitif gereicht. Denn ich sollte ihre vorgelagerten Inseln Burano und Murano besuchen. Eingekauert saß ich im hinteren Teil der Fähre, die uns zu den Inselchen brachte. Die Fenster waren zu hoch und ich zu klein, um hinaus zu schauen. Die Reiseleiterin redete und redete. Das Mikro war jedoch launisch und schaltete sich nach Belieben ein und aus und der Lautsprecher kratzte so fürchterlich, dass mich nur Wortfetzen erreichten. Ideale Bedingungen also! Ich entschied mich, ein Nickerchen zu halten und so setzte ich ein wenig später ausgeruht und zufrieden meinen Fuß auf die kleine Insel Burano.

Für einen Augenblick glaubte ich zu träumen. Denn fernab von der Hektik und dem Lärm unserer Tage befand ich mich plötzlich in einem beschaulichen Kleinod. Keine Touristenmassen wie im nahegelegen Venedig, dafür aber enge und romantische Kanäle, die ruhig durch den Ort flossen. Einmalig sind die kunterbunt angestrichenen Wohnhäuser, die in allen Rot-, Blau-, Grün- und Gelbtönen begeistern. Rosa, Mint, Orange, Türkis – auch bei den Haustüren und Fensterläden wurde keine Farbe vergessen. All dies stand in Harmonie zum tiefblauen Himmel. Ich wusste gar nicht, was ich zuerst fotografieren sollte. Egal wo ich hinschaute – jeder Blick bot ein perfektes Fotomotiv.

Die meisten Familien sind im Besitz eines eigenen Fischerbötchens, das meist vor der Haustür, an einen Holzpfahl gebunden, auf einem der Kanäle liegt. Die Boote sind Transportmittel und Arbeitsgerät zugleich, - denn traditionell fahren die Männer auch heute noch zum Fischen hinaus aufs Meer. Eine andere Existenzgrundlage ist die Spitzenklöppelei, die auf eine jahrhundertlange Tradition zurück geht. Überall ergibt sich die Gelegenheit, Deckchen und Kleider der Spitzenkunst zu kaufen und den Frauen bei ihrer Arbeit über die Schulter zu schauen.

Ich fotografierte fröhlich weiter: große Bettlaken, die an den Hauswänden hingen, bunte Blumenkästen, aufwändige Masken, venezianische Glockentürme, ein verrostetes Damenrad an einen der Kanalpfeiler gelehnt, enge Gässchen, urige Straßenlaternen und die Piazza, die zu jeder italienischen Ortschaft gehört, wie der Glockenturm zur Kirche.

Selbstverständlich gönnte ich mir einen Cappuccino in einem der Cafés, bevor ich mit einer riesigen Tüte italienischer Eiscreme in der Hand zurück zur Fähre schlenderte.

Die Rückfahrt war nicht minder langweilig als die Hinfahrt und so setzte ich mein Nickerchen fort. Und als ich aufwachte, war ich angelangt im zauberhaften Venedig.

An diesem Tag bewunderte ich mit meiner Gruppe im Dogenpalast die prächtigen Gemälde und wunderbaren Decken, deren kulturelle Schönheit mich förmlich fesselte. Sie hatten nicht schlecht gelebt, die Dogen, die alten Regenten Venedigs. Bis ins 18. Jahrhundert hatten sie ihre Macht ausgeübt. Sie wurden auf Lebenszeit gewählt und nahmen Einfluss auf Päpste und Kaiser. Zuerst waren sie Alleinherrscher, im 12. Jahrhundert wurde ihnen ein Rat zur Seite gestellt, im 14. Jahrhundert auch eine Kontrollinstanz aus zehn Männern, die ihnen vorschrieb, was sie zu tun und zu lassen hatten.

Im Cornersaal des Dogenpalastes stellte ich mich an ein geöffnetes Fenster und ließ meinen Blick über das Häusermeer Venedigs schweifen. Ehe ich weiterging, hielt ich für einen Moment inne, um dieses Panorama ganz tief in mich aufzunehmen. Richtig gruselig wurde es im Gefängnis. Berühmtheit erlangte es, da niemand geringerem als Casanova selbst einst die Flucht aus den „Bleikammern" gelang.

Der Weg führte über die Seufzerbrücke, ihren Namen verdankt sie den Gefangenen, welche beim Gang ins Gefängnis über die Brücke ihren letzten Seufzer in Freiheit ausstießen. Der Rest des Tages bestand aus Freizeit, in der ich lange auf dem Markusplatz verweilte, der zu schön ist, um ihn zu begreifen. Ich setzte mich und hörte dem Streichorchester zu, welches vor dem Café Florian – dem ältesten Café der Stadt – wunderbare klassische Musik spielte. Bevor ich meine Aufmerksamkeit auf die Markusbasilika lenkte, die von außen wie von innen durch ihre beeindruckende Bauweise besticht, ließ ich meinen Blick noch einmal über den prächtigen Platz schweifen. Plötzlich klingelte mein Handy und riss mich aus meiner Verzückung. Es waren Marion und das Fräulein Alexi, zwei meiner Scout-Kolleginnen, und so bummelten wir wenig später zu dritt durch die verwinkelten Gässchen und spazierten lachend und singend über die berühmten Brücken. Natürlich ließen wir eine Gondelfahrt nicht aus. Nebel lag über dem Wasser und der Gondoliere fuhr uns in verlassene Kanäle. Stille erfüllte für Momente die sonst so belebte Stadt.

Im Labyrinth der engen Gassen gewannen wir immer wieder neue faszinierende Eindrücke. Aus Schaufenstern blickten uns mysteriöse Masken an, die geduldig schlummernd auf ihren großen Einsatz im berühmten Karneval warteten. Immer wieder war das Panorama erfüllt von prachtvollen Kirchen, deren Mauern pompös Zeit und Raum trotzten. Ein kühler Wind säuselte durch die Straßen und trug das Lied der Glocken sehnsuchtsvoll in die Ferne. Zahlreiche Konditoreien warben mit unverschämt köstlichen Leckereien. Vor Eisläden und in urigen Trattorien herrschte Hochbetrieb. An den Uferstraßen hatten sich Künstler zum Rendezvous versammelt und ließen die neugierigen Betrachter und Zuhörer Gemälde und Gesangseinlagen bewundern. Die Rialtobrücke mit ihren Krammärkten wirkte ausgelassen fröhlich.

Der Friede des Abends senkte sich nun langsam auf die Dächer und seine Ruhe und Anmut wechselte sich mit der Betriebsamkeit des Tages ab. Bis in die kleinsten Winkel Venedigs war das stille Einhauchen einer neuen Tageszeit zu spüren. In Parkanlagen stapften hin und wieder Gestalten durch buntes Herbstlaub, welches sachte zu Boden fiel. Die schwarzen Gondeln lagen klagend auf den Kanälen und wirkten müde von der Arbeit des Tages. Die Straßen wurden leer, Geschäfte schlossen ihre Türen, das Wasser plätscherte gegen Mauern, und als dichter Nebel Häuser und Fassaden umhüllte, ging ein geheimnisvolles Flehen von diesen aus.

Auch das Auslaufen am Abend bot eine Show für sich. Der Vollmond ließ sein Licht auf die Lagunenstadt scheinen. Groß und rund in einem strahlenden Orange hing er am Himmel. Ich war überwältigt, wie die romantischen Häuser, Kirchen und Paläste sich mir in seinem Schein offenbarten. Die Stille wurde nur von aus der Ferne erklingenden Tönen des immer noch aufspielenden Streichorchesters durchbrochen. Ich ruhte in mir und genoss den Augenblick. Die NABUCCO bewegte sich vorbei am Campanile, Markusplatz und Dogenpalast, bis die kleinen Lotsenboote sie hinaus zum offenen Meer geführt hatten.

Österreich

„Raus aus dem Alltag, rein nach Österreich.“
(Marketing Slogan Österreichs)

Manchmal mussten zwischen den Häfen große Distanzen zurückgelegt werden. Dies brachte uns immer wieder einen Tag auf See und Momente wahrer Seefahrerromantik. Ich stand auf Deck und schaute aufs Meer hinaus, das endlos weit vor mir lag. Am Himmel waren nur einige kleine Wölkchen zu sehen, die der seichte Wind mit auf seine Reise nahm. Ich atmete die Stille dieses Herbstmorgens tief ein, bevor ich, noch ein bisschen müde, die Last der Arbeit auf mich lud. Wir waren in Richtung Griechenland unterwegs, und da man uns im Land der Antike eine Stunde voraus ist, mussten auch wir unsere Uhren der örtlichen Zeit angleichen und waren so um 60 Minuten unseres wertvollen Schlafes beraubt worden.

Etwas später teilte ich mir den Dienst mit dem Fräulein Alexi. (Von nichts kommt nichts, auch nicht der Name meiner Kollegin, aber dazu in einem späteren Kapitel mehr). Alexi spielte mit ihren Fingern verträumt in ihrem blondgelockten langen Haar, das von einer bunten Blütenspange geziert wurde. Auch ich schaute abwesend durch die Gegend und so warteten wir gemeinsam auf Kundschaft, bis wir ein bereits um die Ecke zu hörendes Räuspern vernahmen. Ein älteres Ehepaar um die fünfzig kam auf unseren Schalter zu. Er marschierte vorweg, sie ein wenig dahinter. Vielleicht war es die auffällige Blütenspange, die sie davon abhielten, zu mir zu kommen, so dass sie stattdessen das arme Fräulein Alexi heimsuchten.

Die Außentemperatur betrug etwa 28 Grad Celsius, als er im dicken Wollschafspullover vor ihr stand und sich erneut räusperte. Sein graues Haar war zu einer perfekten Welle gefönt und auch ihres mit viel Haarspray akkurat gestylt. Er hatte kein einziges Wort gesagt, da verriet ein Blick auf seinen Pullover auch schon seine Herkunft. Ein nicht zu übersehendes Emblem der Steiermark war auf seiner linken Brust eingestickt. Wieder räusperte er sich, hob seinen Kopf und schaute streng von oben herab auf Alexi. Er musste wohl eine Art Hexenschuss erlitten haben, denn sein Hals war so steif, dass ich fast Mitleid hatte. Die linke Augenbraue nach oben gezogen, fragte er im österreichischen Dialekt:
„Entschuldigen Sie junges Fräulein, warum wurden bitteschön die Uhren umgestellt? Ich denke, Sie können mir darauf eine Antwort geben." Alexi schaute ihn für einen kurzen Augenblick an, worauf er sofort im strengen Ton sagte:
„Ich warte!" Alexi erklärte ihm den Grund, woraufhin er tief ein- und wieder ausatmete. Er blickte auf seine Frau, die nur Statistin des Geschehens war, und schüttelte fassungslos den Kopf. Dann behauptete er genauso steif, wie sein Hals war:
„Aber bitte, mein Fräulein, erzählen Sie doch keine Geschichten. Griechenland hat genau die gleiche Zeit wie Österreich."

Alexi beteuerte aufrichtig die Wahrheit ihrer Aussage. Hätte sie eine Bibel zur Hand gehabt, hätte sie bestimmt darauf geschworen und sie zur Untermalung ihrer Behauptung herangezogen. Aber die Heilige Schrift war leider nicht verfügbar und so halfen nur Worte – aufrichtig mit treuen und ehrlichen Augen gesprochen. Herr „Raus aus dem Alltag, rein nach Österreich" ließ sich jedoch nichts erzählen und behauptete weiter, dass die Zeit gleich sei. Alexi verlor nicht die Geduld, sondern beteuerte aufs Neue, dass dem nicht so sei.

„Wir machen das ja nicht um Sie zu ärgern, nach dem Motto: wer hat an der Uhr gedreht?", brachte sie zu ihrer Verteidigung bei. Nach vielen Minuten ließ er sich endlich von seiner Meinung abbringen und schenkte ihr Glauben. Mittlerweile hatte er die rechte Augenbraue nach oben gezogen und meinte: „Ach ja, wenn dem denn wirklich so ist, werde ich Ihnen glauben. Ich dachte schon, Sie alle hier wären eine hinterhältige, verlogene Mannschaft." Diesen Satz muss er als überaus lustig empfunden haben, denn er lachte lauthals über das Gesagte. Seine Frau sah ihn fasziniert an und kicherte verstohlen. Dann schaute sie auf Alexi, schüttelte, mit dem Finger auf ihren Mann zeigend, erheitert den Kopf und wischte sich eine Lachträne aus ihren Augen.

Fürwahr, ihr Ehegatte war ein lustiger Kerl! Neckisch, und immer den Schalk im Nacken. Nachdem sich die Diskussion über Zeit und Raum geklärt hatte, wollte er nun natürlich einen Ausflug buchen. Ich weiß nicht mehr, wie lange diese Beratung dauerte. Im Nachhinein betrachtet, glaube ich mich zu erinnern, dass sie sich über einen langen, einen extrem langen Zeitraum dahinzog, denn es gab nichts, was er nicht wissen wollte. Nachdem er der Welt kurz gezeigt hatte, welch Scherzbold in ihm steckt, verfiel er wieder in den furchteinflößenden strengen Tonfall. Sensationell fand ich dabei, dass sich sein Hals über die gesamte Dauer keinen Zentimeter bewegte.

Meine Kollegin antwortete auf jede Frage, bis er sich schließlich entschieden hatte. Als Alexi ihn darum bat, die Quittung der ausgedruckten Tickets zu unterschreiben, sagte er:
„Ein Kompliment muss ich Ihnen nun doch machen, mein Fräulein. Sie haben die Langmütigkeit eines Kamels." Darauf verneigte er sich tief und steckte die Tickets in eine braune Lederbrieftasche. Er gab seiner Liebsten mittels hochgezogener Augenbraue das Signal zum Aufbruch und so gingen sie dahin. Er vorweg, sie zwei Schritte hinterher.

ꕤ Der Crewkoch ꕤ

„Wenn alle Künste untergeh'n,
die holde Kochkunst bleibt bestehen."
(George Meredith)

Es gab Zeiten, in denen es uns gestattet war, zu jeder Mahlzeit in den Gäste-Restaurants zu speisen. Doch auch das hatte sich irgendwann geändert und so wurden wir fortan tagtäglich in die Crewmesse verbannt, in der wir ausschließlich unsere Nahrung aufnehmen durften. Darüber möchte ich jedoch gar nicht schimpfen, denn das Essen war auch dort sehr gut. Mittags und abends hatten wir die Möglichkeit, zwischen zwei Gerichten zu wählen. Also beschweren konnte ich mich beim besten Willen nicht.

Pünktlich zur Essensausgabe öffnete sich linker Hand vom Salatbüffet eine Luke, aus der gutgenährte Crewköche namens Kalle oder Reimond rausguckten. Mal gut gelaunt, mal schlecht gelaunt. Crewköche sind nämlich liebenswerte Diven, dass muss man wissen. Dann gab es einen abgetrennten Raum, die Offiziersmesse! Gehörte man zu den oberen Zehntausend, welche die Türklinke zu dieser Messe drücken, über die Schwelle schreiten und sich an einen der eingedeckten Tische setzen durften, dann hatte man es in der Schiffshierarchie geschafft. Man war ein „Streifenhörnchen". Ab sofort musste nur noch mit dem Finger geschnipst werden und auf der Stelle wurden einem die Cola und das Schnitzel von einem philippinischen Mitarbeiter gebracht.

Offizier zu sein hat wohl Vor- und Nachteile. Auf jeden Fall zieht es eine Menge Verantwortung mit sich und so, glaube ich, macht es manchmal auch ganz schön einsam. Insofern war ich zufrieden mit dem, was ich war. Ein einfacher Scout aus dem Fußvolk, der seine Cola und sein Schnitzel selber abholen musste bei den Kalles und Reimonds dieser Welt.

Ausnahmen bestätigten wie immer die Regel und so verhielt es sich auch mit der Regelung des Restaurantverbotes. Denn ab und an durften wir Scouts doch hinauf, hoch hinauf, ins Deck 8 oder Deck 9, um vom köstlichen

Gästebüfett zu schlemmen. Immer dann, wenn wir zu spät von unseren Ausflügen zurückkehrten und die Crewküche schon geschlossen hatte, oder wenn wir so früh aufstehen mussten, dass diese noch nicht geöffnet war. In Zeiten, in denen das Essen in den Restaurants zur Seltenheit geworden ist, genossen wir es natürlich besonders, wenn die Stunde der Ausnahme hin und wieder schlug.

Kaum hatten wir eines der beiden Speiselokale betreten, befanden wir uns auch schon im schiffseigenen Schlaraffenland. Prächtig dekorierte Restaurants voller Farbenpracht und Ambiente, in denen das üppige Büffet keine Wünsche offen ließ. Unzählige Schlemmereien, kreativ gestaltet, gehörten zur Tagesordnung. Dazu gab es Freibier, Tischweine und Dutzende Teesorten, welche die Wahl erschwerten. Gutgelaunte Mitarbeiter offerierten, schick gekleidet, die Speisen und schnitzten dabei aus Melonen und allen möglichen Obstsorten die phantastischsten Figuren.

Zakynthos

„Und am Ufer steh' ich lange Tage,
das Land der Griechen mit der Seele suchend."
(Johann Wolfgang von Goethe)

Heute Morgen starteten die ersten Ausflüge bereits um 6:30 Uhr. Wir lagen vor Zakynthos, einer kleinen griechischen Insel, die, nur 200 km von Korfu entfernt, zur Ionischen Inselgruppe gehört.

Der Hafen war zu winzig und erlaubte es uns nicht an der Pier anzulegen, so dass wir wenige Kilometer vorher, auf offener See, ankern mussten. Selbst wenn das Fitnessbewusstsein der Deutschen in höchstem Maße ausgeprägt ist, hatte man sich entschieden, die Gäste mit unseren Tenderbötchen zur Pier zu bringen, anstatt sie schwimmen zu lassen. Als wir mit diesem Boot, was im schlimmsten Fall als Rettungsboot dienen muss, anlegten, erwartete uns der junge Morgen mit einem grandiosen Schauspiel. Wolken rissen auf, und das Morgenrot kündigte die aufgehende Sonne an. Unsere Fahrt führte vorbei an der Küste und weißen Sandstränden, vorbei an Olivenhainen und lieblichen Weingärten, bis hoch in die Berge, die von Zypressenwäldern überzogen waren. Ziege und Schafe weideten auf sattgrünen Wiesen. Der Morgen war so jungfräulich, dass Tau auf den Feldern lag und der Nebel langsam nach oben stieg.

In der Abgeschiedenheit, erfüllt von unendlicher Ruhe, die nur durch das Zirpen der Grillen unterbrochen wurde, lag, bewacht von mächtigen Eichenbäumen, ein Kloster. Gespenstisch lag der alte Friedhof hinter den Klostermauern versteckt, auf dessen Gräbern die Kreuze erhaben wirkten und auf denen sich das Gras mit der Melodie des Windes bewegte. Manchmal ragten verwitterte Kreuze aus dem Boden heraus. Auf Grabsteinen befestigte Bilder der Verstorbenen grüßten aus längst vergangenen Tagen. Unsere Reiseleitung erzählte uns einiges über den Totenkult. Andere Länder, andere Sitten. Stirbt ein Mensch in einem der kleinen griechischen Dörfer, wird dieser im heimischen Wohnzimmer aufgebahrt. Alle Nachbarn, Freunde, eigentlich das gesamte Dorf kommen, um sich von ihm zu verabschieden, indem sie Blumen bringen und ihm die letzte Ehre darbieten. Alle vereinen sich in Trauer mit den nächststehenden Hinterbliebenen. Stets sind die Grabstätten mit Zypressen geziert, da dieser im Mittelmeerraum so verbreitete Baum doch für die Trauer, aber auch für das ewige Leben steht. Wird die Zypresse bildlich dargestellt, dann meist mit Vögeln, die die Seelen der Verstorbenen auf ihren Flügeln ins Paradies tragen. Manche glauben, wenn sie nachts von einer Zypresse träumen, würde ein trauriges Ereignis bevorstehen.

Nach dieser Lektion in griechischen Bräuchen fuhren wir, immer weiter die Berge hinauf, zu einem beschaulichen Dorf. Mittlerweile war das Leben erwacht. Ganz in schwarz gekleidete alte Frauen saßen auf den Treppenstufen ihrer Häuser und grüßten mich mit einem freundlichen „Kalimera". Einige der Frauen unterhielten sich lebhaft, andere stickten hübsche Tischdecken. Wieder andere saßen einfach nur da, die Arme verschränkt, uns Touristen beobachtend, wie wir mit neugierigen Blicken ihr Dorf erkundeten.

Die Luft war klar und frisch. Die Hauptstraße zog sich ihren Weg durch die Ortschaft und endete an einer Kirche. Ich trat hinein und hielt inne, denn ein orthodoxer Gottesdienst wurde zelebriert. Das Kircheninnere war vom

Duft des Weihrauchs erfüllt und in mit Sand gefüllten Messingbehältern brannten Hunderte von Kerzen. Ich lauschte eine Zeit den Gesängen und Gebeten, bevor ich wieder ins gleißende Licht des Tages trat. Katzen lagen auf den Fensterbänken und räkelten sich in der Sonne. Der Baustil der Ionischen Inseln ist nicht durch das bekannte blau/weiß geprägt, sondern durch pastellfarbene kastenförmige Häuser mit grünen, roten, oder gelben Fensterläden und Türen und halbrund geschwungenen roten Dachziegeln.

Ich ging durch die unebenen Straßen und schaute in Innenhöfe und Gärten, in denen die Orangen so prachtvoll an Bäumen hingen, dass sie fast zum Stehlen verleiteten. Blumentöpfe mit wuchernden Blüten standen in organisierter Anordnung auf den Böden, daneben schwere ausgebeulte Regentonnen als Schutzengel für regenarme Zeiten. In und vor den Cafés saßen die Männer des Dorfes. Als größte Tratschtanten bekannt, plauderten sie ohne Unterlass oder waren vertieft in ein Backgammon Spiel.

Kurz darauf war es soweit, zurück nach Zakynthos Stadt zu fahren. Unterwegs machten wir einen Stop im Dorf Bochali, von wo wir einen atemberaubenden Blick auf Zakynthos und die NABUCCO werfen konnten. Die gesamte Stadt lag weit ausgefächert vor uns, umgeben von Bergen, Steilküsten und imposanten Waldflächen, deren immerwährendes Grün der zehntausend Einwohner-Stadt immer noch den Eindruck einer in sich ruhenden Oase verlieh. Auf dem in der Sonne glitzernden Meer tummelten sich kleine Boote, unsere NABUCCO, aber auch Fähren, die die Verbindung zwischen den einzelnen Inseln aufrechterhielten. Ich stellte mich in Pose und bat einen Passagier, mich zu fotografieren. Kurz darauf grinste ich in meine erst kürzlich ersteigerte Digitalkamera und der Beweis, dass auch ich einst hier stand, war für die Nachwelt erbracht.

Wieder in der Hauptstadt angelangt hatten wir etwas Freizeit, die ich zu einem Spaziergang nutzte. Was bis heute der Insel und vor allem der Stadt Zakynthos die tiefsten Wunden zufügte, war das große Erdbeben von 1953 mit anschließender einwöchiger Feuersbrunst. Die damals so schöne und stolze Stadt wurde dem Erdboden gleich gemacht. Selbst wenn der

Glanz alter Tage nie wieder erreicht wurde, bauten die Einheimischen in den folgenden Jahren komplette Straßenzüge in mühevoller Kleinarbeit so wieder auf, wie sie vor dem Erdbeben einmal aussahen.

Immer wieder konnte ich einen Blick in die Geschäfte erheischen. Ein alter Fischer hatte in seinem Laden ein weit gefächertes Angebot von Meerestieren auf seinen Ablageflächen gelagert, die in Eis gekühlt auf ihren Verzehr und auf Frauen, die sie in geflochtenen Einkaufskörben nach Hause trugen, warteten. Der Fischer, leicht übergewichtig, mit weißem Polo und weiter olivenfarbener Camouflage-Hose bekleidet, posierte stolz für ein Foto und hielt mit einer Zigarette im Mundwinkel einen geköpften Fisch in die Höhe.

Ein etwa sechs Quadratmeter kleiner Raum barg einen Männerfriseursalon. Beschützt von der Mutter Gottes an der Wand und dem Rosenkranz, der von der Decke baumelte, verrichtete ein schmächtiger Grieche sein Handwerk und pinselte einem Kunden eine großzügige Portion Rasierschaum ins Gesicht. Der spärlich eingerichtete Salon beherbergte nicht mehr als einen Messingstuhl und einen Spiegel, sowie einen Holztisch, auf dem die für die Friseurkunst benötigten Utensilien standen. Ich schlenderte vorbei am Hafen, an dem die Fischerboote lagen und an dem Fischer die Netze für die Nacht knüpften und reparierten. Griechen sind stolz auf ihr Land und deshalb lernt jedes Kind eine wichtige Sache in der Schule: die Verse der griechischen Nationalhymne, oder zumindest einige davon, denn sie besteht insgesamt aus 158 Strophen. Wieso ich ausgerechnet jetzt auf die Nationalhymne komme? Ganz einfach, die „Hymne an die Freiheit", wie sie genannt wird, wurde hier auf Zakynthos geschrieben. Der Komponist Dionysios Solomos schrieb sie im Mai des Jahres 1823. Fünf Jahre später wurde sie dann auf Korfu vertont. Im städtischen Museum findet man das Manuskript aller 158 Strophen.

Leider ankerten wir nur einen halben Tag vor Zakynthos, so dass ich mich auch schon bald wieder an der Pier mit meiner Gruppe traf und gemeinsam mit ihr zurück zum Schiff tendern musste. Einige Wenige mokierten sich darüber, dass die Ausflüge so früh gestartet waren. Schade, denn über ihren

Ärger hatten sie versäumt, sich an dieser wunderbar friedvollen Insel zu erfreuen. Als alle an Bord waren, wurde der Anker heraufgelassen und wir stachen hinaus ins Ionische Meer.

ᘓ *„Hat Piräus einen Hafen?"* ᘓ

„Der Vorteil der Klugheit besteht darin,
dass man sich dumm stellen kann.
Das Gegenteil ist schwieriger."
(Tucholsky Kurt)

Am Abend sollte ich meinen Glauben in die Menschheit verlieren. In mir keimte bis dato immer die Hoffnung, dass in jedem Menschen ein Funken Intelligenz steckt. Niemand muss wissen, wo alle Flüsse münden. Niemand muss jede Oper kennen. Niemand muss alle Staatsoberhäupter und Minister unseres Erdballes aufzählen können. Aber ein bisschen Allgemeinwissen sollte doch jeder von uns haben. Dass dem nicht so ist, wurde mir an diesem Abend mehr als deutlich bewusst und die Menschheit, welche ich immer auf einen Sockel gestellt hatte, fiel von diesem im freien Fall herab.

Unser nächster Hafen war Piräus! Ihr wisst schon, Europas berühmtester Hafen. Der Kulthafen schlechthin. Der Schauplatz von „Sonntags nie", besungen in den legendären Textzeilen von „Ein Schiff wird kommen". Piräus – der Hafen Athens – schon in der Antike Dreh- und Angelpunkt der Welt, wo ein normaler Mensch schon allein beim Namen den Geruch von Meer und ein nie gekanntes Fernweh erahnt. Piräus – Sinnbild für pure Seefahrerromantik. Jedes Schiff, das etwas auf sich hält, muss einmal dort festgemacht haben.

Trotz all dieser Attribute steuerte eine Dame mit fragendem Blick auf mich zu und sprach die für mich und für mein Menschenbild desaströsen Worte: „Wir sind doch Morgen in Piräus. Da habe ich mal eine Frage. Hat Piräus eigentlich einen Hafen?" Stop, das war zuviel! In Bruchteilen von Sekunden wiederholte sich diese Frage hallend in meinem Kopf und wurde zu einem stechenden Schmerz. Wie ein Film lief mein Leben vor mir ab. All die Jahre war ich blind und gutgläubig meine Wege gegangen. Wie der Schmerz einer tiefer Wunde, kam jetzt die Verzweiflung in mir hoch, nahm Besitz von mir und würgte so fest, dass sie mir den Atem stahl.

Dann, wie ein letztes Aufbäumen, klammerte ich mich an einen Strohhalm, und ein Fünkchen Hoffnung keimte in mir auf. Vielleicht hatte ich sie nur falsch verstanden. Möglich wäre das, denn auch ein Scout ist nicht unfehlbar. Also schluckte ich und sagte ganz lässig:
"Entschuldigung?" Sie sah mich an, ich schöpfte noch einmal für einen Augenblick Hoffnung, bis mich das Fallbeil ihrer Worte traf:
„Hat Piräus einen Hafen?" Vielleicht hätte ich ihr antworten sollen, dass es dort eine kleine Garage gibt, die sich öffnet, wenn wir kommen und in die wir dann schnell und unbemerkt hineinhuschen. Aber ich schaute ihr nur tief in die Augen und sagte sanftmütig:
„Ja, Piräus, hat einen Hafen. Glauben Sie mir, Piräus hat einen Hafen." Also wirklich, so etwas, selbst wenn Piräus nicht der Kulthafen wäre, allein die Tatsache, dass wir mit dem Schiff dorthin fahren, lässt doch wohl erahnen, dass dort ein Hafen – selbst wenn es nur ein Redehafen wäre – existiert. Ich fahre doch auch nicht mit dem Zug nach Köln und frage den Schaffner, ob es in Köln einen Bahnhof gibt.

ꙮ Athen ꙮ

„Eine Reise ist ein Trunk aus der Quelle des Lebens."
(Christian Friedrich Hebbel)

„Wundersame Dinge geschehen einem in Griechenland.
Wundersame, gute Dinge, die sonst
nirgends auf der Welt geschehen können.
Irgendwie steht Griechenland
unter dem besonderem Schutz des Schöpfers.
Man glaubt, Ihn wohlwollend nicken zu sehen."
(Henry Miller)

Immer noch nicht vollständig von diesem Schock erholt, erlebte ich am folgenden Tag einen herrlichen Aufenthalt in Athen. Dutzende Schiffe hatten genau wie wir ihren Weg in den HAFEN von Piräus gefunden, und ihre weißen Kleider funkelten in der Sonne. Überall wuselten die Hafenarbeiter. Passagiere aus allen Ländern kamen und gingen. Schiffshörner ertönten.

Am Eingang des Passagierterminals suchten sich die Busse ihren Weg und parkten eng aneinander gereiht. Mitarbeiter anderer Schiffe hielten Schilder hoch und wiesen ihren Gästen den Weg. Taxifahrer feilschten um die Gunst der Kunden und machten sich lautstark bemerkbar. Vorbeifahrende Autos fuhren hupend vorüber und kämpften um die Vorfahrt. Die Hafenpromenade war gesäumt von kleinen Flohmärkten, Kneipen und Cafés.

Alte Männer saßen mitten in diesem Gewusel und spielten mit aller Seelenruhe ihr Kartenspiel und rauchten ihre Zigaretten. Die Luft war erfüllt von einer wunderbaren Mischung aus Verruchtheit, geschäftigem Treiben, Moderne, Romantik und einem gehörigem Schuss Fernweh. Auf dem Wochenmarkt dieses abenteuerlichen Stadtteils fand ich alle Kräutersorten, die der griechischen Küche ihre Würze geben, aber auch Fisch in allen Formen und Arten, frisches Lammfleisch, Honig, frisches Obst, Lederwaren und jede Menge Ouzo. An jeder Straßenecke war ein Kiosk, eine Institution Griechenlands, an dem man Tag und Nacht die Dinge des täglichen Gebrauchs erwerben kann. In Athen zu sein, war eine Reise in die Vergangenheit. Es hieß einzutauchen in die Mythologie Griechenlands, zurück in die Antike. Wir passierten den Jachthafen Piräus und das Ziel war DAS Wahrzeichen der Stadt: die Akropolis, die auch heute noch, nach mehr als 2000 Jahren, erhaben über der Millionenmetropole thront.

Am Fuße des Tempels angekommen, mussten wir die restlichen hundert Meter mühselig zu Fuß zurücklegen. Obwohl es schon Herbst war, brannte die Sonne und ließ die Passagiere und mich stöhnen und mit unserer Kondition kämpfen, während wir den geschichtsträchtigen, marmorgepflasterten Weg hinauf stiegen. Ich war sehr stolz darauf, wie wir, allen Schwierigkeiten zum Trotz, den Sitz der Götter nicht aus den Augen ließen. Schritt für Schritt näherten wir uns dem Ziel. Endlich angekommen, machte sich in einigen Gesichtern meiner Meute großes Entsetzen breit, denn der Traum von der Eroberung der Akropolis war jäh wie eine Seifenblase zerplatzt. Ihre modernen Waffen, die von der Pocketkamera bis zur hochtechnisierten digitalen Videoausrüstung reichten, hingen schlaff in ihren Händen. Der Grund dafür waren Menschenmassen, Stimmengewirr und hektisches Treiben, das den Eingang der Tempelanlage beherrschte.

Was für ein Skandal. Ausgerechnet heute, als unsere deutschen Touristen die Stätte großer Historie besuchen wollten, wagten es auch andere Touristen, es ihnen gleich zu tun. Aus allen Heeren Ländern waren sie gekommen. Heerscharen von Japanern, Engländern und Amerikanern waren zu sehen, die geduldig und gut gelaunt auf Einlass warteten. Damit war bei einer Handvoll unserer Landsleute allerdings nicht zu rechnen. Sie mussten sich ans Ende der Schlange stellen, was sie mehr und mehr brüskierte. Völlig entrüstet eilte ein Gast auf mich zu:
„Was für eine Organisation, da stehen wir so früh auf, um uns nun ganz hinten anstellen zu müssen. Niemand hat uns davor gewarnt, dass hier so viele Menschen sind."
Zur Verstärkung hatte er sich zwei Kumpel zur Seite gestellt, die ihn frenetisch anfeuerten. Na, Bravo! Um Selbstbeherrschung bemüht entgegnete ich:
„Wenn Sie mit weniger Touristen gerechnet haben, verstehe ich natürlich, dass Sie nun enttäuscht sind. Aber warten Sie doch erst mal ab, wenn wir

uns alles ansehen und die spannende Geschichte hören. Dann werden Sie begeistert sein." Diese Worte wurden wieder einmal von einem Lächeln und aufmunterndem Nicken begleitet. Es half – sie gingen zurück zu ihrer Gruppe, stellten sich an und warteten alle gemeinsam auf den großen Moment des Einlasses. Als dieser gekommen war, lauschten wir mit Begeisterung den Erzählungen der Reiseleitung. Und plötzlich tat es sich vor uns auf – das mächtige Pantheon. Oft schon auf unzähligen Bildern betrachtet und bekannt aus unzähligen Geschichtsbüchern. Wir standen vor einem der berühmtesten Bauwerke der Welt, dem Sinnbild der Antike schlechthin. Ich bin ja sowieso der Meinung, dass es bestimmte Sehenswürdigkeiten auf unserer Erde gibt, die man einfach gesehen haben muss, - die Akropolis gehört gewiss dazu.

Bevor die historische Stätte zum Tempel der Götter aufstieg war sie Sitz der Könige und deren Schutzburg, bis sie dann im Jahre 480 v. Chr. von den Persern fast vollständig zerstört wurde. Im Jahre 418 v. Chr. war es kein geringerer als der große Staatsmann Perikles, der Athen und dessen Einwohner zum Zentrum der hellenistischen Welt erklärte. Diese Stellung und der damit konform gehende Reichtum wurde von berühmten Bauherrn der damaligen Zeit mit prächtigen Bauwerken untermalt. So entstanden u.a., der großartige Eingangsbereich, das Pantheon mit dem Bildnis der Athena, und der kleine Nike-Tempel.

Das Pantheon wurde zu Ehren der Schutzgöttin Athens, der Athene, errichtet. Sie war die Göttin der Weisheit, die sie den Griechen einhauchte. Im Pantheon wurde ihr zu Ehren ein achtes Weltwunder errichtet: ein zwölf Meter hohes Standbild, aus purem Gold. Ich ließ meine Fantasie schweifen und versuchte, mich in die Vergangenheit zu versetzen. So vieles was wir heute verehren, wurde hier geboren. Die europäische Kunst, die Mythologie, Dichtung, Justiz und Philosophie. Darüber hinaus war die Akropolis die Wiege einer neuen Staatsform, einer neuen politischen Idee, die der Demokratie!

Diese Zeiten sind längst vorbei und heutzutage huschen unsere Gäste über die historischen Steine, den Spuren der Geschichte folgend. Im hellenistischen Zeitalter entdeckte der griechische Geist das Individuum und revolutionierte somit das menschliche Denken. In den Epen Homers ging man noch davon aus, dass der Mensch den Göttern ausgeliefert war. Die großen Philosophen aber lehrten, dass jeder seines Glückes Schmied ist und sein Schicksal selber beeinflussen kann.

An einem Felsvorsprung vor der Akropolis war ebenfalls eine Menschentraube versammelt. So muss es auch damals gewesen sein, als der heilige Paulus an genau dieser Stelle stand und predigte. Auch die Richter der damaligen Zeit führten hier ihr Amt aus, zudem wurden die Neuigkeiten Athens hier verlesen.

Die Gäste hatten sich beruhigt und besuchten das zur Anlage gehörende Museum. Da ich dies bereits kannte, setzte ich mich auf einen der Steine am Hange des Hügels und blickte auf die Millionenmetropole. In der Ferne sah ich das Meer, den Hafen von Piräus und das weiße Häusermeer Athens, das sich kilometerweit in alle Richtungen ausstreckte. Mein Blick ging hin zum Dionysos Theater, wo Tragödien und Komödien aufgeführt und das europäische Schauspiel geboren wurde.

Nach dem Besuch der Akropolis machten wir einen Stop am Panathinaikon-Stadion. Im Geiste unternahm ich wieder eine Reise in die Vergangenheit. Es war vor 2300 Jahren, als dies Stadion erbaut wurde. Grund war der Bedarf nach einer Sportstätte während der Panathenäischen Spiele, des damals größten Festivals der Stadt, zu Ehren der Schutzgöttin Athena. Das Stadion wurde komplett mit Marmor verziert und jeder glaubte, dass es von unvergänglicher Schönheit war und so wurde es als einzigartig in der gesamten Welt verehrt. Ganze 204 Meter war die Wettkampfarena lang und 33.50 Meter breit. Unterirdische Gänge, in die steinige und felsige Erde geschlagen, waren, so wird vermutet, die Zugänge für die VIPs dieser Zeit und ihren Komtessen zum Stadion.

Im Laufe der Zeit wurde der einstige Ruhm und Stolz vergessen, und Teile des Panathineikons zerfielen. Vor allem die Türken ließen es während ihrer fast 400-jährigen Besatzungszeit vergammeln und verrotten und entnahmen den Marmor für ihre eigenen Zwecke. Im 19. Jhd., nach der Besatzung, glich das einst so prächtige Stadion einem Schlachtfeld, bis der Architekt Ernst

Ziller es sich sechs Monate lang zur Aufgabe machte, Ausgrabungen und Restaurierungen vorzunehmen. Doch das Stadion war bei weitem nicht mehr wettbewerbstauglich, was ein wahrhaftiges Problem darstellte, denn 1894 entschied die International Sport Convention, die Olympischen Spiele der Antike wieder ins Leben zu rufen. Symbolgerecht ernannten sie Athen zur ersten Austragungsstätte. Nun war man in Not, denn ein Stadion musste her. Schnell wurde die Idee geboren, das antike Stadion zu neuem Leben zu erwecken, doch Restaurierung und Wiederaufbau sollten eine immense Summe verschlingen – für den Staat um diese Zeit zu hoch. So erklärten sich alle Griechen, Arm und Reich, bereit, das Stadion mitzufinanzieren. Der größte Investor fand sich in Georg Averaf, der in Alexandria lebte. Das Panathinaikon-Stadion wurde wieder zum Stolz der Stadt, auch wenn es nie wieder den Glanz der Vergangenheit erreichte.

Am 6. April 1896 – nach dem gregorianischen Kalender – war es dann soweit. Der große historische Tag war gekommen. Die ersten Olympischen Spiele der Neuzeit begannen. Es war ein herrlich sonniger Tag und 75.000 begeisterte Zuschauer fanden sich im Stadion ein. Weitere 50.000 beobachteten das Spektakel von den umliegenden Hügeln aus. Die damaligen Spiele dauerten zehn Tage und 310 Athleten lebten den Olympischen Traum. Für damalige Verhältnisse war die stattliche Anzahl von 13 Nationen am Start: Griechenland, Frankreich, Deutschland, England, Ungarn, Dänemark, Schweiz, Österreich, Schweden, Bulgarien, Chile, Australien und die Vereinigten Staaten von Amerika. Leider war es Frauen untersagt, an den Spielen teilzunehmen. Einen dritten Platz gab es damals nicht und so gewann der Sieger die Silber- und der Zweitplazierte die Bronzemedaille. Die liebste Disziplin der Zuschauer war der Marathon gewesen, genannt nach dem Ort, von dem einst ein Bote die frohe Kunde des Sieges der Athener über die Perser nach Athen brachte. Von Marathon bis nach Athen war er die gesamte Strecke gelaufen und am Ziel vor Erschöpfung tot zusammengebrochen.

Der Grieche Spyros Louis war der große Held der ersten Spiele, denn er war der Sieger des Marathons. Die Legende sagt, dass er seinen Konkurrenten so weit voraus lief, dass er die Zeit fand, seinen Lauf zu unterbrechen, um in einer Taverne genüsslich einen Wein zu trinken. In Athen als Sieger angekommen, bewies er der Welt, dass er nicht für Ruhm und Reichtum, sondern für die Ehre angetreten war, indem er das Preisgeld ablehnte. Nur einen Pferdekarren akzeptierte er als Lohn, um künftig in Athen das Wasser seines Heimatortes Maroussi zu verkaufen. Und nun, mehr als hundert Jahre später, stand ich vor dem alten Stadion, versunken in einen Tagtraum. Die Olympischen Spiele 2004 waren vorüber und erneut waren Helden geboren und Helden gefallen. Erneut war im Panathineikon-Stadion Sportgeschichte geschrieben worden. Neben den Endspielen der Bogenschützenwettbewerbe war es, wie schon damals, Zieleinlauf des Marathons gewesen. Diesmal nahmen Männer und Frauen teil.

In der Plaka, Athens berühmter Altstadt, konnte ich überall nach herrlichem Schmuck stöbern. Auch hier findet man allerlei Gewürze, Weine, Honig und Olivenöl. Ein Schlaraffenland! Die Plaka ist das reizvollste Viertel und ein wahres Kleinod der Stadt. Von der Akropolis aus kann man sie überblicken: man erkennt sie an den ockerfarbenen kleinen Ziegelhäusern, die sich liebevoll von der modernen Stadt abgrenzen und sich behutsam an den Hügel der Akropolis anschmiegen. Die engen malerischen Strassen, verwinkelt und mit Treppen durchzogen, Häuser, Plätze, kleine Gärten, versteckte Höfe und Tavernen muten dem Besucher an wie ein Labyrinth. Hunderte Katzen räkeln sich zufrieden in der Sonne, munter fließt der griechische Wein, der Briefträger hält einen Plausch mit den alten pfeiferauchenden Männern, Ladenschlusszeiten sind tabu und so kann man auch um Mitternacht noch zum Bäcker oder Milchmann gehen. In der sengenden Hitze des Tages halten Handwerker auf Stühlen vor ihren Geschäften ihre Siesta. Losverkäufer, Maler und Sänger buhlen um Aufmerksamkeit. Auch die Einheimischen lieben ihre Altstadt und besuchen sie regelmäßig. Kein Wunder, wird man doch auf Schritt und Tritt von den Gerüchen der griechischen Küche verführt, der auch ich nicht widerstehen konnte. Wie alle Griechen lieben die Athener das gesellige Leben im Freien und schließen sich nicht, vor dem Fernsehen sitzend, in den eigenen vier Wänden ein. Sie erfreuen sich an den Tavernen und den Kaffeehäusern, in denen sie stundenlang mit ihren Freunden palavern, und die deshalb stets bis auf den letzten Platz gefüllt sind. Sie besuchen mit Vorliebe die Vorstellungen des Nationaltheaters im antiken Odeion des Herodes Atticus. Es sind die kleinen Dinge, an denen sie sich erfreuen, ein gutes Glas Wein und ein nettes Gespräch. Ich beobachtete noch ein wenig die Menschen, die durch ihre Stadt schlenderten und sich dabei stylisch, schick und mit Stil und Klasse zeigten. Doch auch der schönste Tag geht einmal vorüber und so war schnell wieder der Zeitpunkt gekommen an dem es hieß, Abschied zu nehmen von einem wunderbaren Ort. Vorher aber sollte uns noch eine amüsante Geschichte widerfahren.

Aufs Ablegen wartend sahen wir, wie die griechischen Hafenarbeiter die Taue lösten, bis auf eines, das sie schlichtweg vergessen hatten. Da es schon spät war, winkten sie uns freudestrahlend zu, stiegen in ihr Auto und fuhren in den verdienten Feierabend davon. Auf der Pier war keine Menschenseele mehr zu sehen und da standen wir nun, eigentlich bereit zum Ablegen, doch noch immer mit einem Tau angekettet. Wir warteten und warteten, bis auf einmal ihr Wagen um die Ecke bog und sie mit wehenden Fahnen zurück kamen. Ihnen war wohl doch noch eingefallen, dass sie etwas vergessen hatten. Ein Arbeiter sprang heraus, stürmte zum Tau und befreite uns aus der Zwangsgefangenschaft. Wieder lachten sie herzlich, winkten uns zu und fuhren in ihren wohlverdienten Feierabend.

Wir ebneten uns unseren Weg durch das großartige Hafenbecken und verabschiedeten uns lautstark mit Hilfe unseres Nebelhornes von der Hauptstadt Griechenlands. Viele Schiffe, ob groß oder klein, erwiderten unseren Gruß. Lange nachdem wir abgelegt hatten, passierten wir immer noch Segelschiffe und kleine Fischerboote.

Die Sonne stand tief am blauen Himmel und tauchte alles um uns in ihr sagenhaftes Licht. Dieses Licht, das Hellas seinen Namen gab und das nichts gleicht, was man zuvor gesehen hat, und das seine Menschen vom Sonnenaufgang bis zur Abenddämmerung in einer Art Märchen leben lässt.

ꕥ Rock the boat ꕥ

„Our love is like a ship on the ocean.
We've been sailing with a cargo full of love and devotion.
Rock the boat, don't tip the boat over.
Rock the boat, don't rock the boat baby."
(The Hues Corporation)

Am Abend bis hin zu den frühen Morgenstunden, feierten wir feuchtfröhlich eine der bereits legendären Partys auf dem Pooldeck. Wir tummelten uns unter den Gästen und tanzten, lachten, scherzten und freuten uns des Lebens. Der DJ legte in seinem strohbedeckten Häuschen unermüdlich auf, und Songs aus den 70ern, 80ern und 90ern schallten in den Nachthimmel. Selbst nach Mitternacht war es noch richtig warm und über uns funkelten die Sterne, die sich mit dem Licht der Scheinwerfer vermischten, welche ebenfalls munter im Takte der Musik tanzten und ihren Schein, abwechselnd in roten, blauen, grünen, gelben und violetten Tönen, in den Himmel und auf die Tanzfläche warfen. Der künstliche Nebel dampfte dabei aus der Nebelmaschine und hüllte das Pooldeck samt uns allen ein. Ein lauer Wind zersauste unsere Haare, was aber eine willkommene Erfrischung war. Die Poolbar hatte Hochbetrieb. Für den kleinen Hunger in der Nacht war eine Snackbar geöffnet, wo wir uns beim Vorbeistreifen schnell ein Lachshäppchen stibitzten.

Für diese Nacht waren wir der Nabel der Welt, und alle Passagiere gesellten sich schunkelnd in unsere fröhliche Runde. Verrückt wirbelnd, zur Musik singend. Vielleicht kommen wegen solcher Nächte so viele Gäste immer wieder zurück zur NABUCCO. Denn wer einmal auf den Weiten des Meeres gefeiert und das Leben in sich aufgesogen hat, kommt wieder. Immer wieder!

℘ Und den Armen wird das Evangelium gepredigt ℘

„Ich sah eine Fülle, eine Helligkeit,
mit der ich mich so erfüllt fühlte,
dass mir die Worte fehlten
und ich nichts damit vergleichen kann."
(Angela von Foligno)

Ganz schön doll trieben es die alten Korinther, bevor der Heilige Paulus kam, um sie zu einem gesitteten Leben zu bekehren. Achtzehn Monate lang war er in den Jahren 50-51 als Missionar in der Stadt, die reich an Sittenlosigkeit gewesen war. Denn hier fand er all das, wovor sich ihm die Haare hätten sträuben müssen. Korinth war damals Dreh- und Angelpunkt zwischen Rom und Kleinasien und daher gab es dort beachtlichen Reichtum. Protzige Villen und Handelshäuser waren hier die Norm. Jedoch fanden sich ebenso überall Glücksspieler, Piraten, entflohene Sklaven, Prostituierte, Diebe und allerlei Gesindel, die sich in den Gassen herumtrieben. Korinth war als kultureller Schmelztiegel bekannt, in dem die verschiedensten Religionen und Völker aufeinander trafen.
Vor allem das Rotlichtviertel war berüchtigt, denn es war mehr als freizügig. Die Kunden kamen von überall und jeder kam auf seine Kosten. So gab es zwei Worte, die für jeden Korinther Fremdwörter waren: Sitte und Moral.

Paulus hatte sich also einen schönen Ort ausgesucht, um das Wort Christi zu lehren. Aber er führte seine Mission durch und gründete die Christengemeinde. Nebenbei verdiente er sich seinen Lebensunterhalt als Zeltmacher. Besonders berühmt sind seine Briefe an die Gemeinde, die er nach seiner Abreise schrieb, in denen er zwar viele Rüffel ob der widrigen Lebensumstände verteilte, aber auch mit Leidenschaft für den Glauben stritt.

Heute ist von den damals „verdorbenen Korinthern" natürlich nichts mehr zu spüren. Auf geschichtsträchtigem Boden erwarteten uns große Sehenswürdigkeiten wie etwa der Kanal von Korinth oder die alte Königsstadt Mykene. Der von 1881 - 1883 erbaute Kanal ist etwa 6,3 km lang. Er verbindet den Saronischen- mit dem Korinthischen Golf. Um ihn zu erbauen, wurde der Isthmus von Korinth an seiner schmalsten Stelle durchgraben. Bis zu 80 Meter ragen die Felswände links und rechts in die Höhe und mutige Bungee Jumper stürzen sich von seiner Brücke in die Tiefe. Auch heute noch durchfahren ihn Schiffe und sparen so den 4000 km langen Seeweg um die gesamte Peloponnes.

Einige Tage vor unserer Ankunft befand ich mich gerade in einer angeregten Unterhaltung mit sehr netten Passagieren, als eine alte Dame voller Ungeduld zu mir an den Schalter eilte, sich vor die Schlange von wartenden Passagieren drängelte und mit hektischer Stimme fragte:
„Ich möchte den Sonntagsgottesdienst besuchen, wo finde ich in Hafennähe die katholische Kirche?“ Tolle Frage – woher sollte ich wissen, wo im griechisch-orthodoxen Korinth die katholische Kirche zu finden war? Auch ich bin katholisch und auch gläubig, aber dies entzog sich nun doch meinem Wissen. Mit hoher Wahrscheinlichkeit gab es nicht mal eine Kirche. Und das sagte ich ihr auch: „Da muss ich mich erst schlau machen. So auf Anhieb kann ich Ihnen das leider nicht beantworten.“
Dabei sah ich sie freundlich an, doch prompt sprühten ihre Blicke vor Zorn. Sie lehnte sich zu mir herüber und schrie mit einer derartigen Lautstärke, dass alle im Deck Anwesenden vor Schreck zusammen zuckten.
„Überlegen Sie sich mal genau, was Sie da gerade gesagt haben. Ihnen wird das Lachen auch noch vergehen. Wenn Sie nicht wissen, wo in Korinth die katholische Kirche ist, sollten Sie sich schleunigst über Ihr Leben Gedanken machen. Ist Ihnen eigentlich bewusst, wie wichtig es ist, am Abendmahl teilzunehmen? Wenn Sie nicht ganz verloren sein wollen, sollten Sie sich gefälligst schlau machen, wo die katholische Kirche ist.“

Alle schauten sie an – alle schauten mich an. Was war denn das nun wieder? Ich konnte ihre Frage nun mal nicht beantworten und vertröstete sie auf den Abend, in der Hoffnung bis dahin Informationen erhalten zu haben. Verständnislos und kopfschüttelnd ging sie zu meinen Kollegen, stellte die gleiche Frage, bekam die gleiche Antwort und erlitt den gleichen Wutanfall. Anstatt zu schlafen, saß ich, mich zutiefst als Heide fühlend, am Nachmittag in unserem Büro, dessen Schränke vollgepackt mit Reiseführern waren und blätterte mich durch die Infoseiten Korinths auf der Suche nach einem

Hinweis auf eine katholische Kirche. Aber ich fand nichts! Unsere Chefin schrieb unseren Hafenagenten an, der uns aber auch nicht weiterhelfen konnte und unserer Anfrage mit Unwissen gegenüber stand.

Die Stunde meines nächsten Schaltereinsatzes rückte bedrohlich näher, und noch immer hatte ich keine weitere Information. Daran sollte sich leider auch nichts ändern! Kaum hatte mein Dienst von Neuem begonnen, sah ich die Gute auch schon auf mich zukommen. Am liebsten hätte ich mich im Schalter verkrochen, aber es gab kein Entkommen – ich musste mich dem Dämon stellen. Hallelujah, allein ihr äußeres Erscheinungsbild war skurril. Klein und mit schlechtgelaunter, höchst verbitterter Miene, dazu ein neckischer Faltenrock, Kniestrümpfe, Strickweste und ein Hut mit weiter Krempe, der tief ins Gesicht gezogen war.
„Und?" fragte sie barsch. Mein Blick und mein Bedauern ihr gegenüber, nichts in Erfahrung gebracht zu haben, ließen das Fass explodieren. Sie bäumte sich auf und schrie mir ins Gesicht:
„Was fällt Ihnen ein. Ich möchte morgen in den Gottesdienst. Das mache ich jeden Sonntag und das werde ich auch im Urlaub beibehalten. Sie und Ihr Sch....-Schiff sind doch wirklich das Allerletzte. Sie haben ja noch nicht einmal einen Geistlichen an Bord."
Jedoch schien sie mich in all ihrer Wut für kompetent und wichtig zu halten, denn sie fuhr schreiend fort:
„Sorgen Sie dafür, dass ein Geistlicher an Bord kommt – auf der Stelle!"
Doch gleich darauf nahm sie mir meinen kurz aufgekeimten Stolz mit den Worten: „Das würde Ihnen nämlich gut tun." Sie drehte sich entzürnt um und ließ mich staunend zurück.

Einige Tage später in Korinth angelangt, ließen sich die meisten Passagiere von den Eindrücken der Umgebung verzaubern. Derweil saß meine Chefin mit unserem Hafenagenten in einem versteckten Café beim Frühstück. Sie trug dummerweise ihre Uniform, so dass sie für Jedermann sichtbar als Crewmitglied gebrandmarkt war. Es kam, wie es kommen musste. Jäh wurde sie in ihrem Gespräch beim bis dahin so gemütlichen Frühstück gestört. Die Tür des Cafés wurde mit energischem Schwung aufgestoßen und eine Dame mit heiligem Eifer und neckischem Faltenrock, Kniestrümpfen, Strickweste

und einem Hut mit weiter Krempe der tief ins Gesicht gezogen war, eilte wie von der Tarantel gestochen auf sie zu und bestürmte sie ohne ein „Guten Morgen" oder ein „Hallo".
„Wo ist hier die katholische Kirche?" wurde in den Raum geschrieen. Fragenden Blickes schaute die fromme Dame meine Chefin an, die ihr allerdings auch nicht weiter helfen konnte. Der Agent ergriff das Wort und sagte mit ruhigem Ton: „Ich glaube, es gibt in Korinth nur eine griechisch-orthodoxe Kirche."
Kaum diese Worte ausgesprochen, tobte unser spezieller Gast wie Rumpelstilzchen durch das Café. Immer wieder vergaß sie sich in den Worten: „Warum hat Korinth keine katholische Kirche, warum hat Korinth keine katholische Kirche?" Hier konnte man wohl vieles sagen, aber gewiss nicht, wie es im Psalm 12 geschrieben steht: „Hilf doch, o Herr, denn die Frommen schwinden dahin."

ꟼ *Seetag* ꟼ

„Das freie Meer befreit den Geist."
(Johann Wolfgang von Goethe)

Während meine Kollegen an den fünf Buchungsschaltern auf Deck 8 redlich ihren Aufgaben nachgingen, baute ich mir einen Stehtisch auf dem Pooldeck auf, um auch hier Buchungen entgegenzunehmen. Irgendwie jedoch stand ich da ziemlich alleine, denn alle waren viel zu sehr damit beschäftigt, in den Pool zu springen, auf den Liegen zu dösen oder sich am köstlichen Poolbrunch zu erfreuen, welches übers gesamte Deck aufgebaut war. Dazu spielte ein Jazztrio auf, die Animateure lehrten den Clubtanz und die Offiziere stellten sich auf der Bühne vor. Highlife – an einem Sonntagmorgen – und ich mittendrin, völlig vereinsamt an meinem Stehtisch.

Plötzlich wurde ich Knall auf Fall aus meiner Einsamkeit gerissen. Eine Dame rüttelte an mir und fragte, wann ich anfange, ein Spielchen zu spielen. Fragezeichen spiegelten sich in meinen Augen. Nach kurzer Überlegung schickte ich sie zur Animation. So was – ich trug die Berufsbezeichnung des Scouts, ehrlich, redlich und mit dem nötigen Ernst versehen, verdiente ich mein täglich Brot. Die Liebe zu Land und Leuten ist das, was in meiner Brust schlägt und was ich vermittelte, da war wahrlich kein Platz, um irgendwelche Spielchen zu spielen.

Darauf hin hätte ich mich gerne auf unserem Crewdeck in die Sonne gelegt, aber was ich wollte interessierte niemanden. Stattdessen musste ich zu einer dreistündigen einschläfernden Schulung, um etwas über die Schiffssicherheit zu erfahren. Bei meinem anschließenden Schalterdienst kam Frau E. zu mir. Es war mal wieder soweit, eine Stunde geschenkt zu bekommen, da wir von der Ost- in die mitteleuropäische Zeitzone fuhren.

Als ich dies Frau E. erzählte, begann sie vor meinem Schalter an ihrer Uhr zu drehen. So ganz klar kam sie allerdings nicht damit, denn der Spaß dauerte fünf Minuten lang. Eigentlich wäre dies nicht so tragisch gewesen, hätte nicht eine Menschenschlange dahinter gestanden und darauf gewartet, dass sie endlich das Feld räumt. Sie störte sich aber nicht im geringsten daran, sondern fummelte mit stoischer Ruhe an ihrer Armbanduhr. Als sie die Kunst des Umstellens endlich vollbracht hatte, fingen Glocken im Himmel an zu läuten und die Heerscharen der Engel frohlockten vor Freude.

Den Abend verbrachte ich auf Deck. Es war unsagbar, einfach nur dazustehen und auf das weite Meer zu schauen. Die wunderschöne Zeit, wenn das Licht des Tages sachte der Dunkelheit die Hand reicht und diese ihren Platz über Zeit und Raum, dem Meer und dem Land einnimmt. Es ist die Tageszeit, in der die untergehende glutrote Abendsonne ihren Schein auf die Wasseroberfläche wirft.

Manchmal sieht man am Horizont schwarze Gewitterwolken, die aber niemandem Angst machen. Zu groß und zu seelenfüllend ist die Pracht des Abendrots am Firmament.

꧁ *Bari* ꧂

„St. Niklas war ein Seemann,
wie kaum ein andrer war.
St. Niklas, schütze unser Boot,
vor Klippen, Sturm und Feuersnot
und jeglicher Gefahr."
(Freddy Quinn)

Bari – die Hauptstadt der italienischen Region Apulien – liegt tief im Süden Italiens an der Adria. Wenn man sich Italien als Stiefel vorstellt, besteht Apulien aus dem Sporn und dem Absatz.

Weinliebhaber aufgepasst: die Region ist eines der ältesten Weinanbaugebiete der Welt, denn schon die Griechen und Phönizier pflanzten hier vor 3000 Jahren Weinstöcke an, was natürlich auch an dem idealen Klima liegt, mit dem Apulien gesegnet ist. Es bildet wenige Niederschläge und ist meist heiß und trocken, so dass der römische Dichter Horaz diesem Landstrich den Namen „Ort des ewigen Frühlings" verlieh. Hier blühte schon früh eine Zivilisation, der Handel wurde schon immer großgeschrieben. Im Altertum bevölkerten Stämme aus dem Westen und dem Osten die Region, zudem wurden viele griechische Kolonien gegründet. Apulien zog gemeinsam mit Hannibal und Karthago gegen Rom in den Krieg. Nach der Niederlage wurde die Region römische Provinz und bekam von Kaiser Augustus den Namen: Apulia et Calabria. Später gehörte sie dem byzantinischen Reich an, wurde von den Normannen vereinnahmt, gehörte zum Königreich Sizilien und dem von Neapel. Heute findet man in Bauwerken, Kirchen, Monumenten und in den archäologischen Stätten, Spuren aus der Zeit der Griechen, Römer, Byzantiner, Normannen und der Spanier.

Ich schaute mir mit meiner Gruppe das Castello Normanno-Svevo an. Dicke Mauern umzingeln die prachtvolle Burg, an der wir gemütlich vorbeispazierten. Viel interessanter war allerdings der Besuch der Basilica di San Nicola in Bari, denn das Gotteshaus birgt eine unglaubliche Geschichte, die als Nikolaus-Coup in die Historie einging.

Bari war eine florierende Handelsstadt, die mit Reichtum gesegnet war. Doch im Jahre 1071 hielten die Normannen Einzug und die Stadt verlor ihre Handelsstellung und drohte in der Bedeutungslosigkeit zu verschwinden. Die Byzantiner waren gegangen und die Beziehungen zum Südosten brachen ab. Also musste ein Wunder, eine Attraktion her. Heute nennt man das Marketing. Eine Idee finden, um sich von der breiten Masse abzuheben. Die Operation Nikolaus wurde geboren. Ein Coup, der in seiner Unverfrorenheit nicht mehr zu überbieten war. Wer kennt ihn nicht, den heiligen Nikolaus, Liebling aller Kinder, der im 4. Jahrhundert n. Chr. in Patara geboren wurde und als Bischof von Myra viele Wunder vollbrachte und natürlich Schutzpatron der Seefahrer ist. All dies wurde auch schon zur damaligen Zeit dem Nikolaus zugeschrieben, seine Wunder waren bekannt, und es war ein König der, der die Gebeine des Heiligen besaß, welche in Myra ruhten. Dies hieß schließlich, unzähligen Pilgern Gastgeber zu sein und gewährleistete einen weiterhin florierenden Handel mit dem Osten. So setzte sich der Adel Baris mit dem Klerus zusammen, und beschlossen gemeinsam den Diebstahl der Reliquien. Und tatsächlich, schon bald kehrten die italienischen Seeleute erfolgreich von ihrer Mission mit den Gebeinen aus Myra zurück. Für den neuen Besitztum wurde eigens die Basilika San Nicola erbaut, in der die Reliquien seit 1087 zur Anbetung liegen. Der Plan funktionierte übrigens, denn viele Pilger und Ritter machten auf ihren Kreuzzügen, auf dem Weg ins Heilige Land, Zwischenstopp in Bari. Heute ist der hl. Nikolaus Schutzpatron der Stadt und die jährliche Prozession am 6. Dezember ist legendär.

Völlig in den Bann zog mich in der Kirche ein Mönchschor, der in den altwürdigen Gemäuern gregorianische Gesänge erklingen ließ. Da lief mir ein Schauder über den Rücken. Auf dem Plaza Municipal ging ich einer meiner Lieblingsbeschäftigungen nach – fremde Menschen zu beobachten. Das wird nie langweilig, zumal nicht, wenn es italienische Temperamentsbündel und laut schreiende Mammas sind, die im Auge des Betrachters liegen. Völlig platt, musste ich anschließend zum Buchungsschalter. Kaum da, kamen schon zwei bekannte Gesichter räuspernd um die Ecke. Unser Ehepaar „Raus aus dem Alltag, rein nach Österreich“, das Traumpaar aus der Steiermark. Wieder kamen sie nicht zu mir, sondern steuerten diesmal auf Marion zu. Den Hals immer noch genauso steif wie zuvor und wieder mit dem Wollpullover aus der Steiermark bekleidet, wollte er wissen, wie die Landschaft Kroatiens ausschaut. Marion begann zu schwärmen und erzählte vom türkisblauen Meer und den erhabenen Steinküsten. Darauf schaute er sie lange an, ohne auch nur ein Wort zu sagen, bis er endlich sein Schweigen brach und feststellte: „Ja, ja, sie sind noch jung. Sie träumen noch in Technik-Color.“

Das absurde Theater – Der Futterneid

„Das einzige, was hierzulande regelmäßig abnimmt, ist der Mond.“
(Werner Mitsch)

Oftmals wenn ich am Abend durch das Schiff bummelte, musste ich mir meinen Weg durch breite Menschenmassen ebnen, die sich alle vor den noch verschlossenen Restauranttüren drängten. Es war unglaublich – genauso wie die täglichen Szenen, die sich in den Restaurants abspielten. So unglaublich, dass ich es Euch in einem Extrakapitel erklären muss, worüber es sich lohnt, nachzudenken. Und wenn ihr dieses nun lest, denkt an meine Worte zu Anfang dieses Buches: alles hat sich so zugetragen, wie es geschrieben steht.

Ein weiteres großes Thema einer Schiffsreise waren von je her die Mahlzeiten. Anders als auf klassischen Kreuzfahrtschiffen gab es bei uns keine Tischreservierung. Dafür standen große traumhafte Büffets zur Selbstbedienung zur Verfügung. Die Mahlzeiten gaben sich die Hand und eine löste die andere ab. Für das leibliche Wohl war fast rund um die Uhr gesorgt und das tag ein, tag aus. Für jeden Gast war soviel Essen vorhanden, dass es selbst die Tagesrationen eines Gewichthebers sprengte. Also gab es wirklich keinen Grund in Panik zu geraten, hungrig ins Bett gehen zu müssen. Doch dieser Panik schienen einige meiner Landsleute bis aufs Äußerste verfallen zu sein. Es waren natürlich wie immer nicht alle, die durch Ihr Verhalten auffielen. Diejenigen, die uns staunen ließen, möchte ich nun aber nicht sofort verurteilen, sondern erst einmal den Ursachen nachgehen.

Wir alle wissen, wie die Situation in unserem Land ausschaut. Menschen leiden Hunger, Essenrationen sind abgezählt, in Supermarktregalen herrscht gähnende Leere. Nur für die Auserwählten fährt hin und wieder ein Ochsenkarren vor, der einen Reissack ablädt. Entberungen und Verzicht stehen an der Tagesordnung. Es geht uns schlecht, uns Deutschen. So schlecht wie keinem anderen Volk der Welt. Daraus tendiert ein großer Nachholbedarf. So wird der Urlaub als willkommene Gelegenheit genutzt, das Grundbedürfnis an Nahrung zu befriedigen. Brutal, egoistisch, habgierig!

Mit sich in den Augen spiegelnden Entenkeulen standen einige Gäste bereits eine halbe Stunde vor Eröffnung des Büffets vor den verschlossenen Restauranttüren. Schlichtweg wie beim Sommerschlussverkauf einschlägiger Kaufhäuser, drängten und schoben sie, um einen besseren Platz zu ergattern und fünf Zentimeter näher an der Tür zu stehen. Jeder war sich selbst der Nächste. Zeitgleich ergaben sich an Deck oftmals die schönsten Sonnenauf- und Untergänge, welche allerdings von den unruhig Wartenden gnadenlos ignoriert wurden. Was war auch schon ein tolles Naturschauspiel, gegen das, was sie hinter der Absperrung erwartete. Kaum, dass Sesam seine Tore geöffnet hatte, rannten sie hastig hinein ins Schlemmerland und griffen nach den Tellern. Nach den großen Tellern – den kleinen wurde erstaunlicherweise keine Beachtung geschenkt. Der Vielfalt des Büfetts standen die besagten Gäste nun völlig überfordert gegenüber. Denn die Auswahl war erschreckend und alles sah so köstlich aus, dass sie sich kaum zu entscheiden vermochten. Aus Pfannen, Töpfen und Behältern dampfte und roch es, dass einem das Wasser im Munde zusammenlief.

Völlig ausgehungert und ausgemergelt umgingen unsere Spezis nun das Problem der Entscheidungsfindung mit Raffinesse. Schlau wie ein Fuchs, pappten sie sich einfach alles auf den Teller. Kein Happen wurde hierbei ausgelassen. Da wurden morgens fünf Brötchen pro Person zu Tisch getragen, Käse und Wurstscheiben stapelten sich daneben fast bis zur Decke, da fielen die Spaghetti teilweise vom Teller, weil er einfach hoffnungslos überladen war. Ob am Ende die Hälfte weggeworfen wurde, spielte hierbei erst mal keine Rolle.

Ganz schlimm sind manche von den Eltern verwöhnten Kinder. Wobei man hierbei nicht vergessen darf: die Kleinen befinden sich im Wachstum. Angesichts der schlechten Lage in Deutschland, ein trauriges Unterfangen. Der Mangel an Vitaminen und Kalorien musste natürlich wieder ausgeglichen werden, und so gingen sie ganz allein zum Büffet und schöpften sich bis zum Umfallen das Essen auf. Mit erhabenem Blick gingen sie an allen Tischen vorbei, bis sie an dem ihrer Eltern ankamen.

Ich muss wohl nicht erwähnen, dass bei den Ablegern der Gäste nach zwei, drei Bissen die Sättigung eintrat und der immer noch überladene Teller beiseite geschoben wurde. Traurig, aber wahr – auch das war einigen Eltern egal. Schließlich hatten sie dafür bezahlt!!! Natürlich gab es ein Feindbild – den Mitreisenden!

Jeder der sich dem Essen näherte, wurde mit bösen Blicken gestraft. Ein Kampf um Leben und Tod war die Folge, und jede Sekunde, näher am Schöpflöffel zu sein als der Gegner, zählte. Plötzlich waren Menschen, die vor einer Stunde noch nett und freundlich erschienen, nicht mehr wiederzuerkennen. Ihre dunkelsten Eigenschaften traten zum Vorschein. Denn wenn es ums Essen ging verstanden sie keinen Spaß und eine Sache war das letzte, die sie jetzt im Sinn hatten zu tun. Zu teilen! Wehe dem, der auf leisen Sohlen trat, er wurde von den Hungrigen rücksichtslos zur Seite gedrängt. Hier galt das Recht des Stärkeren. Und die Starken motzten sich gegenseitig an, beschimpften sich und quetschten und schubsten sich vor die anderen.

Die, welche sich ein wenig Zeit ließen und mit Ruhe und Bedacht schauten, waren ganz unbeliebt. Denn durch ihr Trödeln vor einem Schöpfgefäß wurde natürlich auch der Drängelnde zum Warten gezwungen – manchmal bis zu zehn Sekunden. Ein Alptraum! Zehn verlorene Sekunden, in denen keine weiteren Scampi auf dem Teller landeten. Ein noch längerer Verzug wurde nicht akzeptiert – mit weit nach vorn ausgestreckten Armen, wurde dem Zauderer über die Schulter gegriffen und die Scampi gekrallt, ehe sie ein anderer stahl. Höchster Beliebtheit erfreuen sich die kostenlosen Tischgetränke. Weißwein und Rotwein standen in großen Karaffen auf den

Tischen. Bier floss in Strömen aus den Zapfanlagen, man musste sich nur bedienen. Das gleiche galt für die Softgetränke, die per Knopfdruck in große Gläser flossen.

Hier möchte ich kurz eine Beobachtung einschieben, die mir weltweit aufgefallen ist – nicht nur auf meinem schönen Schiff. Achtet einmal darauf, wenn ihr unterwegs seid! Es gibt ein Merkmal, an dem sich der deutsche Pauschaltourist unter anderen Nationalitäten erkennen lässt. Er trinkt das erste Glas vor dem Getränkespender stehend sofort auf ex und erst mit dem Zweiten geht er zu seinem Platz. Sollte der Getränkeautomat überraschenderweise einmal leer gewesen sein, riefen sie mit dem leeren Glas in der Luft wedelnd nach der Besatzung. Obwohl jeder wusste, dass diese auch bei ruhigem Verhalten unverzüglich für Nachschub gesorgt hätte. Kostenloser Wein und Freibier waren Schuld daran, dass einige stundenlang an ihren Tischen verweilten und freudig ihre Gläser leerten. Sie tranken schnell und viel, um – nicht zu vergessen, die Gäste waren Füchse – im späteren Verlauf des Abends nicht mehr allzu viel an den Bars konsumieren zu müssen.

Natürlich gab es unter den Schlauen auch die Begnadeten. Die Genies – auch genannt: die Wunderbaren, Geistreichen, Lebenskünstler, Gewitzten, ideensprühenden Kreativen, Macher, Kämpfer! Die, bevor sie das Restaurant verließen, schnell noch einmal die Weinkaraffe bis zum Rand auffüllten, diese unter der extra zu diesem Zweck mitgebrachten Jacke verschwinden ließen und damit leise und unschuldigen Blickes zur Bar gingen. Dort ließen sie sich nur ein paar Gläser aushändigen und mussten so den ganzen Abend über kein Getränk aus eigener Tasche bezahlen. Ganz klar, sie platzten fast vor Stolz darüber, was für tolle Hechte sie doch waren. Ehre wem Ehre gebührt! Dabei sind diese – nur am Rande bemerkt – bestimmt diejenigen, die zu Hause mit erhobenen Hauptes ihre Wege gehen und jeden wissen lassen, dass sie sich eine Kreuzfahrt leisten können.

Neben den drei Hauptmahlzeiten gab es für den kleinen Hunger zwischendurch einen großartigen Brunch am Pooldeck, zwischen Frühstück und Mittagessen gelegen. Zudem das obligatorische Kuchenbüfett in den

Restaurants. Passend zum kulinarischen Thema am Abend überraschte die Besatzung zum Apero an der Bar mit kleinen Snacks. Und nicht zu vergessen – die rund um die Uhr geöffnete Snack-Bar, hinter der ein stets gutgelaunter Mitarbeiter Pizza im Minutentakt zu backen pflegte. Es gab tatsächlich Passagiere, die von alledem nichts ausließen! Zwei Wochen lang! Manche gingen sogar, nachdem sie in einem Restaurant zu Abend gegessen hatten, ins andere, um dort erneut zu speisen. Die erste Frage, die uns von den ankommenden Gästen bei jeder neuen Cruise gestellt wurde war: „Wann gibt es was zu essen?" Oder: „In welchem Restaurant müssen wir nicht zahlen?" Gerne wurde in legerer Urlaubsatmosphäre auch einmal mit Leggins und zerknitterndem T-Shirt das Restaurant betreten. Wieso sollte man auch stilvoll sein? Der Volksmund sagt: „Das Auge isst mit!" Und so bestachen unsere Restaurants nicht nur durch ihr überdurchschnittlich üppiges Angebot, sondern durch die Art und Weise, wie dieses zubereitet war. Doch darauf wurde wenig Wert gelegt. Sobald eine neue Pfanne zum Büfett gelangte, wurde nicht etwa von der Seite aus nach und nach geschöpft. Nein, - das Essen wurde herzlos in großen Stücken von der Mitte aus herausgerissen.

Extreme Brutalität widerfuhr der Dekoration, welche ideenreich und mit viel Liebe gestaltet war. Schokoladentrüffel zierten Kuchenplatten und Weintrauben zierten Käseplatten. Diese Liste könnte ich endlos weiterführen. Und was geschah? Da begnügten manche unserer Gäste sich nicht mit den zwanzig verschiedenen Sorten Käse, die das Büfett hergab, sondern sie griffen mit großer Hand in die Weintrauben, die eigentlich nur zur Verzierung auslagen und beraubten die Kuchenplatte ihrer Schokotrüffel.

Es ist ein tragisches Kapitel, über das ich hier berichte. Aber leider auch die nackte Wahrheit. Es ist so traurig, dass ich oftmals, obwohl ich die Gelegenheit hatte, nach oben in die Restaurants zu gehen, lieber mit einem Honigbrötchen in unserer Crewmesse Vorlieb nahm. Aber vielleicht sehe ich das auch falsch. Schließlich lebte ich jahrelang auf meinem schönen Schiff und nicht im armen, an Hunger leidenden Deutschland.

ꕥ Korfu ꕥ

„Staunende Ausrufe, klassische Zitate werden laut, und helle, freudige Begeisterung leuchtet aus allen Blicken ob dieses Paradieses mit einer Stille und seiner Farbensymphonie. Das ist Griechenland! Das ist die klassische Schönheit! Hier schreitet der mächtige Geist der ewig-jungen, nie zu übertreffenden edlen Antike unmittelbar neben uns her.“

(Kaiser Wilhelm II aus „Erinnerungen an Korfu“ 1924)

Ziemlich müde und aschfahl sah ich mir am Morgen, nach einer langen Nacht, im Spiegel entgegen. Da war nicht viel von einem lebhaften Scout übriggeblieben. Ich versuchte erst gar nicht, meine Kontaktlinsen ins Auge zu bugsieren, denn die dunkle Sonnenbrille mit Stärke war an diesem Tag empfehlenswerter. Das sagte zumindest mein Spiegelbild, und das lügt nie. Ich schleppte mich durch die Korridore zur Crewmesse, auf deren Weg mir unzählige philippinische Mitarbeiter entgegenhüpften. Gutgelaunt, wie immer, grüßten sie mich und mit letzter Kraft brachte ich für jeden ein schwaches „Hallo“ über meine Lippen.

Der erste Weg führte wie immer zum Kaffeeautomaten. Besonders lecker war die schwarze Brühe nicht, aber so stark, dass selbst ein Toter davon hätte wach werden können. Ich trank drei Tassen und siehe da, die Müdigkeit war ein wenig verschwunden. Aber ich hatte ja sowieso den perfekten Masterplan, denn heute waren wir auf Korfu – ein Diamant der griechischen Inselwelt, die größte der ionischen Inseln. Ich sah, bevor ich zu den Passagieren ging, von der Reling hinunter auf die Pier und die bereitstehenden Busse. In einem von ihnen sah ich mich schon sitzen. Ganz hinten, irgendwo allein, wo mich keiner sieht, die Augen geschlossen und schlafend. Ja, das war meine Vorstellung vom heutigen Ausflug. Aber der Mensch dachte und Gott lachte.

Kaum als ich den Bus bestiegen hatte, rief eine Dame:
„Neben mir ist ein Platz frei, den habe ich für Sie reserviert.“
Die Dame war sehr nett und sie war auch nicht das Problem. Das Problem war die Position dieses Platzes, denn er befand sich ganz vorne, in der aller

ersten Reihe direkt am Gang. Jeder der in diesem Bus saß, konnte also ohne Mühe immer wieder einen Blick auf mich werfen. Vom Traum des Nickerchens am Morgen musste ich mich in dieser Sekunde verabschieden, was aber bestimmt ein Wink des Schicksals war, denn hätte ich geschlafen, was hätte ich versäumt. Griechenland offenbarte sich mir ein weiteres Mal in seiner Kunst, Träume zu wecken und Sehnsüchte zu stillen. Die Sehnsucht nach einer besseren Zeit, nach einer schöneren Welt. Ein märchenhaftes, strahlendes Land. Reich erfüllt an Mythologie, Philosophie und Geschichte.

Im Hafen Korfus lag noch ein weiteres Kreuzfahrtschiff, aber schon ein wenig weiter wurden beide durch kleine bunte Fischerboote ersetzt. Der Morgen war bestimmt vom Treiben der Fischer, die ihren Fang der letzten Nacht auf Lieferwagen verluden.

Wir erreichten Korfu-Stadt, bevor der Weg uns ins Inselinnere führte. Über Serpentinen ging es hinauf in die Berge. Ab und an konnte ich Blicke aufs Meer erheischen, das weit unten wie ein smaragdgrüner Teppich lag. Unberührte weiße Sandstrände glänzten mit der Morgensonne um die Wette. Wiesen, durch die der Wind zaghaft tänzelte, und tiefe Wälder ließen die Insel in sattem Grün erstrahlen.

Mit Freude passierten wir abgelegene verträumte Tavernen, auf Feldern kauerten Esel gemütlich dem Tag entgegen, und schattenspendende Olivenbäume schenkten mediterranes Flair. Kleine Bächlein flossen fröhlich durch die Täler, Hirten weideten ihre Schafe, kleine Kirchen und Kapellen standen verstreut an Berghängen und auf Feldern. Ich lehnte mich zurück in meinen Sitz und ließ die Landschaft an mir vorbeiziehen.

Die Gruppe war im Grunde super-nett, außer einem kleinen Mann, der meine Nerven doch ein wenig strapazierte. Immer einen flotten Spruch auf den Lippen, machte er mit lauter Stimme auf sich aufmerksam und versuchte dabei überaus lustig zu sein, was ihm aber nie gelang. Mit stolz geschwellter Brust marschierte er stets am Anfang der Gruppe und präsentierte ein erstaunliches Selbstbewusstsein – und zu allem, was wir sahen, gab er einen neckischen Kommentar ab.

Unser Weg führte weiter vorbei an atemberaubenden Landschaften, bis hin zum Palast der Kaiserin Sissi. Wer von uns hat nicht als Kind jedes Jahr zu Weihnachten vorm Fernseher gesessen und sich den Dreiteiler über Österreichs berühmteste Kaiserin angeschaut?

Unvergessen bleibt die Begeisterung, mit der wir diesen Klassiker aufsogen. Das Bild der Kaiserin wurde und wird jedoch in der Öffentlichkeit falsch dargestellt, denn eine lebensfrohe Monarchin ist sie nie gewesen. Aber das interessiert keinen. Der Mythos lebt und lässt viele Fans nach Korfu kommen, die Insel, auf der sie sich ihren Sommerpalast errichten ließ, in dem sie viele Wochen des Jahres verbrachte. Heute können wir viele Räume des Schlosses besichtigen, darunter auch die hauseigene Kapelle. Der wunderschön angelegte Garten bot einen herrlichen Blick auf die immer grüne Insel und das Meer. Viele Statuen zierten das Anwesen, vor allem die des griechischen Helden Achilles, für den Sissi besonders schwärmte und nach dem sie das Schloss benannte.

Achilles, bekannt als Kämpfer im Trojanischen Krieg und Heros der griechischen Mythologie. Der Legende nach hatte seine Mutter ihn in den Fluss Styx getaucht, da alles, was von diesem Wasser berührt war, unsterblich wurde. Da sie ihn aber an der Ferse festhielt, blieb diese ungeschützt trocken und wurde zu seinem wunden Punkt. Als ihn Hektor, mit Hilfe des Gottes Apollo, mit einem Pfeil in die Ferse traf, starb er.

Ich liebe Korfu-Stadt, ist sie doch bekannt als einer der schönsten Orte Griechenlands. Der venezianische, französische und griechische Stil ist überall zu finden. Nachdem ich lange durch die Stadt gewandelt war, musste ich langsam zurück, da mein Schiff auf mich wartete. Manchmal wünschte ich mir dann, nicht auf die Uhr schauen zu müssen, nicht der Sklave der Zeit zu sein, sondern einfach den ganzen Abend an Land zu verbringen und den Tag langsam ausklingen zu lassen. Aber, wie schon gesagt, mein Schiffsleben war kein Wunschkonzert – und so verabschiedete ich mich schweren Herzens von Korfu und ging die Gangway hinauf. Wenig später legten wir ab. Ich stand an diesem späten Nachmittag lange an der Reling und schaute hinaus, bis von der Insel nur noch ein winzig kleiner Punkt zu sehen war.

Die Luft war warm und strich mir übers Gesicht. Möwen begleiteten uns auf unserem Weg. Das Schiff teilte das Wasser und schnitt wie ein Messer durch die Wellen, als es sanft dahinglitt. Ich verweilte in Ruhe, voller Erfurcht vor der friedlichen Stimmung.

ꕤ *Zahlendreher* ꕤ

„Wer viel gereist ist, hat reiches Wissen,
und der Erfahrene redet verständig.“
(Jesus Sirach 34,9)

Unser Schiff befand sich auf hoher See und schipperte entlang der griechischen Inselwelt. Das Hellenische Meer war ruhig und in sich versunken. Wie viele Dichter und Schriftsteller haben es bereits beschrieben und es mit glanzvollen Metaphern verklärt. Stets hat es die Mythologie beflügelt und ist bis heute die Seele des gesamten griechischen Volkes geblieben.

Zeitgleich zu dieser Idylle, herrschte Aufruhr während der Ausflugspräsentation meines Kollegen Oliver. Er stellte die griechische Insel Katakolon vor. In seiner Dokumentation über die Geschichte des Eilands hatte sich ein Zahlendreher eingeschlichen und eine falsche Jahreszahl prangte von der Leinwand vor die aufmerksamen Blicke der Zuschauer. Olli las die Zahl so vor, wie sie die Präsentation wiedergab. Kaum ausgesprochen, kam ein bösartiger Schrei aus der hintersten Ecke.
Ein langgezogenes „Hey“, durchbohrte Ollis Ohren.
„Hey“, zum wiederholten Male. Wie auf Kommando drehten alle ihren Kopf auf den doch etwas unhöflichen Zuhörer, der sich nun natürlich erneut miteilen musste.
„Hey, was reden Sie da für einen Unsinn? Die Jahreszahl ist falsch! Merken Sie das nicht?“
Olli war die Ruhe selbst, auch wenn gerade seine Präsentation jäh unterbrochen worden war, sah er gefasst zu der hintersten Reihe und erwiderte: „Danke für die Anmerkung. Ich werde es selbstverständlich nach der Präsentation ändern.“

„Haben Sie mich nicht verstanden?“ brüllte der Gast, „die Jahresangabe ist falsch, Alexander der Große herrschte zu einer anderen Zeit.“
„Ich habe Sie verstanden“, entgegnete Olli, „deshalb sagte ich, dass ich den Fehler sofort berichtigen werde.“
Olli setzte an, mit seiner Präsentation fortzufahren, als sich der ungemütliche Gast erneut meldete:
„Alles Quatsch, was Sie erzählen. Wollen Sie uns auf den Arm nehmen. Ich habe gesagt die Jahreszahl ist falsch, ändern Sie das gefälligst.“
Ein Raunen ging durchs Publikum, alle stellten sich auf Ollis Seite und Ärger über die ständige Unterbrechung und besserwisserische Art des Gastes machte sich breit.
Endlich konnte Oliver seine Aufgabe wieder aufnehmen und ohne weitere Vorkommnisse seine Erklärungen zu Ende bringen. Als schon niemand sonst mehr im Theater war und Oliver den Laptop verstauen wollte, raunzte ihn der besagte Gast von der Seite an und machte ihm Vorhaltungen was ihm denn einfallen würde, eine falsche Jahrszahl zu nennen. Er beschimpfte Olli aufs übelste, wählte Worte unter der Gürtellinie und sein Zorn steigerte sich im Minutentakt, bis er mit hochrotem Kopf das Theater verließ.

꧁ *Olympia* ꧂

„Im Namen aller Athleten verspreche ich, dass wir an den Olympischen Spielen teilnehmen und dabei die gültigen Regeln respektieren und befolgen und uns dabei einem Sport ohne Doping und ohne Drogen verpflichten, im wahren Geist der Sportlichkeit, für den Ruhm des Sports und die Ehre unserer Mannschaft.“
(olympischer Eid)

Olympia – eine meiner ganz großen Lieben. Ich erinnere mich an vergangene Tage, als ich vorm Fernseher gemeinsam mit meiner Großmutter fiebernd jeden Wettkampf der olympischen Spiele verfolgte. Wie wir begeistert die Eröffnungsfeier und den Einmarsch der Nationen sahen und uns das Entzünden des olympischen Feuers eine Gänsehaut bescherte. Natürlich erinnert bei den heutigen Spielen wenig an die Antike, als man noch allein um Ehre und einen Lorbeerkranz kämpfte. Der Zeitgeist hat diese Vorstellung längst überholt. Und dennoch, ein Hauch dieses Traumes ist geblieben – oder würden sonst die Menschen weltweit die Spiele mit so viel Begeisterung verfolgen?

Die Antwort ist „Nein“ – Olympia war, ist und bleibt etwas Besonderes, und das spürt jeder, der sich ein wenig für Geschichte und Sport interessiert. Auch wenn es in unserer heutigen Zeit viel mehr um das große Geld geht, sind doch Werte wie Team- und Kampfgeist erhalten geblieben.Eines wird auf Ewig in den Geschichtsbüchern festgehalten sein – der Beginn der Spiele. Diese Epoche lebt weiter in Erzählungen und in den Vorstellungen der Menschen.
Diese Zeitreise, zum Anfang der olympischen Idee, war heute das Ziel unseres Ausfluges, denn wir machten uns auf zu der Stätte , an der alles begann. Der Ort, den wir ansteuerten, hieß Katakolon. Ein Dorf, das für den Besucher rein gar nichts zu bieten hat. Wäre da nicht vierzig Kilometer östlich, in einer fruchtbaren Landschaft gelegen, der Geburtsort der olympischen Spiele – das antike Olympia!

Der Überlieferung nach fanden im Jahre 776 v. Chr. die ersten Wettkämpfe zu Ehren des Gottes Zeus statt und Koroibos aus Elis war der erste Sieger. Er gewann im Stadionlauf, der in diesen Tagen die einzige Disziplin war, die ausgetragen wurde. Seinerzeit zählte nur der Erstplazierte – mit seinem Sieg errang er Ruhm und Ansehen. Den zweiten und dritten Platz gab es nicht. Im Gegenteil – die Verlierer ernteten Spott und Häme.

Genaues weiß man leider nicht über das Ende der antiken Spiele. Eines hatten sie jedoch für die griechische Welt erreicht: war diese bis dato zerstritten, wurde sie durch die Idee des fairen Wettkampfes vereint und zusammen geführt. Das Ideal des Friedens und der Einheit wurde erreicht. Sicher ist nur, dass Kaiser Theodosius im Jahre 394 n. Chr. die Wettkämpfe verbot. Das Christentum hatte Einzug gehalten und die Spiele galten als „heidnisches Fest“, bis im Jahre 1896 in Athen die ersten Olympischen Spiele der Neuzeit stattfanden. Dass wir heute auf den Spuren der Anfänge wandeln können, verdanken wir im großen Maße dem Deutschen Archäologischen Institut, das bis heute seine Ausgrabungen systematisch fortsetzt.

Kaum vor den Toren Olympias angekommen, sah ich zwei weibliche Passagiere hektisch auf mich zulaufen. Sie hatten ihre Männer verloren, ließen sie mich wissen, und das bereits im Hafen, bevor wir überhaupt losgefahren waren. Dies ließ nur eine Schlussfolgerung zu: die Ehegatten waren gemeinsam in einen der Busse gestiegen und hatten keinen Ton gesagt, als ihre Frauen nicht dabei waren. Selbst als sich der Reisebus langsam in Bewegung gesetzt hatte und sie ohne ihre Herzdamen los gefahren waren, hatten sie sich in Stillschweigen gehüllt. Aber, Ende gut, alles gut, – zumindest für die Frauen, bei den Männern bin ich mir da nicht so sicher – ich konnte die Ehemänner ausfindig machen und die Paare wieder vereinen.

Nun durfte ich mich endlich ganz und gar auf Olympia konzentrieren und in die Geschichte eintauchen. Wir passierten den Eingang und waren umgeben vom Charme dieser hoch-historischen Stätte. Aus jedem Stein strömte der Hauch der Geschichte. Eine unbeschreibliche Ruhe lag wie ein Zauber über diesem Ort. Obwohl wir mit vielen Passagieren angereist waren, hielt jeder inne. Als ich mich andächtig und mit Erfurcht auf den Spuren einer längst vergangenen Epoche bewegte, wurde ich jäh in die Realität zurück geworfen. Diese offenbarte sich mir in Form eines Passagiers. Eine junge Frau kam zu mir und fragte:
„Was steht denn heute auf dem Programm?“
Ich entgegnete: „Wir schauen uns nun das antike Olympia an, danach haben wir ein wenig Freizeit und dann geht's zurück zur NABUCCO.“
Sie sah mich weiter fragend an und fuhr fort:
„Und was ist das hier, wo wir jetzt sind?“ Dabei zeigte sie auf das weitläufige Gelände. Gut dass es keine Kamera gab, die die ersten Sekundenbruchteile meines Blickes festhielt.
„Das hier“, entgegnete ich, „das hier ist Olympia. Das, was Sie zur Besichtigung gebucht haben.“ Mir blieb nicht viel Zeit, um über den Unsinn dieser Frage nachzudenken, da das, was ich zu sehen bekam, viel zu spannend und viel zu interessant war. Der mächtige Zeus-Tempel, einst das größte Bauwerk der olympischen Stätte, hatte in seiner Länge, Breite und Höhe seine gesamte Umgebung beherrscht, so wie es dem Göttervater Zeus, dem wichtigsten Gott, gebührte. Geblieben ist bis heute ein riesiges Trümmerfeld, das eindrucksvolles Zeugnis der Geschichte ist. Im Tempel

selbst befand sich damals das erste der sieben Weltwunder der Antike, die Statue des Zeus. Sie war 12.40 Meter hoch und bestand ganz aus Gold und Elfenbein. Die Statue war in der Werkstatt des Phidias geschaffen worden. All die Jahrhunderte hindurch blieb sie an diesem Ort, bis sie 395 nach Konstantinopel gebracht wurde. Man geht davon aus, das sie dem großen Stadtbrand im Jahre 475 zum Opfer fiel. Im Jahre 426 wurde der Tempel als „heidnischer Tempel“ abgestempelt und schließlich niedergebrannt.

Bei dem Wort „Gymnasium“ denken wir heute an eine Schule. Hier in Olympia aber war das Gymnasium ein rechteckiger Platz unter freiem Himmel, der nur an den Ecken von dorischen Säulen begrenzt war. Er diente den Athleten zur Vorbereitung auf die Olympischen Spiele. Und da sie dabei völlig nackt waren, was auf Griechisch „gymnos“ heißt, gab diese Form des FKK der Anlage ihren Namen. Bisher wurde nur ein kleiner Teil des Gymnasiums freigelegt – der größte ist noch immer unter den Erdmassen begraben. Auch heute noch wird für die Spiele alle vier Jahre in Olympia die olympische Flamme entzündet. Dies geschieht an einem Altar östlich des Hera Tempels. Dieser ist eines der ältesten Heiligtümer Griechenlands. Im Inneren befand sich eine Statue der Göttin Hera, von der nur der Kopf erhalten geblieben ist. So wurden die Spiele abwechselnd der Göttin Hera und ihrem Gatten geweiht.

Das Augenmerk lag wie heute auf dem Hauptstadion. In der Arena fanden bis zu 30.000 Zuschauer Platz, auch wenn es für sie keine Sitzplätze gab, da diese nur den Schiedsrichtern vorbehalten waren. Man spürt noch heute den Geist der Spiele. Ich ließ es mir nicht nehmen, die Strecke von exakt 600 Fuß (192,25 Metern) zu laufen.

Gemeinsam mit einem Passagier kniete ich mich an der Ostseite des Stadions in die Startlöcher und wir lieferten uns einen erbitterten Wettkampf. Nein, - natürlich taten wir das nicht, sondern überschritten gleichzeitig die Ziellinie. Schließlich wollte keiner von uns Spott und Häme ernten und so waren wir beide ruhmreiche Sieger. Nach der Führung ging ich mit meiner Kollegin Marion im sogenannten modernen Olympia spazieren. Eigentlich besteht die Ortschaft nur aus einer Straße mit unzähligen Souvenirshops, die olympische Artikel anbieten. Ich kaufte mir ein Polo-Shirt mit dem Logo der Spiele von 2004 und freute mich bei einem Kaffee darüber, den Olympischen Geist eingeatmet zu haben, und nun in die Welt zu tragen.

ꟿ *Kreta* ꟿ

„Gesegnet seien jene,
die nichts zu sagen haben
und den Mund halten."
(Oscar Wilde)

Ein weiteres Mal war eine wunderbare Woche im Fluge vergangen und für viele hieß es, Abschied zu nehmen von der NABUCCO. Ich hatte die ehrenvolle und höchst verantwortungsvolle Aufgabe des „Treppenhausdienstes". Das heißt, ich wurde mit nichts weiter als einem Walkie-Talkie bewaffnet vor eine Absperrung gestellt, hinter der Dutzende funkelnder Augenpaare auf die Schiffsfreigabe der örtlichen Behörden und damit auf den Landgang warteten. Jede Sekunde des Wartens wurde mir von den Gästen in die Schuhe geschoben und schnell hatte ich die Rolle des Buhmanns inne. Immer wieder versuchten die Passagiere mich auszutricksen und erzählten mir Geschichten, weshalb sie schon vor allen anderen das Schiff verlassen müssten. Aber ich blieb – so wie es meine Aufgabe war – stur und ließ keinen an mir vorbei. In den Startlöchern stand auch ein Saarländer. In aller Herrgottsfrühe, ungeduldig wartend, hatte er sich hinter der Absperrung im Schiffs-treppenhaus positioniert. Prompt nachdem die Schiffsfreigabe erfolgte, drängte er alle weg, die sich zwischenzeitlich um ihn herum versammelt hatten. Er wetzte über die Pier hin zum Check-in-Schalter im Hafengebäude, den er mit geschwellter Brust als Erster erreichte. Schade, dass wir für solche Leistungssportler keine Lorbeerkränze vergeben. Ganz im Gegenteil – war früher noch der Erstplatzierte der Held, so erntete er hier den Spott vieler Mitreisender.

Manche Ausflüge hätten so schön sein können, denn alles Wünschenswerte war vorhanden. Der blaue Himmel, die Sonne, gutes Essen, Flair, mediterranes Lebensgefühl und was man sich sonst für einen perfekten Tag vorstellte.

Leider gab es sehr selten Rosen ohne Dornen und manchmal mussten wir selbst in der schönsten Kulisse die Leiden des Lebens erfahren. So erging es heute unserer Kati, dem ansonsten so gutgelaunten kölschen Mädchen. Völlig entnervt und aufgebracht kam sie am Abend zurück zum Schiff. Was war geschehen?

Schon am Vortag war uns eine Dame sonderbar vorgekommen. Farbenfroh gekleidet, trug sie dazu ein in Pink gehaltenes Stirnband, welches die grauen, mit wasserstoffblonden Strähnchen durchzogenen Haare vom Gesicht fernhielt. Die Dame war nicht mehr die Jüngste, kam aber mit forschem Schritt zu meinem Schalter. Sie hielt eines der Ausflugshefte in ihrer Hand, welches alle Gäste mit ihren Reiseunterlagen zugeschickt bekamen. Wie Ballast warf sie dieses im hohen Bogen auf meinen Schalter:
„Haben Sie noch so ein Heft für mich?", fragte sie. Ich wunderte mich ein wenig, entgegnete aber:
„Ja, einen Moment bitte." Mit einem sportlichen Hüftschwung beugte ich mich nach unten, griff in die Tiefen meines Schalters und tauchte mit einem neuen Heftchen in der Hand wieder auf. Klar, kam ich mir in solchen Momenten wie der Retter in der Not vor. Wer würde das nicht? So übergab ich ihr strahlend das Heft, und dachte die kurze Begegnung sei damit zu Ende. Von wegen! Die gute Dame schnüffelte daran und fuhr dabei mit ihrer Nase ganz dicht über jeden Zentimeter der Lektüre. Dann schaute sie befriedigt auf und meinte:
„Das nehme ich, das riecht besser als meins!"

Mit großen Augen sah ich sie an, wovon sie aber keine Notiz mehr nahm, da sie mich schon mit meinen Fragen allein gelassen hatte. Ihr altes Heft hatte sie liegen lassen. Zögernd, einen Augenblick überlegend, griff ich nach der Broschüre. Ich nahm meinen ganzen Mut zusammen, als ich sie zitternd zu meiner Nase führte. Genau wie die mysteriöse Dame zuvor an dem Neuen, so schnüffelte ich nun an ihrem alten Heft. Das Ergebnis? Glaubt mir, es roch genau wie jedes andere Heft auf unserem Erdball. Trotzdem hielt mich etwas mir Unerklärliches davon ab, es anschließend in die Kiste der anderen Broschüren zu legen, und so warf ich es in den Müll. Wenn nun einige Umweltschützer aufschreien, und mich der Papierverschwendung anklagen, ist mir das egal. Vielleicht hätte ich das Heft der Dame zur Reinigung bringen und anschließend am Schornstein zum Trocknen aufhängen können. Aber ich habe es nicht getan und damit Basta und Ende der Geschichte.

Nun jedoch zurück zu Kati und dem Grund ihrer Aufruhr. Sie hatte sich bereits morgens auf ihren Ausflug gefreut, da er einer der schönsten war, den wir auf der Insel Kreta anboten. Ein Ganztagestrip entlang der Küste zu den wunderschönen Städten Chania und Rethymnon. Kaum waren alle Gäste ihrer Gruppe im Bus, suchte auch Kati sich einen freien Platz, auf dem sie sich niederließ. Der Busfahrer wartete noch ein wenig, bevor er ins Gaspedal trat. Derweil vertrieb sich Kati die Zeit und beobachtete die Menschen auf der Pier, als ihr plötzlich jemand auf die Schulter tippte und fragte:
„Ist neben Ihnen noch ein Platz frei?"
Kati schaute über ihre Schulter und nahm wahr, wer um ihre Gesellschaft bat. Frau L., die Ausflugsheftchenschnuppertante!!! Eigentlich gab es noch viele weitere Sitzgelegenheiten, aber natürlich nahm Kati artig ihre Tasche von dem Platz neben ihr und entgegnete lässig:
„Klar, ist frei, kein Problem, bitteschön."

Was dem kölschen Mädchen dann widerfuhr, gleicht einem Alptraum. Der Weg nach Chania dauert mehr als eine Stunde und führte vorbei an der Nordküste der Insel. Es war eine herrliche Fahrt, durch die traumhafte Landschaft Kretas. Aber auch nur dann, wenn man die Gelegenheit hatte aus dem Fenster zu schauen und die Fahrt zu genießen. Genießen konnte Kati an diesem für sie schwarzen Tag jedoch gar nichts. Noch nicht einmal der Blick aus dem Fenster wurde ihr gewährt, nicht für eine Sekunde, denn von Beginn der Busfahrt an bis Chania brabbelte die Ausflugheftchenschnuppertante ohne Unterlass. Sie redete mit einem derartigen Wortschwall auf Kati ein, dass dieser einem Hurrikan, der mit 240 Stundenkilometern über eine Karibikinsel fegt, gleich kam und dies alles, und das möchte ich an dieser Stelle ganz besonders betonen, ohne Punkt und Komma.

Kati hatte nicht den Hauch einer Chance geistig abzuschalten und die Dame einfach reden zu lassen. Denn Frau L. quetschte meine Kollegin wie eine Zitrone aus und stellte ständig Fragen, die es zu beantworten galt. Scout sein verpflichtet eben! Immer dann, wenn Kati auch nur den Versuch startete einen Blick auf die Inselwelt Kretas zu erheischen, stupste die Frau des „niemals endenden Rededranges“ sie an, klopfte ihr auf die Schulter und bat um Aufmerksamkeit.

Endlich in Chania angelangt, freute Kati sich darüber die grauenvolle Busfahrt überstanden zu haben. Sie schnallte ihren Rucksack über die Schulter und ging frohen Mutes hinter der Ausflugsgruppe her, bis ein schrilles „Huhu“, die Luft durchzwirbelte. Dieses „bis“ stellte allerdings nur eine Zeitspanne von Sekundenbruchteilen dar. Katis Nackenhaare stellten sich hoch und ihr Blut erfror, denn die Stimme war ihr wohlbekannt. Sie drehte sich zur Seite und aufs Neue schaute sie ins Gesicht der geselligen Dame.

Die örtliche Reiseleitung führte die Gruppe durch die Gässchen der Stadt. Alle machten Fotos und begeisterten sich für dieses schmucke Städtchen, während Kati sich auf ganz anderes konzentrieren musste – auf die schillernden Erzählungen und das erneut anfangende Frage- und Antwortspiel ihrer neuen Freundin.

Schließlich hatte sie aber doch noch die Gelegenheit Chania zu betrachten, wenn auch nur durch die Linse einer Kamera. Denn nachdem der Lieblingsgast des Tages ihren kleinen, altmodischen Fotoapparat aus ihrer Handtasche gekramt hatte, bat sie Kati ein paar Aufnahmen von ihr zu machen. Wie gesagt, Scout sein verpflichtet und so war auch dies eine Bitte, der nachgegangen werden musste. Nun posierte sich Frau L., in ihrem wie schon am Vorabend bunten Federkleid, vor jedem Stein. Kati drückte den Auslöser und nach jedem „Ritsch“, das von der Kamera zu vernehmen war, wurde sie zu einer neuen Kulisse kommandiert.

Im malerischen Hafen kehrte die Gruppe in eine romantische Taverne ein, die direkt am Wasser gelegen war. Fischernetze lagen auf dem Asphalt, an denen Pelikane zupften. Boote schunkelten leicht im Rhythmus der Wellen, welche in der verschlafenen Bucht an Kraft verloren hatten. Chania ist wohl die schönste Stadt Kretas. Dabei sah es im 9. Jhd. erst einmal nicht so aus, als ob sie diesen Status im 21. Jahrhundert innehaben sollte. Zu diesem

Zeitpunkt wurde Chania von den Arabern erobert. Diese ließen die Stadt völlig verwahrlosen. Auf der gesamten Insel hinterließen sie eine Spur des Schreckens. Sie zerstörten unzählige Städte, verbrannten jede einzelne Kirche und verübten, überall wo sie einfielen, Gräueltaten an der griechischen Bevölkerung. Zu Chanias Glück folgte die Herrschaft der Venezianer. Sie gaben der Stadt ein neues Gesicht. Die Häuser um den kleinen Hafen, der wie ein U geformt ist, sind herrliche Zeugen dieser Epoche. Aber auch die Venezianer, selbst wenn sie sich im Gegensatz zu früheren Herrschern zivilisiert benahmen, waren nur bedingt willkommen. Fremdherrscher sind nun mal Fremdherrscher. Die Zeit der Venezianer war nicht von Dauer. Nach erbitterten Kämpfen eroberten die Türken im Jahre 1669 die Insel. Unter ihnen erlitt Kreta ein trauriges Schicksal. Die Insel wurde völlig ausgebeutet und die Menschen förmlich abgeschlachtet.

Zurück in unsere Zeit und zu dem bereits legendären Ausflug. In der Taverne roch es schon sehr gut, so dass einem das Wasser im Munde zusammenlief. Auf der Speisekarte wurden die köstlichsten Speisen angeboten: Souflaki, Gyros, frischen Fisch, Kalamari, Moussaka, sowie schmackhafter griechischer Salat mit dem berühmten Schafskäse. Die Tische waren, typisch griechisch, mit blau-weißen Papiertischdecken eingedeckt.

Der größte Teil der Gruppe hatte bereits Platz genommen, als Kati mit Frau L. im Schlepptau das Ziel erreichte. Schlau wie ein Fuchs, schaute meine Kollegin sofort nach einem Tisch an dem nur noch ein Platz frei war. Sie hatte ihren Blick noch nicht über alle Tische geschwenkt, als die gute Seele an ihrer Seite mit sich überschlagenden Worten sagte:
„Ach wissen Sie was, ich kenne mich mit der griechischen Küche überhaupt nicht aus. Meine Tochter kocht zwar sehr gerne, und ich sage Ihnen, wenn die kocht, das schmeckt. Hm, wenn ich nur daran denke. Lecker, lecker! Aber mir ist das alles fremd. Gut, Spießbraten und solche Gerichte koche ich natürlich auch, vor allem seit wir die neue Küche haben. Die hatte mein Mann noch eingebaut. Gott habe ihn selig, den Armen. Fünf Jahre ist er nun schon tot. Griechisch – nein, da kenne ich mich nicht mit aus. Aber Sie sind doch regelmäßig hier, Sie können mich doch bestens beraten, nicht wahr?"
Daraufhin rief sie fröhlich:

„Schauen Sie, da hinten sind noch zwei Plätze frei. Kommen Sie, Kati, kommen Sie, da setzen wir uns hin."
So saßen sie für eine weitere Stunde zusammen. Kati völlig frustriert an ihrem Schafskäse kauend und Frau L. schwatzend illustre Geschichten aus ihrem Familienleben erzählend.

Als das arme Scout-Mädchen nun auch wusste, wer mit wem und was der Schwager des Bruders des Mannes ihrer Tochter am liebsten zum Frühstück aß, keimte Hoffnung in ihr. Denn die Gruppe wurde in die Freizeit entlassen. Auch Kati stand auf und verabschiedete sich mit den Worten:
„So, ich muss nun mal los in die Geschäfte, ein wenig einkaufen." Kaum ausgesprochen, sprang Frau L. von ihrem Stuhl auf, schnappte sich ihre Tasche und erwiderte:
„So ein Zufall! Ich muss für meine Tochter ein Souvenir kaufen. Die motzt aber immer und sagt ich hätte einen schlechten Geschmack. Ich schließe mich Ihnen einfach beim Bummeln an. Und wenn ich etwas ausgesucht habe, sagen Sie mir, ob es Ihnen gefällt oder nicht. Kommen Sie, Kati, kommen Sie, lassen Sie uns gehen." In diesem Moment hätte man Kati erzählen können, dass sie Karneval zu Hause sein wird, dass Robbie Williams ein Konzert nur ihr zu Ehren gibt, oder dass sie in den nächsten Wochen einen Bestseller schreiben wird. All das hätte nichts genutzt. Nichts und niemand hätte sie jetzt froh stimmen können.

Nachdem das obligatorische Foto mit Hafenpanorama gemacht wurde – ich denke, ich muss nicht sagen, wer es schoss und wer Modell stand – tappten die beiden in die Geschäfte. Hier greift nun das Sprichwort: „Die Hoffnung stirbt zuletzt". Kati unterließ keinen Versuch aus ihrer Gefangenschaft zu entfliehen. Sobald sie große Regale oder Kleiderständer sichtete, schlich sie sich auf stillen Sohlen dahinter und verharrte in ruhiger Stellung, in der Hoffnung, nicht entdeckt zu werden. Jedoch wurde sie immerfort durch ein schrilles „Huhu" in die Realität zurückgezerrt. Frau L. gelang es, wie einem Fährtensucher, jegliches Versteck ausfindig zu machen. Dieses Spiel setzte sich für den Rest des Tages fort. Während der Weiterfahrt nach Rethymnon, während der Freizeit dort und während der zweistündigen Fahrt zurück zur NABUCCO war Kati dem Rede-Bombardement ausgeliefert.

In Heraklion stand für viele die Abreise bevor. Auch Frau L. wollte noch am Abend zurück nach Deutschland fliegen. Da sie den griechischen Arbeitern nicht getraut hatte, hatte sie nicht wie alle anderen abreisenden Gäste ihre Koffer schon morgens zum Check-in gebracht, sondern sie im Kofferraum des Busses verstaut. Laut Ausflugsticket sollte die Exkursion um 17:50 Uhr enden und der Transferbus zum Flughafen um 18:45 Uhr von der Pier starten. Als sie um 17:55 Uhr noch nicht zurück waren, ergriffen Angstzustände Frau L.. Kati beruhigte sie und machte sie darauf aufmerksam, dass sie bereits kurz vor Heraklion seien. Aber die geschwätzige Dame verfiel mehr und mehr in Panik. Punkt 18:05 Uhr hatten sie die NABUCCO erreicht. Obwohl noch genügend Zeit und vom Transferbus noch nichts zu sehen war, zerrte die Dame meine Kollegin aus ihrem Sitz und befahl, ihr über die Pier zu folgen, um nach dem Bus Ausschau zu halten.

Ihr dürft nicht vergessen, dass es auch noch die Koffer gab. Nämlich zwei riesige Ungetüme, schwer wie Blei, die Kati stöhnend hinter ihr her schleppen musste, während Frau L. mit schnellen Schritten voraus lief und dabei verlangte, ihr im gleichen Tempo zu folgen.

Der Himmel erwies sich als gütig, als der Transferbus endlich kam. Frau L., unsere Ausflugsheftchenschnuppertante, stieg ein, ohne sich von ihrer Gesprächspartnerin und Kofferträgerin zu verabschieden. Undank ist nun mal der Weltlohn!

Während ich – ich gestehe es, liebe Kati – immer noch über die Geschichte schmunzeln musste, war ich froh, mit dem zurückliegenden Tag doch ein wenig gesegneter gewesen zu sein. Hatte ich doch das Glück, mein Wissen um interessantere Dinge als die Neuigkeiten über den Mann der Tochter des Onkels erweitert zu haben. Lehrreiches zu erfahren ist auf Kreta ja auch nicht besonders schwer. Ist die Insel doch die Wiege der europäischen Kultur und Zivilisation. In den Jahren 3000 – 1100 v. Chr., im sogenannten minoischen Zeitalter, entwickelte sich die erste Zivilisation Europas. Die kreativen Künste wurden geboren und ein Zentrum des Handels und der Seefahrt entstand. Diese Zeit ist nach dem legendären König Minos von Kreta benannt, der nach der Mythologie Sohn des Zeus und der Europa ist. Er war der erste

Mensch, der eine Seemacht erschaffen hatte. Als Herrscher über das Ägäische Meer, führte er Handelsbeziehungen mit Afrika und Asien. Ihm zur Seite standen Seeleute, Bauern und Schafhirten, die über enorme kaufmännische Fähigkeiten verfügten. Der genaue Untergang der Minoer ist nicht bekannt, man geht davon aus, dass ihnen kriegerisches Wissen fehlte. In einer Zeit, in der die Menschen anderenorts noch in Höhlen hausten, ist die Gründung von Dörfern und Städten charakteristisch für das Minoische Zeitalter. Schon damals waren die Häuser mit mehreren Räumen raffiniert gebaut.

Um so fortschrittlicher diese Zeit wurde, um so mehr entwickelte sich die Kunst und die Zivilisation. Allen voran durch den Bau der großen Paläste. In ihnen befanden sich die Privatgemächer der Besitzer, Räume für gesellschaftliche Ereignisse, Werkstätten, Theater, Bäder, Lagerräume und Abwasserkanäle. Der berühmteste Palast ist, ohne Frage, der Palast von Knossos. Es war bis zu fünf Stockwerke hoch und bot in fast 1400 Räumen mehr als 300 Menschen ein zu Hause. Er war der Hauptsitz König Minos´. Bekanntheit erreichte Knossos vor allem wegen seiner Bauweise. Die Legende sagt, dass kein Fremder ohne Führung den Palast betreten durfte, aus Angst, dass dieser nicht mehr aus dem Labyrinth von Gängen und Schächten herausfinden würde. Wer von euch denkt hier nicht an die berühmte Sage des Minotaurus?

Androgeos, der Sohn des Minos, war ein hervorragender Athlet. Er besuchte Athen, um an den sportlichen Wettkämpfen teilzunehmen und besiegte in beispielloser Weise alle Kontrahenten. Ausgetragen wurden diese Wettkämpfe von Aigaios, der den Erfolgen mit solchem Neid gegenüberstand, dass er Androgeos zum Kampf gegen den kretischen Stier überredete. Der kretische Prinz verlor in diesem Kampf sein Leben. Minos erfuhr mit Schrecken von dem Tod seines geliebten Sohnes. Erfüllt von Trauer und Schmerz sammelte er seine Flotte und bereitete einen Angriff auf Athen vor, der nach langen Kämpfen mit der Niederlage Athens endete. Athen musste daraufhin einen Blutzoll an Minos entrichten. Die Stadt verpflichtete sich, jährlich sieben Jungen und sieben Mädchen dem tiergestaltigen Minotaurus zum Fraß vorzuwerfen. Minotaurus entstammte einer Liaison zwischen der Frau des Minos und einem Stier. Aus Scham über die Geburt dieses Scheusals ließ

Minos das Labyrinth bauen und schloss das Tier darin ein. Für die aus Athen gesandten Jungen und Mädchen gab es aus den labyrinthischen Gängen und Räumen kein Entrinnen. Sie irrten solange hilflos umher, bis Minotaurus sie verzehrt hatte. Jede Sage hat ihre Helden, und so nahm sich der Athener Theseus vor, als einer der sieben Jünglinge nach Kreta zu reisen, um den gefürchteten Stier zu besiegen. Der Abschied aus Athens Hafen war erfüllt von Trauer, da er nicht wusste, ob er seine Heimat noch einmal wieder sehen würde. Passend zu der traurigen Fahrt setzte er schwarze Segel. Er wollte erst bei einer siegreichen Wiederkehr die weißen Segel setzen. Gemeinsam mit den anderen Jugendlichen wurde er nach seiner Ankunft auf Kreta in das Labyrinth geführt.

Doch das Schicksal war ihm wohlgesonnen. Hatte sich doch Ariadne, die Tochter des Minos, in ihn verliebt. Sie hatte ihm, bevor er das Reich des Minotaurus betrat und nachdem er ihr versprochen hatte sie zu heiraten, ein rotes Wollknäuel geschenkt. Dessen Faden sollte er am Eingang befestigen und während seines Vordringens durch die Gänge abwickeln, um seinen Weg wieder herauszufinden. Heldenhaft tötete Theseus, ohne Waffen und mit bloßen Händen, den Minotaurus.

Er befreite seine Gefährten und verließ gemeinsam mit Ariadne die Insel. Auf der Rückfahrt legte das Schiff vor Naxos an. Theseus, der in keiner Weise in Ariadne verliebt war, ließ diese schlafend am Strand zurück. Alles schien perfekt, bis auf die Tatsache, dass er im Eifer des Gefechts und im Überschwang der Gefühle vergessen hatte, die schwarzen Segel gegen die weißen auszutauschen. Seit Tagen hatte Aigaios am Kap Sounion Ausschau gehalten. Als er nun in der Ferne die schwarzen Segel sah, glaubte er, dass sein Sohn umgekommen sei. Er stürzte sich ins Meer, das seit jener Stunde den Namen „Ägäisches Meer“ trägt.

Mit einem Blick auf die Uhr bemerkte ich, dass es für mich höchste Zeit wurde, zur schiffseigenen Wäscherei zu laufen. Ich rannte zu den unendlichen Tiefen auf Deck 2 hinunter, wo mich kein Tageslicht mehr grüßte. Denn ich befand mich schon längst unter der Wasserlinie. Ich stolperte hastig die Treppenstufen herab und erreichte mein Ziel in letzter Minute. Wenige

Augenblicke später und ich hätte vor verschlossener Tür gestanden. Aber ich hatte Glück und bekam meine erst gestern abgegebenen Uniformteile sauber gewaschen wieder zurück. So war es immer. Heute gebracht, morgen gemacht!

Und man bedenke, es war nicht nur meine Uniform, die es zu waschen galt, sondern Uniformteile von über 400 Crewkollegen wurden tagein, tagaus in sorgsame Hände übergeben. Wie es sich gehört, der Tradition verpflichtet, arbeiteten auch bei uns ausnahmslos Chinesen in der Wäscherei, die ihrer Tätigkeit redlich nachgingen.

Wenn ich einmal reich wär...

„Der Narr lebt arm, um reich zu sterben."
(Barthold Heinrich Brockes)

Die obligatorische Seenotrettungsübung am Sonntagmorgen war ein weiteres Mal vorüber, als ein weißhaariger Herr sich bei Olli und mir über diese aufregte. Die Art, wie wir die Übung handhaben, sei der totale Unsinn, ließ er verlauten. Im Notfall würde nur eine geladene Pistole des Kapitäns helfen und er hoffe, das dieser eine solche in seiner Kabine habe. Vorstellungen gibt's!

Das Schicksal nahm seinen Lauf, als ein Gast mit nacktem, voll behaartem Oberkörper vor mich trat und fragte:
„Haben die in Dubrovnik auch manchmal neun Uhr?"
Manchmal wünschte ich, es wäre nicht ich gewesen, die in diesen Schuhen stand.

Am Abend bekamen wir streng vertraulich die Nachricht, aufgrund zu starken Seegangs am folgenden Tag eventuell nicht vor Zakynthos ankern zu können. Daraufhin ging unser Scout-Team in die Crewbar und Olli erzählte die Geschichte, als er einst mit einer Gruppe eine Bootsfahrt in die bekannten blauen Grotten von Zakynthos unternommen hatte. Dort hatte ihn ein älterer Herr auf die Schulter getippt und gefragt:

„Entschuldigung, wo ist denn jetzt hier das Bernsteinzimmer?"
Unser Olli hatte keine Antwort gegeben, sondern die Hand vor den Mund gehalten, sich abgewandt und gelacht. Als er diese Story erzählte, lachte die gesamte Crewbar über den besagten Passagier. Nur Scout Astrid und ich schauten uns, vom gleichen Gedanken geplagt an, und plötzlich waren wir es, die sich vor Lachen bogen. Wer weiß, vielleicht wusste dieser Passagier mehr als jeder andere auf dieser Welt. Vielleicht hatte er Olli einen Wink mit dem Zaunpfahl gegeben und dieser hatte nichts bemerkt. Vielleicht ist es der noch einzig Lebende, der um das Geheimnis weiß und wollte es nun offenbaren. Vom Alter her hätte er Zeitzeuge sein können.

Astrid und ich hofften nun inständig, dass wir am folgenden Morgen ankern konnten, denn wir waren als Ausflugsbegleitung zur blauen Grotte vorgesehen. Herumalbernd, dass wir die Tauchausrüstung mitnehmen müssten, sahen wir uns in unserer Vorstellung schon als arme Scouts in die Tiefe abtauchen und mit Glanz und Glorie, mit Ruhm und Reichtum und dem Bernsteinzimmer wieder auftauchen.

Am darauffolgenden Morgen, mussten wir sehr früh aufstehen. Jedoch war bei Astrid und mir kein Anflug von Müdigkeit zu spüren. Wir wollten schon mal vorab unsere Mütter anrufen, um ihnen zu sagen, dass sie auf alle Fälle am Abend "Leute Heute" einschalten sollten, da wir beide auf dem Wege waren, diesem Titel alle Ehre zu machen. Ganz gewiss würden sich ab heute auch Deutschlands bekannteste Tageszeitung und sämtliche Fernsehstationen auf uns stürzen. Wir waren bereit für den ganz großen Ruhm. Mit hoch erhobener Nase und der Gewissheit, mehr zu wissen als der Rest der Welt, gingen wir in unser Büro, um die Gästeliste abzuholen, doch peng – wie ein Fausthieb kam die Ernüchterung. Unser Tourmanager übermittelte uns die Botschaft von der Brücke, die da lautete: zu schlechtes Wetter, Dünung und somit keine Chance zu ankern, geschweige denn zu tendern. Die Tenderboote wurden wieder hochgehievt. Sicherheit geht vor!

Anstatt endlose Bewunderung zu ernten, gingen wir mit hängendem Kopf ins Theater, um den Passagieren mitzuteilen, dass sie völlig umsonst im Morgengrauen aufgestanden waren. Sie reagierten besonnen und einsichtig.

Nur eine Dame krächzte und fragte uns:
„Wenn ich nun nicht mehr am Ausflug auf Zakynthos teilnehmen möchte, bekomme ich dann mein Geld zurück?“ Unglaublich! Natürlich war unser Kapitän sehr flexibel, denn den Gästen musste etwas geboten werden, daher entschied er sich kurzerhand am Nachmittag Pylos anzusteuern.

Pylos

„Die Bucht von Pylos am Süd-Westpeloponnes
ist ideal geeignet für Schiffe,
die Schutz vor rauen Winden
und hohem Wellengang suchen.“

So steht es im Reiseführer geschrieben und so waren auch wir ab heute eines dieser Schiffe, das Zuflucht suchte und fand. Heute geschah, was im Scoutleben wohl einmalig ist. Es gab keine Ausflüge, die wir den Passagieren anbieten konnten und ein Scout ohne Ausflug ist, wie könnte es anders sein, ein Scout im Urlaub. Wir waren auf Reede und als wir uns mit dem Tenderboot langsam der Insel näherten, lag sie völlig unberührt vom Tourismus vor uns.

Alte Männer, die bei einem Kaffee zusammen saßen, ließen sich von einer Ladung Touristen, die plötzlich über die Insel einfiel, nicht aus der Ruhe bringen. Wir fragten uns, warum sie nicht das große Geschäft witterten und die Passagiere nicht mit ihren Privatautos über die Insel fuhren. Unser Tourmanager brachte es auf den Punkt, als er feststellte:
„Schaut Euch den alten Herrn dahinten an. Der sitzt seit mehr als zwanzig Jahren in aller Seelenruhe jeden Mittag vor seinem Haus. Manchmal alleine, manchmal mit seinen Freunden. Ihr glaubt doch nicht, dass er heute nach zwanzig Jahren diese Gewohnheit ändert?“

Wieder auf dem Schiff, rannte ich mit Kati im olympiareifen Sprint zur Crewmesse. Aber es war zu spät, sie hatte nur wenige Minuten vorher geschlossen. Da unsere Mägen nur so knurrten, gingen wir ins Restaurant zu den Passagieren und nahmen an einem Vierertisch neben einem Pärchen

Platz. Wie oft hatte ich schon mit Gästen zu Mittag gegessen, und wie oft hatte ich dabei die Zeit vergessen, da sich ein wirklich nettes und anregendes Gespräch ergeben hatte. Heute jedoch war alles anders.
Eigentlich waren die beiden schon längst fertig, saßen aber immer noch am Tisch und grinsten ins Leere. Sobald wir uns zu ihnen gesellten, wanderte der Blick des Mannes auf unsere Teller und sein Grinsen wurde noch ein wenig breiter. Er ließ seine Augen über jede Kartoffel und jede Faser Fleisch wandern. Allerdings beließ er es nicht dabei, denn jedem Blick folgte ein Kommentar:
„Sie essen aber schnell“, war der erste den er zum Besten gab. Als ich ein weiteres mal zum Büfett ging, hatte ich kaum meinen Teller auf den Tisch gestellt als er bemerkte:
„Oh, die zweite Portion.“ Er verschränkte die Arme und ließ seinen Blick nun überhaupt nicht mehr von meinem Teller. Irgendwann fügte seine Frau dann noch als Zeichen ihrer Aufmerksamkeit hinzu:
„Sie haben aber Appetit – essen Sie immer soviel?“ So ging es weiter, bis sie uns endlich mit uns und mit unserem Hunger allein ließen.

Heute Abend ging ich ins Theater, was auf meinem Schiff immer etwas ganz Besonderes war. Zu unserem Showensemble gehörten nur hochkarätige Solisten, die schon in diversen und berühmten Musicals gesungen hatten.

Eine Revue aus den goldenen 20er Jahren stand auf dem Programm. Es war herrlich – tolle Sologesänge bescherten mir eine Gänsehaut. Ich wurde mitgenommen auf eine Reise in eine Zeit der ungezähmten Leidenschaft, der großen Gefühle und lustvollen Liebschaften. Die durchtrainierten Tänzer räkelten sich auf dem Boden liegend vor den Füßen der Hauptdarstellerin. Dank der Lichteffekte und allem was zu einem top-ausgestatteten Theater gehört, bekam die Aufführung eine besondere Note. Auch die Passagiere waren begeistert und „standing ovations“ und hundertfacher Applaus waren am Ende das Ergebnis.

℘ Der Filmemacher ☙

„Ein Film ist ein Film ist ein Film ist ein Film."
(Andy Warhol)

Nun kam der große Moment in dem aus Alexandra, das Fräulein Alexiiii wurde. Herr Theodor sei Dank. Ein älterer Herr, klein von Gestalt, mit Pomade im Haar. Mit einem schwungvollen „Good Evening, Fräulein Alexiii", kam er immer wieder gutgelaunt und einer Fremdsprache mächtig zu ihrem Schalter. Einen Namen hat man eben schnell, und so hatte Alexiii fortan ihren Namen weg.

Herr Theodor hatte sich bereits am ersten Abend seiner Reise einen Platz ganz vorne rechts im Bus reservieren lassen. Der Grund hierfür war nicht etwa Reisekrankheit, nein, der gute Mann war mit einer überdimensionalen Videokamera angereist und hatte sich als Ziel gesetzt, jede Sekunde seines Traumurlaubes zu filmen.

Unter normalen Bedingungen wäre das Reservieren in Ordnung gewesen. Er ging jedoch zu jedem Scout und beantragte seinen Wunsch aufs Neue. Von uns wusste leider keiner was von dem anderen. So überreichte jeder Scout unserem Manager, einen Notizzettel mit Ausflugsnummer, Namen und Kabinennummer. Dieser stand am Ende mit acht Reservierungen in der Hand da, die alle für Herrn Theodor gedacht waren.

Anstatt die Quittung der gebuchten Ausflüge einfach nur zu unterschreiben, nahm Herr Theodor sich die Zeit und schrieb in gut lesbaren Lettern „Reserviert, ganz vorne rechts" darauf. Erst dann erfolgte mit einem selbstzufriedenen Lächeln seine Unterschrift.

Doch damit nicht genug! Herr Theodor ließ es sich natürlich nicht nehmen, beim morgendlichen Treffpunkt sofort zum zuständigen Scout zu gehen und diesen zu bitten, über das Walki-Talki unsern Manager daran zu erinnern, ihm einen Platz ganz vorne rechts zu reservieren. Dies befahl er nicht nur dem für seinen Ausflug zuständigen Scout, sondern sprach jeden, der ihm mit einem

Walki-Talki in der Hand begegnete an, und bat ihn um das Gleiche. Dabei blieb er so lange neben den betreffenden Personen stehen, bis sie unseren Manager angefunkt hatten. So hatte dieser neben seinen acht Notizzetteln auch noch x-mal übers Walki Talki die Nachricht zu vernehmen:
„Neben mir steht ein Herr, er hätte gerne den ersten Sitz ganz vorne rechts reserviert. Sein Name ist Theodor und er wohnt in Kabine 4253."

Herr T. saß stets fröhlich, strahlend ganz vorne rechts im Bus und hielt unermüdlich die Kamera aus dem Fenster, selbst wenn wir eine Stunde lang nur die Straße entlang fuhren filmte er pausenlos. Einmal rief er in die von Alexi vorgetragene Ausflugspräsentation ein schrilles:
„Fräulein Alexiii, wird Pylos mit I oder mit Y geschrieben? Das muss ich wissen für meinen Film."
Nach diesen Worten schaute er voller Stolz in die Gesichter der Mitreisenden.

Scout sein ohne Leiden

„Ich wünsch dir Liebe ohne Leiden,
und eine Hand die Deine hält.
Ich wünsch dir Liebe ohne Leiden,
und dass dir nie die Hoffnung fehlt."
(Udo & Jenny Jürgens)

Heute stand das Feiern an erster Stelle. Unsere geliebte Schlager-Party war in der NABUCCO-Bar das Event des Abends. Wir sangen, zum Leidwesen Aller, inbrünstig jede Textzeile mit. Unter allen Schlagern gab es aber einen Hit, den wir Scouts zu unserem Kultschlager erkoren. „Liebe ohne Leiden" von Udo und Jenny Jürgens. Wir waren verrückt nach diesem Song und es gab ein oberstes Gebot: Niemand ging zu Bett, ehe der DJ dieses Lied gespielt hatte! Daran hielten wir uns alle streng. Da es allerdings gemeine DJs gab, die oftmals erst in den frühen Morgenstunden unserem Wunsch nachkamen, waren unzählige Nächte entsprechend kurz. Zu kurz – wenn ich an die darauffolgenden Tage denke. Es gab Momente auf einem Schiff, da brauchte man gar nicht lange gefeiert zu haben, um endlos müde zu sein. Dies war der Fall, wenn ein schlecht gelaunter Neptun uns seinen Zorn spüren und die NABUCCO nach oben, nach unten, nach hinten und nach vorne schaukeln ließ. Im Grunde mochte ich das wirklich gerne, vor allem weil ich nachts so schön in den Schlaf gewiegt wurde. Das einzige Problem war nur, die Müdigkeit wurde zum Dauerzustand. Der Seegang ließ meine Energie nur so verpuffen, so dass ich in jeder freien Minute meinen Schlaf suchte. An solchen Tagen erhielt meine Kabine den Eindruck einer Seniorenresidenz.

Auch heute am Seetag schaukelte mein schönes Schiff ohne Unterlass. Ich ging aufs Pooldeck, um frische Seeluft zu atmen. Eine Dame fragte mich, warum es hier nur Liegen gäbe und keine Stühle. Ich sollte ihrem Mann sofort einen Stuhl besorgen. Mir fiel dabei spontan ein Lied einer meiner Lieblingsgruppen ein, das da lautet: „Du liegst auf deiner Liege, ich sitz hier auf meinem Stuhl." Sie redete sich in Rage und meinte weiter, wo denn das Essen wäre, welches die NABUCCO versprochen hätte. Ich deutete Dutzende Male in Richtung des Poolbrunches, das großartig über das gesamte Deck aufgebaut war. Sie verstand meinen Hinweis nicht. In meckerndem Ton, beschwerte sie sich über die Falschaussage der Bordzeitung und empörte sich, dass man sie mit ihrem Hunger schmachten ließe. Wieder zeigte ich aufs Büffet und sagte immer und immer wieder, sie solle dorthin gehen und wieder verstand sie es nicht und schimpfte immerfort. Da platzte mir der Kragen, und ich gab ihr einen kräftigen Schubs in Richtung des köstlichen Essens.

Gerade im Begriff das Deck zu verlassen, blockierte eine Dame meinen Weg, die explizite Auskünfte über unsere Ausflüge einholen wollte:
„Ist in der Stadtrundfahrt ein Getränk erhalten und sind die Eintrittspreise aller Museen und Sehenswürdigkeiten auch während meiner Freizeit inklusive?"
Leider musste ich diese Fragen verneinen und ein weiteres Mal einen Menschen enttäuschen.

ꕥ Bötchen-Fahrt ꕥ

„Heidewitzka, Herr Kapitän!
Mem Müllemer Böötche fahre mer su gähn“

Urlaub im Urlaub – auch das gibt es für unsere Gäste. Wie schön, dass ich mit ihnen diesen Urlaubstag verbringen durfte. Direkt im Hafen stiegen wir von unserer großen NABUCCO in ein kleines Fischerboot – auch Kaiki genannt – um. Wir waren eine kleine überschaubare Gruppe, so dass wir uns auf dem rustikalen, traditionellen Holzboot ausbreiten konnten. Wir schipperten an der mediterranen Küste entlang und tranken dabei griechischen Wein.

Vor einer Bucht, deren Strand uns für einige Stunden zu einem kleinen Tagtraum einlud, ankerten wir. Ich war müde und döste ein wenig unter der griechischen Sonne bis ich vom köstlichen Geruch mediterraner Küche geweckt wurde. Es war Zeit fürs Mittagessen – und wo könnte das besser schmecken als in netter Gesellschaft unter freiem Himmel. Die Auswahl war reichhaltig und so schlemmte ich – mit Blick aufs Meer und den Füßen im warmen Sand – BBQ-Hühnchen, Tsaziki, griechischen Salat und dazu einen Becher Rotwein.

Plötzlich gesellte sich eine Handvoll Fischer zu mir. In verschlissenen Jeans gekleidet, mit sonnengegerbter Haut und Dreitagebart, entzündeten sie ein Lagerfeuer über dem sie den erst vor wenigen Minuten gefangenen Fisch grillten. Ohne zu fragen, warfen sie mir diesen in hohem Bogen auf meinen Teller. Das war, wie ihr euch bestimmt denken könnt, ein kulinarischer Genuss, so dass ich zum Schluss nur noch jämmerliche Gräten zurückließ.

Jeder Ausflug hat seine Spezies und seine Originale. So hatte ich diesmal einige Gäste in meiner Gruppe, die, angefangen von der Bootsfahrt bis hin zum BBQ, nichts, aber auch überhaupt nichts, von dem Ausflug mitbekamen. Noch immer befanden sie sich von einem wilden Trinkgelage am Vorabend halb im Delirium und verschliefen den ganzen Tag. Neben den NABUCCO-Gästen und mir war eine weitere Gruppe am Strand. Holländische Senioren!

Als sie vor uns die Bucht verließen und mit ihrem Kaiki davon fuhren, taten sie dies wildtanzend und mit ohrenbetäubender Discomusik aus den Lautsprechern des Bootes. Herrlich auch das!

Am Abend ging ich in unser Theater, um die Ausflugspräsentation über Rom zu halten. Diese Ausflugspräsentationen mochte ich sehr gerne. Während die Gäste hereintraten und ihren Platz einnahmen, dämmten wir das Licht und das Theater wurde fortan nur von künstlichen Fackeln beleuchtet. Im Hintergrund wurde die für den jeweiligen Hafen passende Musik eingespielt.

Als das Mikro anging, konnte die Show beginnen. Mit Hilfe von PowerPoint verstand sich. Dank der Erfindung des Laptops und des Beamers wurden die schönsten Bilder der einzelnen Ausflüge auf die große Leinwand projiziert, die sich majestätisch über die Breite der Bühne erstreckte und fast bis zur Decke des Theaters reichte. Am meisten Spaß machte dies, wenn das Theater bis zum letzten Platz gefüllt war und ich 600 Gäste unterhalten musste. Denn hier hatte ich die Möglichkeit, mit Worten zu spielen, die Passagiere zu begeistern, und sie auf die schönen Häfen und die Ausflüge einzustimmen. Das Theater erstreckte sich über zwei Decks und war ganz vorne im Schiff. Es war ein idealer Ort für das große Spektakel.

Sizilien

„Kennst du das Land, wo die Zitronen blühn,
im dunklen Laub die Goldorangen glühn,
ein sanfter Wind vom blauen Himmel weht,
die Myrte still und hoch der Lorbeer steht.
Kennst du es wohl? Dahin! Dahin
Möcht ich mit dir, o mein Geliebter, ziehn!"
(Johann Wolfgang von Goethe)

Schon Goethe liebte Sizilien, besonders Taormina. Klar, dass ich mir solch berühmte Stätte auch einmal anschauen wollte. Und da unser Schiff die süditalienische Insel anfuhr, machte sich das gut und ich bekam ein weiteres Wunschziel zu sehen.

Taormina liegt hoch in den Bergen und vom Busbahnhof aus, muss man mit einem Lift hinauffahren. Aufzugfahren ist nicht jedermanns Sache und so stand plötzlich wie aus dem Nichts eine Frau vor mir und schrie mit extrem greller Stimme:
„Ich mag nicht mit dem Aufzug fahren, gibt es einen anderen Weg?"
Natürlich erkundigte ich mich und wies auf eine Treppen hin.
Darauf schrie sie, nun noch panischer und eine Oktave höher:
„Warum kann mir niemand eine Auskunft geben, ich mag keinen Aufzug fahren, ich habe Platzangst!"
Diesen Satz wiederholte sie noch zehn Mal und stampfte dabei mit ihrem Fuß unentwegt auf den Boden.

Irgendwann offenbarte sie mir – oder besser gesagt, mittlerweile allen Mithörenden – schreiend ihr Geheimnis: „Ich lag mal unter einer Lawine!" Nachdem sie endlich das Wort „Treppe" aufgenommen hatte, ging sie diese doch hinauf und stand sogar als Erste vor den Toren Taorminas. Gut gebrüllt, Löwe!

Aber nichts desto trotz – ich ließ mir die Freude nicht nehmen – war der Aufenthalt in Taormina ein Traum. Mit meiner Gruppe ging ich durch die romantischen Gassen, bis hin zum antiken Theater. Ich konnte mir genau vorstellen, wie die Menschen in vergangenen Zeiten auf ihren Rängen saßen und gebannt großartige Komödien und Tragödien verfolgten. Auch heute finden alljährlich – besonders in den Sommermonaten – Aufführungen in historisch römischem Ambiente statt. Der Blick von den gut erhaltenen Steinrängen war sensationell. Ich nahm die Aussicht lange auf, um die Erinnerung fest in meinem Herzen zu bewahren.

Das wunderschöne italienische Städtchen lag zu unseren Füßen. Beeindruckend tat sich ringsherum eine zerklüftete Berglandschaft auf. Die Berghänge waren dichtbewaldet und von zartem Nebelschleier eingehüllt. In der Ferne war die Küste und deren kleine Ortschaften auszumachen. Auf den unteren Rängen konnte ich, durch die offenen Rundbögen des Theaters, hin und wieder Blicke auf die herrlichen Häuser und Straßen Taorminas werfen.

In dem schon vom großen Dichterfürsten geliebten Ort, reiht sich heute ein Straßencafé an das andere. Klar, dass ich es mir nicht nehmen ließ in einem solchen eine Pause einzulegen.

Taormina ist auch für sein gutschmeckendes Eis berühmt, das meist in buntgestrichenen VW-Bussen verkauft wird. Ich muss sagen – es ist wahrhaftig eine Sünde wert. Als wir Taormina verließen, wusste ich weshalb Goethe bei Anbetracht des Ortes ausgerufen hatte: „Endlich bin ich angekommen, am Zipfel des Paradieses!"

Mein Schiff lag an diesem Tag im Hafen Catanias. Die Fahrt zurück führte vorbei an Weizenfeldern in herbstlichem Braun, sie führte vorbei an versteckten italienischen Dörfern, vorbei am niemals ruhenden Ätna – der gespenstisch und ehrfurchtsvoll nahe wirkte.

Am freien Nachmittag hieß es Catania zu entdecken. Ich zog mit Freunden durch die Straßen und wir mochten die Stadt auf Anhieb. Sie ist keine Schönheit, weder geputzt noch geleckt. Ganz im Gegenteil – sie ist laut, hektisch, dreckig – so wie man sich im Grunde eine sizilianische Stadt vorstellt. Uns störte das in keiner Weise, sondern wir erfreuten uns am sizilianischen Lebensgefühl. Natürlich kommt auch die Kunst in Catania nicht zu kurz – und so entdeckt das Auge immer wieder großartige Barockgebäude.

Nachdem wir die Hauptsehenswürdigkeiten abgegangen waren, steuerten wir in die Seitengassen. Der Markt, der allmorgendlich die Hausfrauen aus ihren Wohnungen und Häusern lockt, war schon fast zu Ende. Einige Stände hatten noch geöffnet und lautstark priesen gutgenährte Italiener Obst, Gemüse, Käse und Fisch an. Einer schrie lauter als der andere. Zwischen uns ließen Jungs die Motoren ihrer Roller aufheulen und ebneten sich eine Gasse durch die Menge. Kleine Kinder rauften sich auf dem Boden und ihre Großväter saßen auf abgewetzten Holzstühlen, rauchten eine Zigarette und beobachteten sie. Viele Stände hatten bereits geschlossen und in weiten Straßenzügen sah es wie auf einem Schlachtfeld aus. Wir stolperten über Fischköpfe, und nicht das glatte Pflaster brachte uns ins Rutschen, sondern die überall wild verstreuten Salatblätter. Wir ebneten uns unseren Weg durch herumliegende Pappkartons und Plastikkisten. Schwer arbeitend und dabei in höchstem Maße klagend, trugen die Sizilianer Gemüse- und Obstkisten in knatternde Lieferwagen. Überhaupt knatterte und hupte es in allen Straßen. Ohne den Anschein erweckend, irgendwelche Vorfahrtsregel zu beachten, floss der Verkehr in einem hektischen Durcheinander.

Die Motorradroller waren das liebste Fortbewegungsmittel, auf denen ganze Familien Platz fanden. Stolze Väter, Mütter und weinende Kinder. War auf dem Roller auch nur ein Zentimeter Platz, wurde an der nächsten Ampel angehalten, Oma und Opa sprangen auf und die Fahrt ging munter weiter. An den Straßenecken standen Zeitungskioske, an denen Einheimische sich mit den alltäglichen Dingen vom Tabak bis zur Briefmarke eindeckten. Von den Balkonen riefen sich Frauen den Klatsch und Tratsch des Tages zu. An den meisten Wänden blätterte der Putz ab und der Müll stapelte sich vor den Wohnhäusern.

Das Leben war liebenswürdig chaotisch. Es drückte Catania einen eigenen Stempel auf – hier war nichts zu spüren von der erlebten Ruhe griechischer Inseln. Aber wie egal das doch war – wir sahen jede Sekunde als ein Abenteuer an. Für kurze Zeit erlebten wir eine Mentalität, die völlig anders war als die unsere. Wenn man ihr offen und mit Neugierde gegenübertritt, kann man nicht anders als sich über das Andersartige zu freuen.

Leider sahen das einige Gäste anders. Am Abend beschwerten sie sich über Gott und die Welt. Sie fragten, wie man mit deutschen Passagieren in eine derart hektische Stadt reisen könnte.

Pech gehabt – mit einer anderen Einstellung hätten sie zumindest ein wenig von dem Spaß haben können, den wir hatten. Was für ein wunderbares Geschenk machte Gott uns mit dieser sagenhaft schönen Welt. Mit all ihren Ländern, den Menschen, den Kulturen. Wie traurig ist es doch, wenn man alles mit Deutschland vergleicht, und denkt, unser Land wäre das Non-Plus-Ultra. Denn eins kann ich mit Bestimmtheit sagen – good old Germany ist wunderschön, und ich lebe gerne hier, aber es ist nur genau so schön, wie viele andere Länder unserer Erde, und wir sind nichts Besonderes.

Im Hafen Catanias ging es nicht minder lebhaft zu. Viele Fähren hatten ihre Taue an der Pier ausgeworfen und wurden mit allerhand Lebensmitteln beladen. Passagiere tummelten sich zwischen Lkws und Kränen, die die Ladungen nach oben hievten. Die Sonne war mittlerweile verschwunden und Scheinwerfer ließen ihren Lichtkegel in der Abenddämmerung schweifen. Unsere NABUCCO war hell beleuchtet, und lud zur Weiterfahrt ein. Mächtig und anmutig lag sie im Hafen, und ich freute mich auf neue Ziele, die es zu entdecken galt.

Kaum wieder auf dem Schiff wurden wir von einem Ehepaar bestürmt, das soeben von einem Ganztagsausflug zurück gekommen war. Sie hatten die wunderschöne und aufregende Landschaft des Ätnas besichtigt, doch alle Freude über das Gesehene war verflogen, und purer Ärger war in ihren Augen zu lesen.
„Der Ausflug war wirklich sehr schön", motzten sie uns an, „aber wir haben uns den ganzen Tag auf den Streuselkuchen gefreut, und als wir nun zurück aufs Schiff kamen, war das Kuchenbüffet bereits abgeräumt."
Wie schade – da hatten die beiden einmal im Leben die Chance gehabt Streuselkuchen zu essen! Meine Chefin musste sich am Abend einige Beschwerden anhören. Ein junger Kerl fauchte sie an, dass ihm die von uns angebotene ATV-Tour zu rasant und actionreich gewesen war. Und wollt ihr wissen, wie dieser Ausflug im Ausflugsheft beschieben war? Als „rasant und actionreich". Man kann es doch wirklich keinem Recht machen!

Mein Magen knurrte nach diesem langen Tag und ich war froh, das Crew-koch Kalle uns mit Kaiserschmarren und Pflaumensoße verwöhnte.

Bella Napoli

„Neapel sehen und sterben."
(Aus Italien)

Bella Italia verwöhnte uns weiter im Glanze seiner Schönheit. Liebevoll bewacht von den Sternen am Firmament, hatte uns die nächtliche Fahrt in den Hafen Napolis gebracht. Ins wunderschöne Napoli – glorreich besungen in unzähligen Liedern, die von Liebe und Sehnsucht erzählen. Mit der NABUCCO hatte ich schon einmal hier angelegt und mein Reiseleiter war der lustigste der Welt gewesen. Antonio! Nach eigener Aussage, der mit Abstand schönste Reiseleiter Italiens. Nun ja – so was ist bekanntlich Geschmackssache. Unumstritten jedoch besaß er Humor und an diesen hatte ich mich des öfteren gerne zurückerinnert.

Ich beobachtete an diesem Morgen das Einlaufen in den Hafen von unserem Crewdeck aus. An der Spitze des Schiffes stehend, sah ich wie der Vesuv immer deutlicher wurde. Die Luft war klar und das Meer wie glattgebügelt. Es war noch nicht ganz hell und langsam kamen die Lichter Napolis näher. Die Stadt wirkte aus der Entfernung ruhig, als ob die meisten ihrer Bewohner noch tief im Schlaf versunken wären. Vermutlich war dies auch so gewesen, schließlich war der Morgen noch viel zu jung, als dass man quirliges Leben von ihm erwarten konnte. Im Hafen hatten bereits andere Kreuzfahrtschiffe und Fähren angelegt. Fischerboote kehrten heim von ihrer nächtlichen Fahrt. Frachtwagen standen bereit, um den fischreichen Fang abzuholen, um ihn zu Märkten und Restaurants zu transportieren.

Sich in den Straßen Neapels frei zu bewegen ist höchst gefährlich. Das hatte uns zumindest eine Dame am Vorabend gelehrt, die, angsterfüllt, hektisch gestikulierend und mit Schweißperlen auf der Stirn, mit den Worten zu uns getreten war:
„Ist es richtig, dass in Neapel überall wild rumgeballert wird und einem die Ohrringe aus den Ohrläppchen gerissen werden?“

Für mich stand die Stadtrundfahrt auf dem Programm und wie befohlen leitete ich meine Gäste durch das endlose Hafenterminal, vor dem Busse dichtgedrängt auf ihrem Parkplatz standen. Und plötzlich, inmitten dieses Gewühles, sah ich einen alten Bekannten wieder. Klein, ein wenig untersetzt mit schwarzgelocktem Haar. Es war kein geringerer als – Antonio – ihr erinnert euch, der nach eigener Aussage schönste Reiseleiter Italiens. Angestrengt hielt er ein quietschgelbes Schild in die Höhe und siehe da – „Stadtrundfahrt“ stand in großen Buchstaben darauf. Es ist doch immer schön, wenn man weiß was man hat, und so setzte ich mich in den Bus, den Antonio begleitete. Mit einer fantastischen Aussicht auf Neapel begann unsere Fahrt. Serpentinen führten uns hinauf zu einem der angesagtesten Wohngebiete der italienischen Metropole. Kein Wunder, würde ich morgens aufwachen, ans Fenster treten und Neapel würde mir zu Füßen liegen, fände ich das ebenfalls nicht schlecht.

Auf die gesamte Bucht und auf die sich die Berge empor erstreckenden Häuser konnte ich von hier schauen. Es war traumhaft schön. In Neapel reiht sich eine Kirche an die andere und so besuchten auch wir einige Gotteshäuser. Mächtige Altäre, Seitenschiffe, pompöse Marmorstatuen und kunstvolle Deckenverzierungen machten die Besuche zu einem Erlebnis. Antonio gab uns genügend Zeit, so dass wir genügend Freiraum hatten, uns selber in Ruhe alles anzusehen. Ich setzte mich in eine der Bänke, hielt inne und befreite mich für einige Augenblicke aus dem Trubel, der mich in meinem Beruf allzu oft umgab.

Die Sensation und zugleich die Ernüchterung des Tages war die Feststellung, dass Antonio gar nicht der Scherzbold war, für den ihn alle hielten. Dachte ich doch, er würde vor Schlagfertigkeit nur so sprühen, musste ich nun mit Entsetzen feststellen, dass er an jeder Sehenswürdigkeit und in jeder Kurve genau den gleichen – aber auch wirklich genau den gleichen – Spruch zum Besten gab, wie vor einem Jahr.

Wie vor 365 Tagen sagte er beim Passieren einer kleinen Schule im besten italienischen Akzent:
„In diese Schule, ist berühmte Persönlichkeit der Stadt gegangen“, stand auf und fuhr fort, „ich, Antonio!“

Beim Vorbeifahren einer Seitenstraße nahm er das Mikro und sprach:
„Dort hinten wohnt berühmte Persönlichkeit der Stadt.“ Und nach einer kleinen Pause sagte er: „Ich, Antonio!“

So wussten wir irgendwann alle, wo er seine geliebte Pizza isst, wo sein Kindergarten steht, in welcher Kirche er „Ja“ sagte, wo sein Zahnarzt wohnt und wo er seine Kochtöpfe kauft.

Und wie damals, lästerte er ständig über eine Reiseleiterin einer zweiten Gruppe. „Glauben Sie mir", beteuerte er, „das ist schlechteste Reiseführung der Stadt."

Bei jeder Gelegenheit sagte er dies, bis er mit den Worten verblüffte: „Übrigens, schlechteste Reiseleitung ist Frau von größter Persönlichkeit Napolis – von mir, Antonio!"

Ja, ja, so war und so ist er wohl immer noch. Die Gäste liebten ihn und mit vierzig zufriedenen Passagieren im Rücken, behielt ich es schön für mich, dass ich jedes einzelne Wort in vergangenen Tagen schon einmal gehört hatte.

Als wir unser schönes Schiff wieder im Blickfeld hatten, wusste ich genau, welchen Satz er nun zum Besten geben wird, und ich sollte Recht behalten – Antonio blieb sich bis zum bitteren Ende treu. Er stand auf, schaute zu den Gästen und riet ihnen:
„Wenn Sie mal wieder in schöne Napoli sind, gehen Sie zu Information und fragen Sie nach schönstem Reiseleiter Italiens."
Er zwinkerte kurz mit einem Auge und fuhr fort: „Was glauben Sie, wen die Ihnen organisieren? Mich, Antonio!"
Er verabschiedete sich, wünschte uns einen schönen Tag und sackte reichlich Trinkgeld ein.

Mich hielt nicht viel auf meinem Schiff und so ging ich am Nachmittag auf eigene Faust durch die Stadt. Marion begleitete mich und wir erfreuten uns an einem weiteren schönen Tag.

Da es Anfang November war, passte ein Besuch der Krippengasse gut ins Bild. Die Geschäfte stellten Krippen in verschiedensten Variationen aus. Von schön klassisch bis heftig kitschig. Wir ertranken in einem Meer von geschnitzten Holzfiguren und künstlichen Tannenbäumen. Die Gasse ist eine Legende in Neapel. Sie lockt nicht nur um die Weihnachtszeit, sondern ganzjährlich die Besucher an. Die dort hergestellten Krippenfiguren sind im Dezember in der ganzen Welt zu finden.

Mein legendärer Reiseleiter des Morgens hatte uns eine Pizzeria empfohlen, die uns, als wir sie betraten, nicht aus den Socken riss. Wir folgten daraufhin unserer eigenen Intuition und fanden prompt ein gemütliches Restaurant, in dem wir mit knurrendem Magen einkehrten.

Gut gestärkt, erkundeten wir anschließend jedes noch so kleine Gässchen, sowie die kleinen Lebensmittel-Läden, die sich wie eine endlose Kette aneinander reihten. Wir konnten uns gar nicht satt sehen an all den Köstlichkeiten, die angeboten wurden: Käse, Wurst, Plätzchen, Weine, Teigwaren. Natürlich hat Napoli auch unzählige andere Geschäfte und es trägt zu Recht den Titel: „Schuhparadies Italiens".

Ein wenig verrückt sind sie natürlich auch, die Italiener – liebenswürdig verrückt. Und so wird in einem Wandaltar, in der Altstadt, nicht die Mutter Gottes verehrt, sondern Neapels „Fußball-Gott" Diego Maradona. Geschmückt ist der Altar mit blau-weißen Fähnchen, mit zwei kleinen Fußbällen und einem Bild Maradonas. Fasziniert schauten wir einem Pizzabäcker zu, dessen Holzofen für jeden Fußgänger von der Straße aus zu sehen war.

Der Weg zurück zum Schiff zog sich endlos hin. Wir waren zu früh ins Hafengelände gegangen und so irrten wir ein wenig verloren zwischen Containern und herumliegenden Tauen umher. Zum Glück hatte noch niemand wild um uns herum geballert, und unsere Ohrringe waren auch noch an unseren Ohrläppchen zu finden. Es war mittlerweile Dunkel und endlich, nach einer Ewigkeit, sahen wir die bunten NABUCCO-Buchstaben am Schornstein unseres Schiffes leuchten. Es war höchste Zeit für unsere Rückkehr, denn die Crew muss spätestens eine Stunde vor Auslaufen an Bord sein. Und wehe, wir wären zu spät gekommen, dann hätte uns jede Minute einen Dollar und viel Ärger gekostet. Der Alptraum, das Schiff zu versäumen, steckte in jedem von uns.

Beim Auslaufen schlief die Stadt nicht, diesmal ließen wir ein funkelndes Lichtermeer zurück, in dessen Straßen das Leben tobte. Am Abend, während unserer Odyssee in Napolis Hafen, war es recht kühl geworden. Doch was das kühle Wetter angeht, waren Marion und ich abgehärtet. Meine Gedanken gingen zurück in eine Zeit, als ich noch nicht auf dem Schiff gewesen bin. Ich musste damals meinen kleinen Eifelort verlassen und – ohne zu wissen was auf mich zukommt – in den hohen Norden reisen. Denn ein Muss, um überhaupt zur See zu fahren, ist die Absolvierung eines Sicherheitstrainings. Dafür musste ich an einem verregneten Sonntag im Mai stundenlang mit der Bahn Richtung Ostsee reisen. Dort angekommen suchte ich mir, bepackt wie ein Esel, den Weg zu meiner Unterkunft. „Herrlich eingerichtete Einzelzimmer in einem toll gelegenen Wohnheim“, waren uns versprochen worden. Ich irrte verloren auf der Suche nach der besagten Stätte umher. Bis ich ein kleines Hinweisschild fand, das mich zu einem Hausboot zitierte. Als ich das Boot erblickte, musste ich ernüchternd feststellen, dass es meine Unterkunft für die nächsten Tage war. Ich wurde augenblicklich von Karl-Heinz empfangen, der mir bei der Schlüsselübergabe sofort erzählte, dass er Kapitän, Techniker, Maschinist, Koch und Steward sei. Ich stand also vor einer Fünf-Mann Gesellschaft. Natürlich erzählte er auch die Geschichte, wann und wie er das Hausboot gekauft hatte. Er schien Frauen außerordentlich zu lieben, denn seine weiblichen Hausgäste bekamen alle die Einzelsuiten mit Blick aufs Wasser oder, wie ich, auf die gegenüberliegende Baustelle.

Sein Schiff hatte einen Gemeinschaftsraum, der die Anmut einer Jugendherberge der 70er hatte. Die Fenster schienen aus Zugabteilen der 60er zu stammen. Sie waren dekorativ aufgewertet durch kleine Vorhänge. Früher war sein Schiff auf Vater Rhein und Mutter Mosel gefahren.

In der kleinen quadratischen Kabine wohnte ich ganz alleine. Ein wahrer Luxus. Das Bett, mit himmelblauer Decke, war gemütlich, und so schlief ich tief und fest in dieser Nacht.

Das Sicherheitstraining war keine Karnevalsveranstaltung. Im Gegenteil, meine Kollegen und ich schwitzten Blut und waren nahe daran den Heldentod zu sterben, denn nichts blieb uns erspart. Nach niemals enden wollenden theoretischen Belehrungen über die verschiedensten Rettungsmittel, Sicherheitsstandards und Gefahrenmöglichkeiten, ging es über zum praktischen Teil. Ein kleiner Container wurde komplett in

Brand gesetzt. Mit Feuerwehranzügen und mit Gasmasken bekleidet, wurden wir erbarmungslos hineingejagt. Von allen Seiten kamen immer neue Brandherde auf. Durch den Qualm fast blind, hatten wir dem Feuer trotzdem nach einer Weile die Kraft geraubt. Einfach war es nicht gewesen. Denn der Druck des Wasserschlauches machte es fast unmöglich, sich in die Richtung der einzelnen Brandherde zu drehen und so kam es zu einem Gerangel zwischen einem Kollegen und mir, das darin endete, dass wir den Wasserstrahl anstatt aufs Feuer auf uns richteten. Seit diesem Zeitpunkt wissen wir: der freiwilligen Feuerwehr sollten wir nicht beitreten.

Bei eiskalten Temperaturen ließ man es sich nicht nehmen, uns ein besonderes Schmankerl zu bieten: eingepackt in Lebensrettungsanzügen wurden wir, ohne eine Chance auf Verweigerung, in die Ostsee geworfen. In unseren orangefarbenen Kostümen sahen wir wie eine längst vergessene Rasse der Teletabbies aus. Ich lag wie ein Maikäfer auf dem Rücken, alle viere von mir gestreckt, und jeder Versuch, meine Beine einige Zentimeter unter die Wasseroberfläche zu bekommen, scheiterte kläglich. Nun gut, so war ich zumindest sicher, nicht den Ertrinkungstod zu sterben. Das ist ein nicht unwichtiger Aspekt wenn man sich in den Weiten des Meeres befindet. Obwohl der dicke Gummianzug reichlich Wärme spendete, war es bitter kalt. Ich konnte mich in meinem Sonntagsstaat so gut wie überhaupt nicht bewegen, und so sah mein Versuch, mich auf eine meterhohe Rettungsinsel zu ziehen, mehr als hilflos und äußerst albern aus.

Natürlich musste für den Ernstfall auch unsere Schwimmfähigkeit geprobt werden, und so scheuchte man uns bis zur Erschöpfung durch die schöne deutsche See. Auf dem Rücken liegend, kraulte ich mich voran. Wohin ich genau schwamm, sah ich nur durch meine Augenwinkel.

Zum Ende der Übung wurden wir mit einer Schlaufe und einem Hubschrauberrettungshaken, die an einem Kran befestigt waren, aus dem Hafenbecken gehievt. Wie ein nasser Sack hing ich in der Schlinge. Als ich endlich wieder festen Boden unter den Füßen spürte, musste ich postwendend, von der für mich viel zu hohen Kaimauer, den Sprung in die Tiefe wagen. Und schon lag ich wieder im Wasser! Dieser tollkühne Sprung, den ich wie ein junger

Hecht vollzogenen hatte, gab mir den Rest. Durchnässt und triefend kletterte ich über eine steile Eisenleiter auf die Pier. Irgendwo roch es nach Kaffee – es kam aus dem Hausboot – und in diesem Moment war ich mehr als froh, zurück in Karl-Heinz´ gute Stube gehen zu können.

Ein besonderes Erlebnis bot auch unser Auszubildender Herr B.. Denn er war ein Erlebnis selbst. Klein aber herzlich und mit einem ständigen Grinsen im Gesicht redete er ohne Punkt und ohne Komma.

Im Theorieunterricht schaute er manchmal wie geistesabwesend aus dem Fenster. Sein Blick ging ins Nichts und er redete und redete dabei wie ein Wasserfall. Seine Lieblingsphrase war ohne Zweifel: „Sach ich mal". Mir war völlig unverständlich, wie man diese drei Worte so unglaublich oft in einen Satz einfügen kann. Aber Herr B. fand immer einen Weg sie auszusprechen. In einer etwas uninteressanteren Phase des Theorieblocks machte ich eine Strichliste, wie oft die Worte „sach ich mal", über seine Lippen gingen. In zwanzig Minuten zählte ich sie 96 Mal. Sechsundneunzig mal, in Buchstaben gefasst – ganz schön oft – sach ich mal.

Sempre Roma

„Wasserleitungen, Bäder, Theater, Amphitheater, Rennbahn, Tempel! Und dann die Paläste der Kaiser, die Gräber der Großen – mit diesen Bildern habe ich meinen Geist genährt."
(Johann Wolfgang von Goethe)

Diese Worte sprach der Dichterfürst nach seiner Italienreise und schwelgte dabei in Erinnerung an die ewige Stadt Rom.

Natürlich liegt Rom nicht am Meer, dafür aber Civitavecchia, mehr als eine Autostunde entfernt von der großen Stadt am Tiber. Hier legten wir immer wieder montags an. Aber für mich war es wie Sonntag. Denn ich liebe Rom und ich freute mich die ewige Stadt aufs Neue zu entdecken. Rom, schon mein erster Besuch – den ich in meinem Urlaub unternahm – hätte nicht überwältigender sein können. War dieser doch genau während der

Amtseinführung von Papst Benedikt XVI. gewesen. Ein welthistorisches Ereignis und ich mittendrin auf dem Petersplatz. In seiner ersten Audienz gab er mir sogar die Hand. Wer so Rom erlebt, den lässt es nie mehr los. Wie oft ich auch die Stadt besuche, immer wieder entdecke ich Neues. Mal eine andere Kirche, mal ein weiteres historisches Monument.

Hier und da bekam die Freude jedoch einen Dämpfer. So wie am heutigen Tag, an dem ich ein weiteres Mal den Glauben in die Menschheit verlor. Auf dem Weg von Civitavecchia zu den Toren Roms erzählte die Reiseleitung einiges über den Vatikan und das sonntägliche Angelus-Gebet des Papstes, bei dem er von seinem Fenster aus seinen Segen erteilt. Völlig verwundert stieß mich eine Dame daraufhin an, und meinte:
„Ich dachte, der Papst wohnt im Vatikan?"
„Ja", entgegnete ich, „das macht er ja auch. Im Apostolischen Palast."
Immer noch verwundert, meinte sie darauf.
„Ja, aber warum guckt der denn dann nur sonntags aus seinem Fenster?"
Was sollte ich darauf antworten? Ich ignorierte die Frage ganz einfach und tat das gleiche wie seine Heiligkeit und sah aus dem Fenster.

In Rom tat sich das Kolosseum erhaben vor uns auf. „Solange es das Kolosseum gibt, wird es Rom geben. Und solange es Rom gibt, wird unsere Erde bestehen", sagt eine alte Weisheit. Und das Kolosseum ist tatsächlich der Stolz der Römer. Ein zeitloses Meisterwerk und stiller Zeuge der großen Vergangenheit.

Das Volk sollte unterhalten werden, und so diente das Kolosseum als Wettkampfstätte, als Theater- und Zirkusbühne. Gladiatoren ließen ihr Leben, Christen wurden verfolgt. Im Jahre 72 fing Kaiser Vespasian mit den Bauarbeiten an, die sein Sohn Titus acht Jahre später vollendete. Daraufhin wurde ein großes Fest gefeiert. 100 Tage lang stand das alte Rom Kopf. Das Stadion fasste, gemeinsam mit den Stehplätzen, 70.000 Zuschauer. Die Ein- bzw. Ausgänge waren so intelligent integriert, dass es allen Besuchern möglich war, innerhalb kürzester Zeit, das Stadion zu verlassen. Unterhalb des Kolosseums befanden sich die Umkleideräume und die Trainingslager der Gladiatoren, als auch die Käfige der wilden Tiere. Bereits frühmorgens begannen die blutrünstigen Spiele. Die Gladiatoren, die sich meist aus Sklaven rekrutierten, huldigten dem Kaiser mit den Worten: „Heil dir Kaiser, im Angesicht des Todes grüßen wir dich.“

Die Bevölkerung war arm und so wurde sie mit dieser Form der Unterhaltung besänftigt. Zudem wurden kostenlose Essensrationen und Süßigkeiten vor den Aufführungen gereicht. Brot und Spiele nannte man dies. Der Gedanke war, eine Revolte und ein Auflehnen des einfachen Volkes zu vermeiden.

Noch immer vom Anblick des Kolosseums benommen, geleiteten die Reiseleitung und ich unsere Gäste zu einem weiteren Höhepunkt Roms – dem Forum Romanum. Vom Glanze der Vergangenheit sind nur Ruinen übriggeblieben. Doch wenn man für einen Augenblick die Augen schließt und den Geist der Phantasie einatmet, werden sie alle wieder lebendig: der Senat, die Kaiser, Händler und Kaufleute, Sieger und Verlierer.

Im Forum Romanum weht der Wind der Unendlichkeit. Hier wurden jahrhundertlang die Geschicke Europas entschieden. Es war der Markt- und Tummelplatz der alten Römer. Hier versammelten sich Kaufleute, Gaukler und Händler. Hier wurde getratscht, ausgetauscht und gelauscht. Wenn es etwas Neues in der römischen Welt gab, konnte man es im Forum in Erfahrung bringen. Reisende kamen hierher. Gerichtsurteile wurden gesprochen. Triumphzüge wurden gehalten. Das Forum Romanum war die politische Arena schlechthin. Mit seinen gewaltigen Ausmaßen unterstrichen die Kaiser die Stellung des Imperiums. Einige Höhepunkte sind: der Vespasiantempel, der Cäsartempel, der Augustusbogen, die Rednerbühne, die Gerichtshalle, der Vestatempel, in dem die Vestalinnen das Feuer hüteten, und natürlich der Titusbogen.

Wir zogen durch die wunderbare Altstadt Roms, mit ihren Gassen, Cafés, Trattorien, Eisläden, architektonischen Höhenpunkten, Kirchen und Plätzen zum Trevi Brunnen. Seine Barockkunst zeigt den Meeresgott Ozeanus, der mit zwei Pferden durch das Triumphtor rauscht. Ich warf eine Münze in den Brunnen, denn damit war meine Wiederkehr nach Rom garantiert.

Natürlich warf ich noch eine zweite Münze hinein. Dies bedeutete, das ich mich bald glücklich verlieben werde, was ja schön ist. Mit der Dritten hielt ich mich allerdings zurück, denn diese versprach die baldige Hochzeit. Ich beobachtete einige Gäste die heimlich und verstohlen, während ihre Ehepartner fleißig fotografierten, vier Münzen über ihre Schulter warfen. Die vierte Münze versprach nichts anderes, als die baldige Scheidung. Dazu reichten schon vier Ein-Cent Stücke. Wie wunderbar günstig!

Durch romantische Gassen, vom Zauber Roms eingenommen, näherten wir uns dem Pantheon. Unglaublich – das besterhaltene Bauwerk der Stadt steht noch wie vor 2000 Jahren vor seinen Betrachtern. Der Besuch des Vatikans stand an. Egal ob Katholik, Protestant oder Hindu. Ob gläubig, oder nicht, der Faszination der Peterskirche kann sich niemand entziehen. Schnell ziehen einen Dom und Petersplatz in ihren Bann. Als ich mit den Gästen den Sicherheits-Checkpoint passierte, musste ich ein wenig schmunzeln. Denn hier wurde exakt auf die Einhaltung der Kleiderordnung geachtet. Sprich; Männer und Frauen durften nur Hosen tragen, die bis zu den Knöcheln gingen, und die Schultern mussten ebenfalls bedeckt sein. Auch wenn wir es mit Erwachsenen zu tun hatten, blieben wir nicht davon verschont, dies während der Buchung mitzuteilen, es explizit auf das Ausflugsticket zu schreiben, und noch einmal alle am Treffpunkt darauf aufmerksam zu machen. Wie oft ernteten wir dafür Spott und Häme, denn viele Gäste waren nicht gewillt sich den Kleidervorschriften zu beugen. Ohne jeglichen Respekt, hätten sie am liebsten in den kürzesten Shorts die Peterskirche betreten, und so kam es immer wieder zu endlosen Diskussionen. Ich war froh darüber, dass die Kontrollen so streng waren. Denn wenn sich jemand perdu nicht an die Regeln halten wollte, dem wurde der Eintritt verwehrt, und er hatte nicht einmal Grund sich zu Beschweren. Und manchmal ist Schadenfreude, eben doch die reinste Freude.

Meine Gäste hatten nun Zeit zur freien Gestaltung. Ich verweilte noch ein wenig in der Peterskirche. Und, nun glaubt es oder glaubt es nicht, was danach geschah, hätte ich mir am Morgen nicht erträumen lassen. Kaum hatte ich das Gotteshaus verlassen, bemerkte ich die unruhige Menschentraube außerhalb der Audienzhalle. Als Ratzinger-Fan wusste ich schnell: da ist was im Busch - und das war es dann auch wirklich. Ich schrieb meinem Kollegen Olli schnell eine SMS, der darauf mit unserer gemeinsamen Bekannten Maresa und wie es mir schien mit „Sieben – Meilen – Stiefeln" zum Petersplatz geeilt kam.

Die Menschenmenge vor der Audienzhalle war inzwischen immens gewachsen. Wir gesellten uns dazu und bemerkten, dass alle eine Eintrittskarte in ihren Händen hielten. Wir ließen sie uns zeigen und erkannten, was wir schon längst geahnt hatten: der Papst gab eine Audienz. Und schon wurden die Massen hereingelassen. Wir, ohne Eintrittskarten, schauten ihnen traurig und bewundernd nach. Doch vielleicht gab es noch den Hauch einer Chance. Ich fragte einen Schweizer Gardisten, wie wir in den Besitz eines Tickets kommen könnten. Er schaute uns prüfend an. Mit unseren knallroten Polohemden und unseren Namensschildern, sahen wir gewiss ein wenig auffallend auf. Der Gardist lächelte und ließ uns den Eingang passieren.

Und so gelangten wir dann doch in die Audienzhalle. Schnell suchten wir uns einen Platz am Seitengang. Der Audienz war eine Heiligsprechung südamerikanischer Pastöre vorausgegangen, deren Anhänger die Stimmung aufheizten, mit: Fanfaren, Trompeten, Trommeln, freudigem Schunkeln, Halleluja-Gesängen und natürlich „Benedetto" – Rufen. Es herrschte absolute Volksfeststimmung.

Plötzlich marschierte die Schweizer Garde auf, was nichts anderes hieß, als: Seine Heiligkeit Papst Benedikt XVI. war bereits im Gebäude. Und so dauerte es auch nur noch wenige Minuten, bis er dann die Audienzhalle betrat. Genau wie ich es schon einmal erlebt hatte, ging er den gesamten Mittelgang entlang zum Papststuhl – und schritt nur einen Meter entfernt an uns vorbei. Diesmal gab er mir zwar nicht die Hand, was der Faszination des Augenblickes aber nichts abtun konnte.

Es war an der Zeit zurück nach Civitavecchia zu fahren. Wir passierten die Engelsburg und das Tiberufer. Ein wunderbares Panorama – ich lehnte mich ans Fenster, schaute mir alles genau an, versank in den wunderbaren Erinnerungen des Tages und dachte an ein weiteres Zitat Goethes.

„Ich kann sagen, dass ich nur in Rom empfunden habe, was eigentlich ein Mensch sei. Zu dieser Höhe, zu diesem Glück der Empfindung bin ich später nie wieder gekommen, ich bin, mit meinem Zustand in Rom verglichen, eigentlich nachher nie wieder froh geworden.“

Nur eine Dame, sah dies anders als der Dichterfürst. Als Argument ihrer Enttäuschung über die ewige Stadt gab sie zum Besten: „Rom hat mir überhaupt nicht gefallen, es gab fast überhaupt keine öffentlichen Toiletten.“ Welch toller Grund, die Stadt nicht zu mögen.

Der Kapitän

„Deine Heimat ist das Meer,
deine Freunde sind die Sterne,
und nur ihnen bleibst du treu,
ein Leben lang.“
(Seemannslied)

Wie könnte ich ein Buch über die Seefahrt schreiben, ohne zumindest ein paar Gedanken über den wichtigsten Mann an Bord zu verlieren – den Kapitän.

Von jeher ist sein Berufsbild mit Attributen behaftet, die von der Sehnsucht nach der Ferne, von fremden Sternen und fremden Häfen erzählen. So ist in unserer Vorstellung seines Berufbildes oft ein gehöriger Schuss Romantik inbegriffen.

Kindliche Vorstellungen reichen gar, bis hin zum Mann mit weißem Bart, der bei Wind und Wetter sein Steuerrad fest in den Händen hält. Wie so oft sieht auch hier die Wirklichkeit ein wenig anders aus. Das Steuer wurde längst durch modernsten Radar ausgetauscht. Und wer glaubt, ein Kapitän könne auch heute noch glücklichen Paaren das Sakrament der Ehe spenden, der irrt. Denn diese Ehe wäre in keiner Weise rechtskräftig. Genauso könnte Kalle, unser Crewkoch, die Trauformel sprechen – dies hätte den gleichen Effekt.

Aber – Entschuldigung lieber Kalle – in anderen Bereichen ist der Kapitän natürlich dem Crewkoch überlegen. Denn er trägt die volle Verantwortung und Haftung für das Schiff und die Besatzung, und er muss sich um die genaue Einhaltung aller Sicherheitsschutzvorschriften kümmern. Dies geschieht gemeinsam mit seinen Sicherheitsoffizieren, die stets die Besatzung auf den Sicherheitsaspekt hin schulen. Das Schiff, die Passagiere, die Besatzung und die Ladung sicher und pünktlich ans Ziel zu bringen, stellt eine große Verantwortung dar, die viele Fähigkeiten und Kenntnisse abverlangt. Schließlich manövriert sich ein majestätisches Schiff nicht von selbst.

Höchste Konzentration wird insbesondere bei schlechtem Wetter und schlechter Sicht gefordert, denn jedes Gewässer zeigt seine Besonderheiten auf und birgt Gefahren. Diese muss der Kapitän beim Durchfahren kennen, und ständig mit seinen technischen und nautischen Offizieren, sowie mit der Reederei, den Ladungsbeteiligten und den Behörden der anzulaufenden Häfen kommunizieren.

Die Brücke besteht aus modernstem Hightech, um diesen in seinem gesamten Umfang zu nutzen ist ein absolutes Know-how notwendig. Nur dann können all die Möglichkeiten der Überwachung, des Antriebes und der Steuerung richtig und zu hundert Prozent eingesetzt werden. Sollte einmal das moderne Gerät und jegliche Technik versagen, müssen der Kapitän und seine Offiziere fähig sein, sich, wie früher, nach den Sternen zu richten. Hier käme dann wieder das gute alte Steuerrad zum Einsatz.

Im Hafen warten viele administrative Aufgaben auf den wichtigsten Mann an Bord. So muss er Formalitäten mit den jeweiligen Hafenbehörden abwickeln, oder das Be- und Entladen des ihm anvertrauten Schiffes beobachten. Aber woher stammt der Gedanke, dass Kapitäne eine Trauung vollziehen dürfen? Ganz einfach – weil dies in der Vergangenheit tatsächlich der Fall gewesen ist. Erst im Jahre 1957 wurden ihm etliche Entscheidungsgewalten genommen. Vor dieser Zeit hatte er die Straf-, Diziplinar- und Direktionsgewalt inne. Kein Wunder also, dass man ihn auch als „Master next God" bezeichnete.

Heute darf er immer noch Kündigungen aussprechen, ohne dafür Rechenschaft ablegen zu müssen. Sein Schiff zu repräsentieren gehört zu einer seiner wichtigsten Aufgaben. So sah man ihn auf der NABUCCO bei jeder Welcome- und Farewell Show auf der Theaterbühne. Und natürlich war er gerngesehener Gast und liebstes Fotomodell bei verschiedensten Abendveranstaltungen.

Und die Sehnsucht, die ihn immer wieder hinaus treibt? Von dieser ist er wohl erfüllt, wie sonst könnte er monatelang seine Heimat und seine Familie entbehren. Meist ist er bis zu vier Monate dort unterwegs, wo seine vertrautesten Bekannten – denen er sich immer gewiss sein kann – das Meer und die Sterne sind.

Barcelona

„Spanien ist der Himmel auf Erden."
(Sylvia Plath)

Barcelona, die stolze Hauptstadt Kataloniens, war für zwei Tage unser Traumziel. Ich war schon oft mit meinem Schiff hier gewesen, aber immer wieder freute ich mich aus tiefstem Herzen, wenn wir uns langsam der Stadt näherten.

Die Vorfreude der Passagiere schürten wir kräftig und hießen sie vor Anlegen auf dem Pooldeck willkommen. Mit spanischen Klängen wurde der Poolbrunch untermalt und wir gaben unser Wissen und unsere Insiderinfos über die wunderbare Stadt preis. Während sich die „MS NABUCCO" auf leisen Sohlen in den Hafen schlich und die Silhouette der Häuser sichtbar wurde, erklang, mit jedem Ton unter die Haut gehend, Freddy Mercurys „Barcelona". Was für eine Inszenierung! Atemberaubend, überwältigend, einzigartig und faszinierend.

Von freudigen Gefühlen ergriffen, schauten die Passagiere der Stadt entgegen und hörten voller Ehrfurcht den Klängen aus den Lautsprechern zu. Sie hatten Barcelona bereits wie eine Vertraute angenommen, von der man sicher ist, wenn man sie erst einmal getroffen hat, zeitlebens durch eine tiefe Freundschaft verbunden zu bleiben. Viele Passagiere machten sich zur großen Stadtrundfahrt auf, wandelten auf den Spuren Antoní Gaudis, bestaunten das berühmten Fußballstadion des grandiosen FC Barcelona, fuhren in die Berge zum Kloster Montserrat oder ließen ihre Seele am Strande des Künstlerdorfes Sitges baumeln.

Am Strand von Sitges war ich auch schon einmal gewesen. Puh, was waren dort viele schöne Männer. Im ersten Moment dachte ich:
„Hey Yvonni, du bist in den Goldpott gefallen und im Garten Eden gestrandet."
Aber ich merkte dann schnell was los ist – ein Garten Eden ist der Ort bestimmt, allerdings für die männliche Fraktion.

Nun ja, mir blieb immer noch die Möglichkeit, zur Heiligen Rita zu beten, welche die Heilige der Liebe sein soll. Dies war mir von einer Kollegin empfohlen worden, und seitdem sprachen Scout Sina, Scout Caro und ich jeden Tag ein paar Worte zu Rita – bisher ohne Erfolg!

Für jeden hat Barcelona etwas zu bieten. Ich fuhr heute nicht zum Kloster und auch nicht zum Strand, sondern bummelte erst mit den Gästen und danach alleine durch die Stadt. Besser konnte die NABUCCO nicht liegen. Der Hafen war nur einen Katzensprung von allen Sehenswürdigkeiten entfernt.

Nach nur wenigen Minuten, hatte ich die betriebsame Rambla, den Hauptstrassenzug der Stadt, erreicht. Und wie quirlte hier das Leben über. Ich sah Buch- und Zeitschriftenstände, bunte Blumenmärkte, Straßenmusikanten, Pflastermaler, Glücksspieler und Alleinunterhalter. In dieser Stimmung des Unbeschwertseins ließ ich mich treiben, bis mich eine wahre Institution der Stadt begrüßte. Der „Mercat de la Boqueria" – die älteste und mit tausend Leckereien lockende Markthalle Barcelonas. Zwischen großen Marktständen traf ich Scout Skadi unentschlossen umherschlendern. Uns dürstete nach einem Kaffee und wo kann man diesen besser einnehmen als im „Schilling", unserem Lieblingscafé. So bummelten wir durch die Gassen des wundervollen „Gotischen Viertels", bis wir das Café erreicht hatten. Die Bedienung kannte uns bereits von vorherigen Anläufen und staunte, dass wir wieder einmal in der Stadt waren.

Selbst in der Freizeit war ich vor den Gästen nicht sicher. Überall entdeckten mich meine Fans, und jubelten und kreischten mir – wie hier von einem kleinen Tisch im Schilling aus – ohrenbetäubend zu. Eine Frau – groß wie ein Riese und dürr wie eine Bohnenstange – rief mich an ihren Tisch und schaute mich gruselig streng an. Endlich, so ließ sie verlauten, würde sich ihr die Gelegenheit bieten, einem Crewmitglied unter vier Augen die Meinung zu geigen.

Um Himmels Willen, was hatte sie denn vor? Wollte sie mich hinaus auf die Straße zehren, um dann in einer Seitenstraße ein Blutbad anzurichten?
„Erklären Sie mir bitte, warum wir auf hoher See keinen Handyempfang haben?", sagte sie.
Das gab es doch gar nicht! Ich hätte am liebsten laut losgeschrieen vor Lachen und mit einem Augenzwinkern bemerkt: „Wow – der war gut, der Witz war wirklich gut."
Aber ihre Mimik macht mir klar, dass es sich um keinen Scherz handelte. Ihr war bitterernst mit ihrer abstrusen Frage, und sie stellte sie erneut. Mein Gott, welch herrlicher Gedanke! Wie kann man auch nur annähernd davon ausgehen, auf hoher See Handyempfang zu haben? „Hohe See", bedeutet schließlich nichts anderes, als dass das Land Kilometerweit entfernt liegt und man von Millionen von Litern Wasser umgeben ist. Ihr Mann saß nur still daneben – der hatte wohl nichts zu sagen. Manche Ehepartner taten mir so leid, so unendlich leid.

Wobei, ganz ehrlich gesagt, diese Frage schon fast harmlos war. Viel schlimmer fand ich es, als ein Passagier wissen wollte, warum es auf unserem Schiff kein Kabelfernsehen gibt. Oder die Frage, die kürzlich unserem Kapitän gestellt wurde. Denn auch er blieb von Begegnungen der besonderen Art nicht verschont. An der Bar war er von einem Mann angesprochen worden, der mit interessierter Miene wissen wollte:
„Entschuldigung, wohnt die Crew auch auf dem Schiff?"

Nach dieser Begebenheit beobachteten meine Kollegin und ich das Treiben des Viertels und die verschiedensten Menschen. Nach einem ausgiebigen Plausch zog ich alleine weiter. Ich sah mich ein wenig in den Geschäften um, was meiner Heuer nicht sonderlich zugute kam. Am Plaza de Catalunya, der Verkehrsader der Stadt, verweilte ich ein wenig und hörte freudig den Straßenmusikanten zu.

Ohne Träume wäre die Welt um ein vielfaches ärmer und so sind es die Visionäre unter uns, die unser Leben bereichern. Ein Visionär von höchstem Range war auch Antoni Gaudí gewesen, der Sohn einer Kesselflickerfamilie, der zum größten Baumeister Barcelonas und seiner Zeit aufstieg. In unzähligen Kunstwerken hatte er mit seinem einzigartigen architektonischen Baustil bereits sein Können bewiesen – doch sein großer Traum ließ ihn nie los: eine „Bibel aus Stein" zu erschaffen. Und so war sein Leben geprägt von der Schaffung der „Sagrada Familia", des Wahrzeichens der Stadt. Allein die Idee, ein derartiges Bauwerk zu erschaffen, würde die Mehrheit sich nicht einmal zu träumen wagen. Ganz anders aber Gaudí. Warum auch nicht? Denn wie sagte der Historiker Roberto Pane über ihn: „Ein Verrückter, der sich Irrtümer leisten konnte, weil die Musen ihn liebten." Der Bau des Tempels sollte sich nicht als Irrtum erweisen, sondern zu einer der herausragendsten Sehenswürdigkeiten Barcelonas werden.

In den letzten Jahren seines Leben hatte Gaudí, besessen von seiner Vision, sogar in der Baustelle am Fuße der Kirche gelebt. Trotz vieler körperlicher Leiden ging er jeden Tag zum Park Güell, um auch dort die Bauarbeiten, die unter seiner Aufsicht standen, zu kontrollieren. Leider hat er die Fertigstellung seines Gotteshauses nie erlebt. Am 7. Juni 1926 schlenderte er mechanisch und unaufmerksam durch die Straßen Barcelonas und bemerkte dabei nicht, dass eine Straßenbahn auf ihn zugefahren kam. Der tragische Unfall ereignete sich in den Nachmittagsstunden. Man wusste nicht wer er war, und so brachte man ihn in ein Armenkrankenhaus, in dem er nur zwei Tage später seinem Leiden erlag. Alles was er bei sich führte waren: eine Handvoll Rosinen und Erdnüsse und – das Evangelium! Wie es sich gebührt für den „Architekten Gottes". Seine Kirche ist bis heute nicht fertiggestellt und trägt daher den Beinamen „die Unvollendete". Die Baupläne des

Antoni Gaudí aber leben weiter, und so wird die Kirche, ganz so, wie er es wollte, Stück für Stück weiter erbaut. Dabei finanziert sie sich ausschließlich aus Spenden und Eintrittsgeldern. Sie ist also eine „Bettelkirche", die am 100. Todestag ihres Erschaffers endgültig ihren letzten Schliff erhalten soll. Bereits heute fasziniert „die Unvollendete" in ihrer Schönheit. Besonders sehenswert sind die beiden Hauptportale – das Passions- und Geburtsportal – in denen die Fülle christlicher Symbolik überwältigend ist. Jedes noch so kleine Detail, das mit der Passion und der Geburt Christi verbunden ist, findet sich in Stein gemeißelt in Gaudis einzigartigem Stil wieder. Wie eine Märchenburg erscheint die Kirche, von den Verehrern Gaudís wird sie auch in liebevoller Weise „Kleckerburg" genannt. Auch hier gab es Gäste, die sich kopfschüttelnd wunderten und uns fragten, wieso wir ihnen eine halbfertige Kirche zeigen. In Deutschland würde kein Bauwerk eine jahrhundertlange Baustelle sein.

Die „Sagrada Familia" machte Lust auf mehr Gaudí, deshalb setzte ich mich in die U-Bahn, die in Richtung Park Güell fuhr, um ein wenig mehr dessen Werke zu bewundern. Mit den Passagieren schon des öfteren im Park gewesen und dank der Reiseleiter über dessen Geschichte und dessen Kunstwerke bestens informiert, genoss ich es, mit viel Zeit alleine hier zu sein. Seit 1984 gehört der Park zum UNESCO-Weltkulturerbe, kein Wunder mit all seinen Kolonnaden, Viadukten, Grotten, Wasserspielen, Märchenhäusern und der herrlichen Säulenhalle, die den griechisch-dorischen Stil aufgreift. Lange wellenförmige Bänke sind lückenlos mit Mosaiken bedeckt. Die Lage des Parks gewährt einen herrlichen Blick auf die Stadt und das Meer. Ein wunderbarer Ort, in dem der Geist Gaudís nie sterben wird.

Am Abend traf ich mich noch einmal mit Scout Skadi. Diesmal nicht zwischen Wurst- und Käseständen, sondern am Hafen, an dem die Sonne langsam unterging. Wir schlenderten über die Promenade, vorbei am Jachthafen und durch die Strassen der Stadt. Irgendwann schlossen sich uns Scout Sina, Olli und Biker David an. Ein netter und unterhaltsamer Abend begann, der erst in den frühen Morgenstunden endete. Es war wirklich zu anstrengend, wenn wir über Nacht im Hafen Barcelonas lagen, denn immer wieder fehlte uns der nötige Schlaf. Und so stand ich auch heute, kurz nachdem ich auf die NABUCCO zurückgekehrt war, unausgeschlafen und müde am Ausflugstreffpunkt zur großen Stadtrundfahrt. Der Nachmittag gehörte wieder mir. Auch wenn ich zusehends müder wurde, nahm ich mir nicht die Zeit zum Schlafen, sondern stürzte mich erneut ins Getümmel. Ich bekam einfach nicht genug von der Stadt und ihren Menschen. Alles, was ich mag, hat Barcelona zu bieten: mediterranes Lebensgefühl mit Häfen und Stränden, sowie Kunst, Kultur und viel Geschichte.

Im 16. Jhd. war die Stadt die bedeutendste Seemacht Europas gewesen. Sie verlor diese Stellung jedoch durch die Heirat Ferdinands und Isabellas und die damit einhergehende Vereinigung der Kronen Kataloniens und Kastiliens. Die zentrale Macht wurde nun nach Madrid verlagert. Dieser mussten sich die Menschen Barcelonas fortan beugen. Besonders während des Franco-Regimes. In dieser Zeit sollten alle Eigenarten Kataloniens zerstört werden und deshalb wurde u.a. deren Sprache verboten. Aus dieser Vergangenheit erklärt sich die Feindschaft der beiden Städte, in der sich Barcelona in der Opferrolle sieht. Tiefe Wunden, die schwer zu heilen sind. Ich war immer ein wenig traurig wenn wir den Hafen verließen. Aber bald sollten wir ja schon wieder zurückkommen.

Die Crew

„Aus der Vielfalt die Einheit."
(Wahlspruch im Wappen der USA)

Der Beginn der fünften Jahreszeit stand bevor und unsere Schiffobrigkeit hatte eine große Party zum 11.11. angesagt. Herrlich – aber bevor es soweit war, mussten Kati und ich, mitsamt den Passagieren, zur Sherry-Destillation nach Cadiz, dem Trainingslager für die feucht-fröhliche Nacht. Allein beim Besuch der Lagerhallen, die von dem Geruch des Weins erfüllt waren, wurde es mir schwindelig. Kati und ich setzten uns anschließend gemeinsam mit dem Reiseleiter, der aussah wie Patrick Lindner, an einen Tisch, und die Sherry-Probe begann. Kaum hatten wir ein Glas getrunken, wurde ein zweites gefüllt. Hoch die Tassen – auf das Leben, auf die Liebe und die Lust – es blieb nicht bei einem, es blieb auch nicht bei zwei Gläsern.

Ich, als ein Mensch, der selten Alkohol trinkt, spürte schnell jeden Schluck. Auch die Gäste schöpften aus dem Vollen. Lachend, singend und schunkelnd traten wir den Rückweg an. Die närrische Zeit konnte beginnen.

Es hieß Abschied nehmen – zumindest für Olli, denn sein Vertrag ging zu Ende. Das Motto des heutigen Tages? „Home side is the better side!“ Selbstverständlich war es immer schwer, sich von einem lieben Kollegen zu verabschieden. Vielleicht muss man auf einem Schiff gearbeitet haben, um zu wissen, was ich meine. Aber ich möchte versuchen es euch zu erklären:

Auf einem Schiff ist man nie allein – es gibt überhaupt keine Privatsphäre. Man fährt unzählige Häfen und Länder an, die man als „Normalsterblicher“ nie zu sehen bekommen würde. All dies erlebt man gemeinsam mit den Kollegen. Dies verbindet natürlich – und deshalb ist es immer traurig, wenn jemand das Schiff verlässt. Aber dies gehört zum Alltag des Schifflebens. Jede Woche geht ein Kollege und am gleichen Tag kommt ein Neuer, der seinen Platz einnimmt. Und immer wieder muss man den Neuankömmling mit einem Lächeln begrüßen. Dass man irgendwann seine Arbeitsaufgaben beherrscht, ist selbstredend, sich jedoch immer wieder auf neue Personen einstellen zu lernen, mit ihnen von Morgen bis Abend über Monate hinweg auf engstem Raum zusammen zu leben, ist die größte Herausforderung auf einem Schiff. Hier kann man nicht eine Bürotür hinter sich schließen und nach Hause in seine vier Wände gehen, um für den Rest des Tages niemanden mehr zu sehen. Sollte jemand äußerst Ich-bezogen sein, aber mit dem Gedanken spielen, auf einem Schiff zu arbeiten, dem kann ich nur raten: Spar das Porto für die Bewerbung und bleib an Land. Denn auf einem Schiff hat man mit dieser Eigenschaft nichts verloren und wird dort auch sehr verloren sein.

Auch wenn wir auf dem Schiff auf vieles verzichten mussten, hin und wieder an die Heimat dachten, das Leben an Land vermissten, und von sonderbaren Fragen in den Wahnsinn getrieben wurden, war unsere Motivation die Welt zu sehen und eine Zeitlang aus dem Alltag auszubrechen. Ganz anders gestaltete sich die Situation bei unseren philippinischen Kollegen und Kolleginnen. Sie arbeiteten meist zwölf Monate ohne Unterbrechung und ohne einen freien Tag, und dies, um den Großteil ihrer Heuer nach Hause zu ihren Familien zu schicken. Viele hatten kleine Kinder, für deren spätere Schulbildung sie das Geld verdienten. Die meisten von ihnen arbeiteten im Housekeeping, in der Küche oder im Service.

ꟃ *Lissabon* ☙

„Ich will die Vogelschwärme über die
Häfen Lissabons fliegen sehen,
fliegt, fliegt, bald schon bin ich bei Euch."
(Christina Poli)

In Lissabon fühlten wir uns gleich wie zu Hause – kein Wunder – schließlich stammen aus der Stadt einige der berühmtesten Seefahrer. Vasco da Gama ist nur einer von ihnen. Oftmals war Lissabon Startplatz großer historischer Entdeckungsreisen gewesen. Für uns – als Helden des Ozeans – eine gute Adresse. Am „Denkmal der Entdeckungen" zu Ehren Heinrich des Seefahrers, schaute ich empor und fragte mich, ob Bürgermeister Ring aus meinem Eifeldorf mir zu Ehren auch irgendwann ein solch imposantes Denkmal errichten wird. „Yvonne, die Seefahrerin!" Man muss zugeben – ob man mich mag oder nicht – das hat Klasse.

Im Hieronymus-Kloster sah ich den beindruckendsten Kreuzweg, den ich je zuvor gesehen hatte. Er ist ein einzigartiges Beispiel architektonischer Kunst.

Wir gingen zur Burg – dem Castello de Sao Jorge – von dem aus wir einen schönen Blick auf die Stadt hatten. Früher wurde sie als Verteidigungsbastion genutzt und daher umschließen feste Mauern die Festung, die dazugehörigen Häuser und eine Kirche.

Die Alfama, ist die urige Altstadt Lissabons. Sie wirkt voller Sagen und Geschichten. Die Spuren eines schlimmen Erdbebens sind noch immer zu sehen und trotzdem liegt ein besonderer Charme in der Luft. Hier lebt man nicht mit Diamanten und königlichen Gewändern, dafür aber intensiv und aus tiefstem Herzen. Frauen trugen runde Tablette mit Fischen auf ihren Köpfen. Weit geöffnete Fenster gewährten Einblicke in Wohnhäuser, und Wohnzimmer, welche ab und zu auch mal in ein Geschäft umgewandelt werden. Postkartenverkäufer waren eifrig am Werke und Blumenverkäufer feilschten um den größten Absatz.

Aus der Ferne sah ich meine Kollegin, die von unzufriedenen Gästen umringt war. Seinem Unmut Ausdruck verleihen kann man bekanntlich auf vielen Wegen. Eine Möglichkeit wäre zum Beispiel seine Beschwerde besonnen vorzutragen.

Ein weiteres typisches Phänomen mancher Gäste war jedoch, dass sie bei der kleinsten negativen Begebenheit wutentbrannt explodierten. Und egal was man ihnen entgegensetzte, es war schwer sie zu beruhigen. Meist waren es nur ein oder zwei Personen, denen ein Grund zur Aufruhr einfiel. Aber durch ihre Art, schafften sie es immer wieder schnell, alle anderen Personen aufzuwiegeln, und plötzlich war eine ganze Reisegruppe schlecht gelaunt und begierig darauf bedacht ein paar Euro zurückerstattet zu bekommen. Um dieses Ziel zu erreichen, ließen die Gäste es nicht unversucht mit vierzig Mann, über die Länge eines Ausfluges, manchen Scout nieder zu machen, die Kollegen der Rezeption mit unverschämten Worten zu bestürmen, oder wie so gerne vor dem Cruisedirektor und anderen Verantwortlichen mit Presse und Anwalt zu drohen.

Abends war unser Team zum Essen verabredet. Unsere örtliche Agentur hatte uns einen Tisch in einem exklusiven Fischrestaurant am Hafen reserviert. Dort angekommen, waren bereits die besten Vorspeisen für uns aufgetischt. Schinken, Käse, Krabben und viele weitere Köstlichkeiten. Wir aßen sofort munter drauflos und ließen uns unentwegt guten portugiesischen Wein einschenken.

Auf die Frage, ob wir für das Hauptgericht aus der Karte bestellen wollten oder ob wir den Kellnern bei der Zusammenstellung freie Hand walten lassen sollten, entgegneten wir naiv: „Macht mal was Schönes.“ Fröhlich tranken wir ein weiteres Glas Wein und stimmten alte Volksweisen an. „Hoch auf dem gelben Wagen“ war unser Favorit an diesem Abend und wir machten damit ohne Zweifel Walter Scheel Konkurrenz. Übrigens war an diesem Tag die Ehefrau eines hochangesehenen deutschen Politikers in Lissabon zu Gast und übernachtete auf der NABUCCO.

Auf unseren VIP musste verständlicherweise angestoßen werden und wieder und wieder wurde Wein eingeschenkt. Dann kam unsere Hauptspeise: eine kleine Fleisch- und drei wundervoll zubereitete Fischplatten, die uns das Wasser im Munde zusammenlaufen ließen. Hummer, Krabben, Muscheln und Lobster waren nur einige der Leckereien die man uns auftischte.

Hatte ich erwähnt, dass wir nicht ein einziges Mal nach dem Preis gefragt hatten? Wir tranken und speisten weiter und lebten wie die Götter. „Hoch auf dem gelben Wagen“, zum zweiten, zum dritten und zum vierten Mal. Zum Abschluss gab es einen sehr guten Nachtisch, Kaffee, Capuccino und die Rechnung!!! Und für einen kurzen, bei dem ein oder anderen für einen längeren Moment, war es vorbei mit lustigen Volksliedern. 875 Euro kostete das Vergnügen. OK, wir waren ein halbes Dutzend Leute, aber es war trotzdem nicht das, was ein Fußvolk wie wir allabendlich fürs Essen ausgibt. Mir war es egal, ich habe Tränen gelacht als ich die Rechnung gesehen habe.

Anschließend bummelten wir durch das Altstadtviertel und strandeten erst einmal in einer eher sonderbaren Kneipe. Als wir unseren nächtlichen Ausflug fortsetzen, stiegen wir in die traditionelle Straßenbahn „Linie 28“. Wir waren die einzigen Gäste, und eine rasante Fahrt durch Lissabons Straßen begann. Auch hier sangen wir munter „Hoch auf dem gelben Wagen“, doch schon nach der zweiten Strophe war die Fahrt zu Ende.

Das gleiche Schicksal ereilte uns bei der anschließenden Busfahrt. Nur für eine kurze Zeit konnten wir unser, na ja – ihr wisst schon welches Lied – zum Besten geben, schon waren wir wieder Fußgänger. Wir fragen uns bis heute, ob diese kurzen Fahrten in irgendeinem Zusammenhang mit unseren Sangeskünsten standen.

ꙮ Casablanca ꙮ

„Schau mir in die Augen, Kleines."
(Humphrey Bogart)

„Reisen veredelt den Geist und räumt mit unseren Vorurteilen auf."
(Oskar Wilde)

Wir entsegelten zum entfernt gelegenen Casablanca. Alle waren wir gespannt, denn Marokko weckte in uns Sehnsüchte aus 1001 Nacht. Kaum im Hafen merkte ich, von einer fremden Kultur umgeben zu sein. Eine auf der Pier spielende Gruppe gab arabische Musik zum Besten, und die Reiseleiter empfingen uns in langen, bis zum Boden reichenden Gewändern.

Eine aufregende Stadtrundfahrt begann. Begleitet wurden wir von einer Polizeieskorte, die uns auf ihren schweren Motorrädern vor Anschlägen Wahnsinniger schützen sollte. Auch war an jeder Straßenecke Touristenpolizei stationiert, die, falls ein Gast verloren ging, ihn wohlbehalten zurück zur Gruppe brachte. Damit nicht genug, neben dem Reiseleiter hatte jede Gruppe einen zweiten Guide, der als Wachtposten hinter ihr herging. Göttlich – hier musste ich mich als Scout wahrhaft um nichts kümmern.

Wie schon so oft, musste ich unfreiwillig mitanhören – die Stimmen waren zu laut, als dass ich hätte weghören können – welche Länder einige Gäste in ihrem Leben bereits gesehen hatten. Diese – ich will das Kind mal beim Namen nennen – Angeberei vollzieht sich immer nach dem gleichen Strickmuster. Die Leute schildern Situationen, und ganz nebenbei, und rein zufällig natürlich, werfen sie Länder- oder Städtenamen ein, in denen sie diese erlebt haben. Das klingt dann meistens so:

„Ach, das Essen gestern Abend war gar nicht so gut, den besten Fisch meines Lebens habe ich sowieso in Kapstadt gegessen. Und die Matratze ist viel zu hart, in dem Hotel auf den Malediven habe ich dagegen geschlafen wie ein Stein. Hoffe nur, dass mir die Sonne hier nicht so zusetzt wie damals in Thailand. Heute morgen habe ich übrigens einen Schreck bekommen, ich dachte meine Kamera wäre defekt, so wie es mir schon einmal während unserer Rundreise in Amerika passiert ist." Dann wird meistens der Partner angeschaut, mit den Worten: „Weißt du noch, Hermann-Josef?", oder „nicht wahr, Ingrid?"

Tja, dieser Monolog dauert meist nicht länger als eine Minute, aber der Erzählende kann sich sicher sein, dass alle um seine Reisebiografie Bescheid wissen. Und damit hat die Schwafelei ihren Zweck erfüllt. Ich finde das Ganze einfach nur peinlich und fürchterlich.

Auf den Straßen Casablancas herrschte reines Wirrwarr. In der heißen Sonnenglut stiegen die Abgase in die Luft. Fliegende Händler huschten zwischen Autos und Bussen und hofften an jeder roten Ampel und bei jedem kleinsten Stau aufs große Geschäft. Mit lauten Stimmen priesen sie ihr Angebot an. Es reichte von Schmuck bis Porzellan.

Unser erster Halt war die Hassan II. Moschee, die in ihrer Größe, Breite und Weite grandiose Ausmaße erreicht. Ein Gigant unter den Bauwerken. Jegliche Vorstellungskraft sprengend, stand sie majestätisch vor uns. Sie ist, nach der „Großen Moschee" in Mekka, die zweitgrößte Moschee weltweit. Und tatsächlich sprechen Zahlen und Fakten, die mit ihr verbunden sind, Bände. Sie wurde im Jahre 1933 am Geburtstag des Prohpheten Mohammed eröffnet, nachdem alle 26 Millionen Einwohner des Landes für ihren Bau gespendet hatten. Insgesamt finden sage und schreibe 100.000 Gläubige in ihren Gemäuern Platz. Ihr gesamtes Areal umfasst Neun Hektar. Auf ihrem Gelände stehen 25.000 Säulen und 124 Brunnen. Zu der Moschee gehören: eine Schule, mehrere Schwimmbäder, ein marokkanisches Geschichtsmuseum, riesige Konferenzräume und mehrere Bibliotheken. Die Moschee ist auf weit in den Atlantik ragenden Felsklippen erbaut. Allein ihr Minarett ist 200 m hoch. An seiner Spitze thronen drei insgesamt 3700 Kilogramm schwere Goldkugeln. Unser Guide führte uns mit spannenden Erklärungen durch die einzelnen Räume, deren Wände mit wunderschönen Ornamenten verziert waren.

Nach so viel gewonnenen Eindrücken fuhren wir in ein Hotel. Ein Büfett mit marokkanischem Gebäck und süßem Tee wartete bereits auf uns. Wir saßen auf einer großen Terrasse unter mächtigen Rundbögen mit einem traumhaften Blick auf das Meer. Eine Familie hatte in ihre Rucksäcke von zu Hause mitgebrachte Tupperdosen, in denen die geraubten Semmel und Eier vom Frühstücksbüffet versteckt waren, gepackt, und diese kramte sie nun schamlos aus. Sogar an einen kleinen Salzstreuer hatte die fürsorgliche Mutter der Familie gedacht. Dies kann ich gut verstehen, denn unser Schiff wird vom Großmarkt Hamburg beliefert, und mit einem Ei von einem deutschen Huhn weiß man was man hat. Es war zwar verboten, Lebensmittel mit an Land zu nehmen, aber man muss sich ja nicht an jede Regel halten, wenn es um das Wohl der Lieben geht.

Zu unserem Pflichtprogramm gehörte selbstverständlich auch ein Besuch des nachgebauten „Rick´s Café" – in einem Hotel. Hier sprach Humphrey Bogart seine berühmten sechs Worte. Obwohl – Hand aufs Herz – der Film natürlich in Hollywood gedreht wurde und Bogart, zumindest für den Dreh, keinen marokkanischen Boden betreten hatte.

An einem Lebensmittelmarkt machten wir einen kurzen Halt. Nur auf unserem Schiff wurde das Obst in noch üppiger Weise angeboten. Umso erstaunter war ich, als mich ein Herr ansprach, und sagte:
„Das Obst auf Ihrem Schiff lässt aber auch zu wünschen übrig. Daheim würde ich so was nicht essen!"
Da war mir im ersten Moment die Kinnlade heruntergefallen. Dies war wirklich der Gipfel der Unverschämtheit. Unser Obstangebot war unendlich reichhaltig und schmackhaft, mit exotischen Sorten, die es zu Hause im ortsansässigen Supermarkt nicht einmal zu kaufen gibt. Da frage ich mich nur, was dieser Herr tatsächlich zu Hause isst – ich tippe auf Ravioli aus Konservendosen.

Am Mittag verschwendete ich mal wieder keine Minute auf der NABUCCO. Warum auch – da kannte ich schließlich jeden Zentimeter. Nicht so in Casablanca. Der heiße Wind der Sahara wehte durch das Hafengelände und ich wollte unter blauem marokkanischem Himmel den Traum von 1001 Nacht noch ein wenig festhalten. Mit zwei Kollegen machte ich mich auf den Weg. Wir hatten großen Hunger – nicht nur auf Abenteuer und Entdeckungen – sondern auch auf richtige Nahrung. Die arabische Küche sei köstlich, hatte mir mein Reiseleiter versprochen und mir gleichzeitig einen Restauranttipp gegeben. Wir hielten eines der kleinen Taxen am Hafen an, das aussah, als würde es jeden Moment auseinander fallen. Wir quetschten uns hinein und zogen unsere Köpfe ein, da wir sonst mit der Decke kollidiert wären. Mit quietschenden Reifen kamen wir am Restaurant an. Just in dem Moment, als die Besitzer dabei waren, es zu schließen. Einer meiner Kollegen sprach ein wenig marokkanisch und ein mir nicht zugängliches Getuschel begann. Und siehe da – Sesam öffne dich – wenn wir schon bei den Märchen von 1001 Nacht sind - uns wurde Einlass gewährt.

Man führte uns in einen dunklen Raum im obersten Stockwerk. Die Decke war mit dicken Holzbalken verziert. An den Wänden hingen große arabische Spiegel, und auf Regalen standen Wasserpfeifen, Goldgefäße und Töpferkrüge.

Nach dem Verzehr diverser Köstlichkeiten spazierten wir in die Alte Medina. Nun waren wir noch vielmehr als zuvor von einer uns unbekannten Kultur umgeben. Hier haucht die marokkanische Seele der Stadt das Leben ein. Denn die anderen Viertel Casablancas sind geprägt vom französischen Kolonialismus. Breite Boulevards, gesäumt von imposanten Häusern im französischen Stil, durchziehen die Stadt. Manche Stadtteile weisen auch moderne Hochhäuser auf. Aber hier – in der Alten Medina – wird das Kulturgut gepflegt und das wahre Arabien zeigt sich dem Besucher.

In engen sich windenden Gassen versuchten dunkelhäutige Menschen mit großen braunen Augen und langen Gewändern all das zu verkaufen, was man irgendwie zum Leben brauchen könnte:

Lederwaren aller Art, ein Meer von Schuhen, Sonnenbrillen, Holzfiguren, Spielzeugkamele, Gewürze, Koffer, CDs, Kaffee, Tee, Spiegel, Schmuck, Teppiche, Schnitzereien, Töpferwaren, Wasserpfeifen, Messing, Kupfer, Porzellan, Kaftane, Stoffe, Leintücher, Schöpfgefäße, Uhren, Fußballtrikots,

Handarbeiten, Fingerhüte, Strickwaren, Gürtel, Kleidung, Lampen, Lichter, Kerzenständer, Schmuckkästchen, Bilderrahmen, Duftöle, Seifen, Möbel, alte Globen, Weltkarten,...

Es war herrlich – man wusste gar nicht, wo man zuerst stöbern sollte. Brotfladen wurden auf der Straße gebacken, alte Herren rauchten Wasserpfeifen, und Kinder spielten auf den Straßen. Wir kauften um die Wette ein und feilschten und handelten um jeden Cent.

Ein Erlebnis beeindruckte uns besonders. Auch wir standen seit dem 11. September ein wenig zwiespältig der arabischen Welt gegenüber. Müde und nach Koffein lechzend ging ich in ein kleines, völlig verdunkeltes Café. Kein Sonnenlicht drang in dieses ein, und an den wenigen Tischen im Raum saßen nur mich seltsam beobachtende Männer. Aber was half es, ich brauchte einen Kaffee, um meine Lebensgeister zu erwecken. Meine beiden Kollegen konnten sich nebenan in einem Geschäft nicht für die passenden Schuhe entscheiden. Also setzte ich mich und gab meine Bestellung auf. Eine viertel Stunde später kamen endlich meine Kollegen dazu und tranken ebenfalls köstlichen arabischen Kaffee. Wir zahlten und schlenderten weiter durch die Geschäfte. Nach einer halben Stunde kam der Cafébesitzer völlig außer Atem auf uns zugelaufen. Er sagte mit gut verständlichem Englisch, dass er uns überall gesucht hätte. Denn ihm sei aufgefallen, dass er uns einen Dollar zu wenig an Wechselgeld herausgegeben hatte. Und genau mit diesem einen Dollar stand er nun vor uns und streckte ihn uns entgegen. Wir waren viel zu verblüfft und sprachlos, um ihm das Geld zu schenken. Er drückte ihn in unsere Hände, entschuldigte sich nochmals und verschwand. Über uns selber waren wir nun sehr beschämt. Hatten wir doch genau das getan, was wir an einigen unserer Passagiere so unschön finden – wir hatten Vorurteile geschürt.

Casablanca entstand im 8.Jhd. Die ersten Europäer, die in der Stadt Fuß fassten, waren die Portugiesen gewesen. Ihr Vorhaben war, eine Kette von Häfen für den Gewürzhandel mit dem Osten zu errichten. Zudem kämpften Piraten um Casablanca. Im Jahre 1575 gelang aber den Portugiesen die vollständige Besetzung. Diese dauerte fast zweihundert Jahre, bis eine

Naturgewalt die Stadt zerstörte. Ein Erdbeben zwang die Besatzer in die Knie. Nun ließen sich arabische und spanische Kaufleute nieder. Die Spanier gaben der Stadt den Namen Casablanca. Sie gewann nun mehr und mehr an Bedeutung und erlebte ihre Blütezeit.

Bald gelangte Casablanca unter französische Herrschaft, die bis 1956 dauerte. Heute ist sie eine bedeutende Hafenmetropole und daher die wichtigste Stadt im Lande. Viele Industriezweige ließen sich in Casablanca nieder. Allen voran die Fischkonservenindustrie, aber auch Bierbrauerein und die Elektroindustrie. Mehr als die Hälfte des Außenhandels Marokkos läuft über den Hafen Casablancas. Auch das Schul- und Kommunikationssystem ist gut entwickelt, was zum Teil der französischen Herrschaft zu verdanken ist.

Ein Tag mit Hindernissen

„Wenn einer eine Reise tut, so kann er was erzählen."
(Matthias Claudius)

Die Kanaren locken in allen Reisemagazinen mit blauem Himmel, ewig scheinender Sonne und immer währenden Frühlingstemperaturen. Das Anlegemanöver im Hafen Fuerteventuras verlief wie am Schnürchen, und die Passagiere standen zum Sturm auf die Düneninsel bereits in den Startlöchern. Nichts stand einem weiteren Tag gespickt mit Abenteuern im Wege.

Ein Tag voller Abenteuer sollte es tatsächlich werden – jedoch anders als von einem jeden von uns erwartet. Vorerst ging alles seinen gewohnten Lauf. Die Gangway wurde herab gelassen und die Behörden marschierten an Bord. Nun war es nur noch eine Frage weniger Momente, ehe das Schiff zum Landgang freigegeben wurde. Aber es vergingen Sekunden, es vergingen Minuten, es verging eine Stunde – und nichts tat sich. Vergeblich warteten wir auf eine Durchsage des Kapitäns, die uns über den Stand der Dinge aufklären sollte. Die Gäste warteten ungeduldig darauf, endlich das Schiff verlassen zu können.

Inzwischen waren nicht nur die Ausflugspassagiere auf den Beinen, sondern auch die „Individual-sich-auf-eigene-Faust-auf-den-Weg-Machenden" tummelten sich im Schiffstreppenhaus. Ein Blick aus den Fenstern verhieß, dass die einschlägigen Reisemagazine ihr Versprechen gehalten hatten. Vom blauen Himmel lachte die Sonne und sie wurde nicht einmal von Schleierwolken getrübt.

Umso mehr brannten alle Gäste darauf, festen Boden unter den Füßen zu spüren. Einige huschten durch das Schiff, mit dem festen Ziel vor Augen, die Mitreisenden mit ihrem Unmut anzustecken. Andere saßen mit gelangweiltem Blick aneinandergereiht auf den Treppenstufen und harrten der Dinge, die da kommen sollten.

Auch wir wussten nicht, weshalb die Behörden unser schönes Schiff nicht freigaben und demnach war es schwer, die wie ein tosender Sturm aufkommenden Fragen zu beantworten. Nach zwei Stunden erklang endlich der langersehnte Gong, der auf eine bevorstehende Ansage aufmerksam machte. Der Kapitän teilte uns mit:
„Sehr verehrte Gäste, wie Sie schon bemerkt haben, wurde unser Schiff noch nicht für den Landgang freigegeben. Wir hoffen jedoch, dass dies in wenigen Augenblicken der Fall sein wird. Ich bitte Sie daher noch um etwas Geduld."

Geduld – wie einen Faustschlag in die Magengrube vernahmen die Passagiere dieses Wort. Die Stimmung drohte völlig zu eskalieren. Aus diesem Grunde kamen unsere Comedians zu ihrem Einsatz. Verkleidet als schrullige Putzfrauen, unterhielten sie die Passagiere mit brillanter Komik. Es gelang ihnen sogar, den meisten Gästen wieder ein Lachen aufs Gesicht zu zaubern. Sie stimmten den Chanty „Wir lagen vor Madagaskar" an. Natürlich zeitgemäß umgetextet und prompt erklang aus 1500 Kehlen „Wir lagen vor Fuerteventura!"
Gott sei Dank – fürs erste waren alle friedlich gestimmt. Die wenigen Augenblicke von denen der Kapitän gesprochen hatte, waren längst vergangen und einer dreiviertel Stunde gewichen. Nach weiteren 15 Minuten – also nach insgesamt drei Stunden Wartezeit – erklang der allseits beliebte Gong aufs

Neue und der Kapitän ließ uns wissen:
„Liebe Gäste, noch immer haben die kanarischen Behörden das Schiff nicht freigegeben. Wir bitten um Entschuldigung und weitere Geduld."
Bei diesen Worten spürte ich tausend Messer im Rücken, die in mich einstachen. Von allen Seiten kamen die Passagiere nun, unbändig vor Wut, auf uns zugerannt. Da fast jeder etwas beitragen wollte, um seinem inneren Beben Ausdruck zu verleihen, riefen sie wild durcheinander, drängten zu uns und stießen sich gegenseitig beiseite.

Ein Alptraum – für einen lieben Scout, der nichts anderes wollte, als in einem gemütlichen Bus sitzend aus dem Fenster zu schauen und die Insel auf sich wirken zu lassen. Die Offiziere gingen nun durch das Schiff, um für Beruhigung zu sorgen. Ihnen gegenüber wurden viele Gäste ganz klein. Viel einfacher war es schließlich, denen, die sich am Ende der Nahrungskette befanden, mit rauer Stimme entgegenzutreten.

Eine weitere halbe Stunde eskalierenden Zorns verstrich, eine weitere Durchsage unter dem Motto: Geduld, wurde vernommen, und nochmals verflogen dreißig Minuten in die Ewigkeit der Zeit. Jetzt hatten wir die vier Stunden-Marke erreicht, die bestimmt war von: Warten, Hoffen, Bangen, Wut, und immer wieder erneutem Hoffen und Warten. Der Gong erklang, alle Augen gingen neugierig zu den Lautsprechern und eine bereits vertraute väterliche Stimme sprach zu uns:
„Liebe Gäste, hier spricht wieder einmal ihr Kapitän. Leider haben sich die örtlichen Behörden entschieden, das Schiff NICHT zum Landgang freizugeben. Ich bitte Sie um Entschuldigung. Wir werden nun unsere Route ändern und Kurs auf Lanzarote nehmen, wo wir in etwa zwei Stunden sein werden. Wir haben bereits mit den örtlichen Agenturen gesprochen und können Ihnen auf Lanzarote eine Inselrundfahrt anbieten. Die Scouts werden ab sofort am Buchungsschalter für Sie und Ihre Fragen zur Verfügung stehen."

Na super – die Scouts stehen für eure verbalen Attacken zur Verfügung, sie sind das Ventil eurer schlechten Laune. Macht sie fertig und denkt euch nichts dabei. Das hätte er doch auch gleich sagen können. Wir waren ein weiteres Mal hilflos unserem Schicksal ausgeliefert. „Allzeit-bereit-Kämpfer“ umzingelten uns, außer sich vor Wut. Sie hatten sich schließlich auf Fuerteventura gefreut. Um nichts in der Welt wollten sie nach Lanzarote und das ließen sie uns spüren. Es lag eine grausige Stimmung in der Luft, die plötzlich ihren bösartigen Höhepunkt erreichte. Ein Mann im tiefroten Poloshirt, kam gewappnet mit einem Plakat und Tesafilm auf unseren Schalter zu und pappte sein selbstgemaltes Plakat an eine Wand. „Lanzarote No, Fuerteventura Yes“, stand in fetten Buchstaben darauf. Nach getaner Arbeit, verschränkte er selbstgefällig mit aufgeblasenen Wangen seine Arme und ließ sich von den Mitreisenden feiern. Meine Kollegin machte sich umgehend daran, das Propaganda-Plakat zu entfernen, was unbändige Wut bei unserem Passagier hervorrief. Schnaufend stieß er sie in ihrem Tun beiseite, legte eine Hand an ihren Hals und holte mit der anderen weit aus. Gerade noch rechtzeitig, um das Schlimmste zu verhindern, kam unsere Managerin dazu geeilt. Sie ergriff seine Hand und stellte sich schützend zwischen die beiden. Trotz der Streifen bekam auch sie nun die geballte Energie ab, und wurde von ihm auf das Übelste beschimpft. Aber sie blieb ruhig und gelassen, bis er sich umdrehte und davonging. Von da an beruhigte sich die Situation. Denn die Gäste, die den Vorfall beobachtet hatten, waren mit seinem handgreiflichen Benehmen nicht einverstanden und wollten sich nicht zu solchen Beispielen gesellen. Es gelang uns, sie auf Lanzarote einzustimmen. Viele buchten nun die Inselrundfahrt und gingen anschließend auf das Sonnendeck oder an die Bar.

Als wir in den Hafen Lanzarotes einfuhren, war das Wetter alles andere als gut. Ganz im Gegenteil – ein Sturm kam auf, mit solcher Gewalt, dass Gäste beobachteten, wie im Hafen ein Auto zur Seite geschleudert wurde. Wir waren bereits dicht an der Kaimauer, als plötzlich ein wahnsinniger Ruck durch das Schiff ging. Ich befand mich gerade im Verkaufsgespräch, als ich mit großer Wucht von meinem Hocker gerissen wurde. Wir hatten keine Ahnung, was geschehen war, genauso wenig wie wir wussten, warum die Behörden uns am Morgen nicht vom Schiff gelassen hatten. Es war auch keine Zeit darüber nachzudenken, denn wir mussten, sobald wir angelegt hatten, zu den Bussen. Diesmal ging es hoppla-hopp und das Schiff war freigegeben. Die Zeit eilte, denn die Inselrundfahrt dauerte länger als die

Dauer des Tageslichtes und so war klar, dass das Ende der Fahrt im Dunkeln stattfinden würde. Jede gewonnene Minute zählte. Ihr könnt euch vorstellen, dies trug nicht zur Ermunterung der Gäste bei. Erneut beschimpften sie uns und waren entzürnt, als sie davon erfuhren. Aber wir waren mittlerweile abgehärtet und es kostete uns nur noch ein Lächeln. Wir stiegen in die Busse und die Inselrundfahrt begann. Dabei bemerkten wir gar nicht das hektische Treiben an der Backbordseite am hinteren Teil des Schiffes. Zugegeben – die letzte halbe Stunde fuhren alle Busse im Dunkeln. Aber nichts desto trotz, die Inselrundfahrt, wenigstens der Teil, den wir im Hellen erlebten, entschädigte für die Unannehmlichkeiten und die Passagiere waren milde gestimmt.

Kaum auf dem Schiff, umgab uns ein geheimnisvolles Flüstern und Getuschel. Ich wunderte mich ein wenig, was denn los sei und ging zum Abendessen in die Crewmesse. Vielleicht würde ich dort – die Gerüchteküche brodelte ständig, und das Schiff war ein Dorf – näheres erfahren. Auf Gerüchte brauchte ich aber gar nicht zu warten. Denn kaum saß ich am Tisch, wurde ich von einem bekannten Gong abgelenkt. Es trennten mich nur Sekundenbruchteile von der Stimme des Kapitäns. Als der Gong verstummt war, hörte ich allerdings nur ein Atmen über die Lautsprecheranlage, dem ein tiefes Seufzen folgte. Dann endlich verkündete der Kapitän uns, was er zu sagen hatte.
„Liebe Gäste", es folgte eine Pause und ein weiteres Seufzen, „ich hoffe Sie hatten einen schönen Tag auf Lanzarote und haben die Insel trotz aller Unannehmlichkeiten des Morgens genossen. Eigentlich sollen wir gleich ablegen, jedoch wollen die Umstände es, dass wir über Nacht in Lanzarote bleiben. Leider wurden wir beim Anlegen aufgrund starker Winde gegen die Kaimauer gedrückt. Dies führte zu einer Verdellung an der Backbordseite unseres Schiffes. Machen Sie sich keine Sorgen, auch nicht über die morgige Weiterfahrt. Aber laut Gesetz dürfen wir nicht in See stechen, bevor die Behörde, sozusagen der TÜV, das Ausmaß der Unfallstelle geprüft hat. Ich wünsche Ihnen einen angenehmen Abend und genießen Sie die Annehmlichkeiten an Bord."

Mit anderen Worten, wir hatten das Schiff gegen die Kaimauer gesetzt und warteten nun darauf, ob es nach Überprüfung, überhaupt noch in der Lage war, weiterzufahren. Schuld an der Misere war tatsächlich der Sturm gewesen. Unser Kapitän konnte nichts dafür. Das hätte ich auch nicht anders erwartet. Mit all den genialen Anlegemanövern der Vergangenheit, war er einer der versiertesten Nautiker, die ich kennen lernte.

Für den Abend wurde fix eine Poolparty organisiert. Zum Glück nahmen die Gäste das Ganze nun mit Humor. Am nächsten Morgen kam der sogenannte TÜV. Er sah sich alles genau an, prüfte, bis er uns, oder besser gesagt den Kapitän, über die Lage unterrichtete. Wir hatten Glück im Unglück. Die Behörde gaben uns grünes Licht zur Weiterfahrt – es handelte sich in der Tat nur um eine größere Delle, die keinerlei Gefahr barg. Kein Wasser konnte in die NABUCCO eindringen – und so stand unserem Kurs zu neuen Zielen nichts mehr im Wege.

Madeira

**„Man entdeckt keine neuen Erdteile ohne den Mut,
alle Küsten aus den Augen zu verlieren.“**
(André Gide)

Die „MS NABUCCO“ war inzwischen in Madeira angelangt. Es war unser letzter Stop vor der großen Atlantiküberquerung, ein letzter Aufenthalt in Europa, bevor das Schiff in die Neue Welt entsegelte. Der Tag war ein Gedicht, dessen Zeilen zu wunderbaren Reimen zusammen flossen. Beim Anlegen, im Glanze des frühen Morgens, waren die sich steil emporhebenden Berge bis zu ihrem Fuße in dicke Nebelschwaden gehüllt. An einigen Stellen brach die Nebelwand auf, und die Baumspitzen der Nadelwälder traten hervor.

Die Sonne stand im Kampf mit den Wolken. Die Stadt, welche vor uns lag, erwachte langsam aus dem Schlaf der letzten Nacht. Es war kalt und mich fröstelte ein wenig – was jedoch dem Augenblick nichts anhaben konnte. Zu wissen, dass man für lange Zeit zum letzten Mal einen europäischen Hafen anläuft, lässt keinen Reisenden unberührt. Abschied – was wird uns erwarten? Abschied – werden wir uns nach der Heimat sehnen? Abschied – werden uns die fremden Kulturen und fernen Länder beflügeln? Abschied –

welche Spuren wird das Unbekannte hinterlassen? Abschied – werden wir überhaupt gut zu unserem Ziele gelangen? Abschied – werden wir munter zurückkehren? Wer weiß das schon! Nichts ist selbstverständlich.

Für den heutigen Vormittag auf Madeira atmeten wir noch einmal die Luft des alten Kontinents ein. Die Sonne hatte schnell den Kampf für sich entschieden und der Nebel verschwand so schnell wie er gekommen war.

„Insel des ewigen Frühlings", „Blumeninsel" – sind nur zwei der Beinamen, die Madeira trägt. Kein Wunder – ein Eiland von so vollkommener Blumenpracht, die auf Berghängen und Wiesen üppig blühen, sucht seinesgleichen in dieser Welt.

Ich unternahm eine Levada-Wanderung. Levadas sind Kanäle, die sich über die Insel ziehen, um die Einwohner mit dem lebenswichtigen Wasser zu versorgen. An ihnen führen endlose Wege entlang, die es dem Wanderer leicht machen, die Insel auf Schusters Rappen zu erkunden. Wir schritten durch tiefe anmutige Wälder und wir hörten mit Andacht dem Gesang der Vöglein und der Melodie des Windes zu. Tiefe Täler taten sich vor uns auf. Ab und an stand ein alter Baum einsam auf weiter Flur, dessen in prächtiger Blütenpracht stehende Krone um die Zuneigung der Vögel am Himmel warb. An steilen Felsklippen, peitschte brausend das stürmische Meer. Wir erlebten Madeira als einen großen Botanischen Garten, von Gottes Hand erschaffen.

℘ Übers Meer ☙

„Und die See wird allen neue Hoffnung bringen, so wie der Schlaf die Träume.“
(Christoph Kolumbus)

„Nach dem Sternenhimmel ist das Größte und Schönste was Gott erschaffen hat, das Meer.“
(Adalbert Stifter)

Eine alte Seefahrer-Tradition ist, Neptun seinen sehnlichsten Wunsch mitzuteilen und darauf zu hoffen, dass dieser ihn erfüllt. Kurz vor dem Auslaufen lag eine nie da gewesene Spannung in der Luft. Eine Spannung, die Abschied und Vorfreude, Wehmut und Neugierde in sich vereinte. Es war die Gewissheit, sich dem Vertrauten zu entziehen, es loszulassen, um zu neuen Ufern zu gelangen. Sie war in jeder Faser, in jeder Pore der Mitreisenden und der Crew zu spüren. Es schien, als wäre selbst jeder Zentimeter des Schiffes von dieser Spannung ergriffen: der Schiffsbug der sich dem großen Abenteuer entgegenstreckte, als auch die Motoren, die sich nun langsam in Gang setzten. Der Abschied von Europa wurde feierlich inszeniert.

Alle Gäste und einige Kollegen hatten sich auf dem Pooldeck versammelt. Jeder von ihnen schrieb seinen Wunsch auf einen kleinen Zettel. Diese wurden in einer unendlich wirkenden Kette aneinandergebunden. Auch ich schrieb etwas auf ein Zettelchen, blinzelte zum Himmel, rollte das kleine Papierstück zusammen und half es an die Kette der anderen Wünsche zu binden. Fünf Tage sollte mein Wunsch nun übers Meer getragen werden. Neptun hatte also genügend Zeit, sich zu überlegen, ob er ihn erfüllen wird oder nicht.

Ein Blick über die Reling verriet mir: es war soweit – die Leinen wurden losgemacht. Am Ufer standen viele Schaulustige, die uns zum Abschied zuwinkten. Auf dem Deck knallten bereits die Sektkorken. Das Schiffshorn ertönte lautstark und sein Echo hallte in den Bergen Funchals wider. Die

NABUCCO wurde von allen Schiffen im Hafen, durch ebenfalls lautes Ertönen ihrer Nebelhörner, verabschiedet. Einige kleinere Schiffe begleiteten uns sogar ein bisschen auf unserem Weg. Ich schaute auf Funchal, die Hauptstadt Madeiras, deren Häuser sich über die gegenüberliegenden Berge hinaufzogen und sich weit erstreckten.

Lange sah ich der Insel nach, die immer kleiner wurde, bis nur noch ein letztes Stückchen von ihr zu sehen war. Unser Schiff wurde immer weiter hinaus aufs Meer getragen. Ich tat einen letzten Blick auf Europa, das kurz darauf endgültig in der Ferne verschwunden war. Die Atlantiküberfahrt hatte begonnen und wir steuerten mit zwanzig Knoten volle Kraft voraus. Fünf Tage lagen vor uns, an denen wir uns immer weiter von der vertrauten Küste entfernten, um uns Stück für Stück der Neuen zu nähern. Langsam versank die Sonne am Horizont, und die erste Nacht in den Weiten des Ozeans stand bevor. Das Meer tobte, und doch fühlten wir uns in unserer schwimmenden Stadt geborgen und hatten keine Furcht. Für die Gäste war vom ersten Abend an ein besonderes Party-Programm geboten.

Ich wollte, statt rauschender Feste, lieber die Gewalten der Natur und deren Schauspiel genießen, und verbrachte viele Stunden meiner freien Zeit auf Deck. Meist stand ich sehr früh auf, um das Treiben der Wellen mit dem Wind zu betrachten. Mitten auf dem endlosen Ozean bot die Natur dabei immer ein anderes großartig inszeniertes Theaterstück, in dem sich Tragödien und Komödien die Hand gaben. In manchen Stunden war die See ganz still und erfüllt von einem tiefen Frieden. Keine einzige Welle war zu sehen, und das tiefe Blau des Meeres vereinte sich am Horizont mit dem herrlichen Blau des Himmels, von dem die Sonne strahlend schien.

In anderen Stunden peitschte das Meer gegen den Bug und die Brandung trug Schaumflocken nach oben, die hüpfend durcheinander über die Wellen tanzten. In diesen Momenten war die See grau in grau. Ich liebte es, wenn sich das Meer von seiner rauen Seite zeigte und die „MS NABUCCO" sich rollend voran kämpfen musste. Der Wind war dabei stark und intensiv. Man hatte das Gefühl, tausend Meilen von den Küsten entfernt, von etwas Mystischem umgeben zu sein. Doch dann – von einem Moment zum anderen – riss die

Wolkendecke wieder auf und die Sonne kam strahlend zum Vorschein und die Wogen wurden geglättet. Immer wieder sah das Meer anders aus. Keine Stunde, keine Sekunde glich der anderen. Mal war es still und friedvoll, mal war es wütend. Mal war es erschöpft, mal war es voller Kraft. Mal blickte es mich an und sprach mit mir, mal wendete es sich von mir ab. Mal zeigte es sich als Freund, mal zeigte es sich als Feind. Das Meer zeigte Hoffnung, Wut, Trauer, Freude, Einsamkeit, Wahnsinn und Gleichgültigkeit.

Und über uns lag nur der endlose Himmel. Auch er offenbarte sich in all seiner Vielseitigkeit. Manchmal war er undurchsichtig verhangen mit dicken schwarzen Regenwolken, die aber von dem Wind mit einer Leichtigkeit wie Pusteblumen verdrängt wurden und sich in der Ewigkeit verloren. Meistens jedoch schaute der Himmel in einem tiefen Blau auf uns herab. Oft zogen kleine Schäfchenwolken, die von der Sonne wie von einem guten Hirten behütet wurden, mit uns ein Stück des Weges. Langgezogene Federwolken streckten sich, um uns besser beobachten zu können. Manchmal rissen die Wolken auf, und Sonnenstrahlen, die sich im Meer spiegelten, fielen durch deren Lichtungen.

Die Sonnenuntergänge waren ein Gedicht und in der Nacht glitzerten die Sterne und über uns wachte der Mond. Obwohl unser Schiff mit stattlicher Größe und Länge in vielen Häfen und von vielen Besuchern Beachtung findet, waren wir doch nur eine Nussschale, die mit einem festem Ziel vor Augen dahin schipperte. Unser treuester Begleiter in diesen Tagen war der Wind. Er sprach in tausend Sprachen zu uns. Er flüsterte und er schrie. Er war sanft wie ein Baby und wild wie ein Trunkenbold. Mal weinte er, mal tanzte er vor Freude. Manchmal war er hochnäsig von sich eingenommen und manchmal zutiefst bescheiden.

Noch immer war kein Land und keine Küste in Sicht. Seit Ewigkeiten sahen wir nur das endlos weite Meer. Jedoch etwas hatte sich geändert und sich langsam wie ein Tagedieb in unsere Seelen geschlichen. Es war mehr als Magie. Es war die Luft, die erfüllt war vom Geschmack des Sommers. Sogar die Farbe des Meeres war eine andere geworden. Türkisblau und smaragdgrün lud es uns zu einem karibischen Traum ein.

Der 11.11. war gekommen und eine lange Partynacht stand an. Bis in die frühen Morgenstunden hinein jubelten und tanzten wir ohne Pause. Mitten auf dem Atlantik, bildeten wir Polonaisen, sangen inbrünstig die einschlägigen Karnevalsschlager und schunkelten um die Wette. Und was war das Ende vom Lied? Am darauffolgenden Morgen saßen wir alle mit Rückenschmerzen, steifem Nacken und dicken Augenringen in der Destinationsschulung. Ein klares Zeichen – die Stunde des Alterns hatte begonnen. Wir waren keine zwanzig mehr, dass mussten wir uns eingestehen. Eine bittere Erkenntnis! Apropos Destinationsschulung – das habe ich Euch noch nicht erzählt. Die Tage unserer Überfahrt waren nicht nur geprägt von stundenlangem Auf-dem-Deck-Stehen, innehalten und das Meer und den Himmel anschauen. Sie waren ebenfalls geprägt von sich endlos dahinziehenden Schulungen über die künftigen Destinationen. Und so saßen wir – während sich die Passagiere an Sonne, Wind und Cocktails erfreuten – in einem fensterlosen Versammlungsort, welcher den hochehrwürdigen Namen „Konferenzraum" trug und ließen uns alles über Land und Leute erzählen.

Hätte ich für jede Sekunde, die ich während der großen Fahrt dort verbrachte, einen Cent erhalten, dann wäre ich heute reich. Die Idee war, dass wir fit für alle Fragen, bezüglich der neuen Ziele, den Passagieren gegenüber treten konnten. Was immer die Gäste auch wissen wollten – von der Existenz eines Hotdog-Standes an einem der karibischen Strände, bis hin zur Erwerbsmöglichkeit eines exotischen Gewürzes auf einem der örtlichen Märkte – wir konnten es ihnen sagen.

Das Wissen war unser! Denn es gab nichts, aber auch wirklich nichts, was man nach der Entlassung aus dem Konferenzraum nicht wusste. In ihm wird das Wissen geboren, gezüchtet und von Scoutgeneration zu Scoutgeneration weitergereicht. Deshalb warf ich mich, als wir zum ersten Mal die Ausflüge der karibischen Inseln buchen durften, wie ein Krieger in den Kampf. Ich schloss meinen Schalter auf, ließ den Computer hochfahren und wartete auf die sich nach Land sehnenden Passagiere. Plötzlich stand Isolde K. vor mir.
„Welcher Ausflug ist der schönste in den nächsten Häfen?", fragte sie und mit Bestimmtheit ließ sie folgen:
„Buchen Sie mir den ein!"

Na klasse – Volltreffer – so was hatte mir gerade noch gefehlt. In jedem Hafen hatten wir bis zu fünfzehn Ausflüge im Angebot und diese kannte ich bisher nur aus der Theorie. Woher sollte ich wissen, welcher der schönste Ausflug von allen war? Voller Entsetzen, das wie ein offenes Buch in meinen Augen geschrieben stand, blickte ich Isolde an. Die Verkaufsprofis und die Gewitzten unter euch, werden nun aufschreien und mit im Nacken gesträubtem Haar sagen: „Mensch Scout Weber, buch ihr doch einfach irgendeinen Ausflug ein. Am besten den, der den meisten Gewinn abwirft."
Ihr habt recht, aber ich muss gestehen, ich konnte das nicht. Schließlich kam Isolde nicht jeden Tag in die Karibik. Und deshalb sollte sie an einem Ausflug teilnehmen, an dem sie sich erfreute. Gewinn hin, Gewinn her. Es lag mir fern, ihr etwas aufzuschwatzen.
Ich fragte sie: „Ja, an was sind Sie denn interessiert?"
Sie erwiderte: „An dem Ausflug, bei dem man was von der Insel sieht."
„Hm", entgegnete ich, „ man sieht natürlich bei jedem unserer Ausflüge etwas von der Insel. Wie wäre es denn mit einer klassischen Inselrundfahrt?"
Sie sah mich an und meinte: „Buchen Sie den Ausflug ein, der am schönsten ist und bei dem man was von der Insel sieht."
Es war schwer, es war sehr schwer!

Isolde K. – die große, alte Dame – war weit über 80 Jahre alt und mir schon vor dieser Begegnung bestens bekannt gewesen. Denn seit dem Beginn ihres Urlaubes, durchtanzte sie jede Nacht. Sie schwang ihr Tanzbein zu allen Rhythmen: ob Schlager- oder Volksmusik, ob Techno oder Hip Hop, ob House oder Rock´n Roll.

Vor nichts machte sie halt. Wenn uns in den frühen Morgenstunden längst die Kondition verlassen hatte, zappelte sie noch immer, wie von der Duracel-Batterie aufgeladen, auf der Tanzfläche umher. Mit wilden unkontrollierten Bewegungen fuchtelten ihre Arme durch die Luft und ihre Füße stampften dabei den Beat, immer genau in der Mitte des Tanzparketts. Wir hielten alle im Radius von 1,50 Metern einen Sicherheitsabstand von ihr, um nicht von ihren umherfliegenden Armen ausgeknockt und von ihren Füßen zertreten zu werden. Ihre Nähe zu suchen war höchst gefährlich und hatte – wäre es ganz schlecht gelaufen – mit dem Leben bezahlt werden können. Alexi und ich verließen nun mehr und mehr unsere Seniorenresidenz, und schlugen uns die Nächte um die Ohren, um Zeuge dieses Spektakels zu sein. Wann Isolde am Ende zu Bett ging, weiß Gott allein. Jedoch hatten wir, sobald das Tageslicht auf sie fiel, unsere liebe Mühe mit ihr. So stand sie völlig neben sich an Alexis Schalter und fragte: „Ich hatte in Ocho Rios und Bonaire einen Ausflug gebucht. Überschneiden die sich zeitlich?" Bei Tage war es ein Kreuz mit ihr, bis in der Nacht die Jugend in ihr von Neuem erwachte. Ein weibliches Stehaufmännlein. Ein Phönix aus der Asche!

Auch an diesem Abend tanzte Isolde – die große, alte Dame – bis zum Abwinken. Das Fräulein Alexi, Spezi Astrid und ich taten es ihr, gemeinsam mit unserem Kapitän, gleich. Der DJ legte gut auf und spielte – wie immer zum Abschluss – unsere Hymne „Liebe ohne Leiden".
Als ich mich schlafen legte, wusste ich, dass mich nur noch die Nacht vom ersehnten Land trennte.

Antigua

„Am meisten über einen Menschen sagt nicht aus, wie er mit Freunden umgeht, sondern mit Fremden."
(Unbekannt)

Am folgenden Morgen waren die Passagiere sehr früh auf den Beinen und liefen hektisch durchs Schiff. Nur noch wenige Augenblicke waren wir von der Insel Antigua entfernt. Wir hatten die gleiche Route eingeschlagen, wie einst Christoph Columbus und waren tatsächlich von Europa aus hin zu karibischen Träumen gereist.

Noch war jedoch kein Land in Sicht. Die Vorfreude wurde größer und stieg mit jeder sich dem Land nähernden Seemeile. Wir gingen nach vorne zum Crewdeck und warteten gebannt – am Horizont lag weiter nur das blaue Meer. Der Schornstein unserer NABUCCO dampfte und noch immer hieß es volle Kraft voraus. Wir ließen unseren Blick nicht mehr vom Horizont ab. Die Passagiere standen, dem großen Moment entgegenfiebernd, auf den Außendecks. Plötzlich kreisten Möwen am Himmel. Eindeutige Boten, die auf die nahgelegene Küste, hinwiesen. Und wahrhaftig – von einem Moment auf den anderen sahen wir, wie sich das Bild des Horizonts veränderte. Es war Land, was sich da vor uns auftat – ja, tatsächlich, es war Land. Wie aus dem Nichts tauchte es auf. Nach all den Tagen, fast wie eine Fata Morgana wirkend, lag Antigua vor uns. Die traumhafte Karibikinsel, die wie ein stummer Freund schon so viele Schiffe nach langer Überfahrt an ihre Ufer eingeladen hatte. Prompt riefen wir, den schon so oft in den Weiten des karibischen Meeres vernommenen Ausruf: Laaaaand in Sicht, Laaaaaaaand in Sicht!

Unser stolzes Schiff hatte uns wohlbehalten über den Ozean gebracht. Nun lag vor uns eine fremde Welt, in die wir uns freuten einzutauchen. Das Schiff näherte sich gemächlich seinem Ziel. Nun waren die ersten kleinen Häuser und die Schiffe im Hafen auszumachen. Die Küstenlinie und die Brandung wurden immer deutlicher. Und dann lag die Insel zum Greifen nahe. Wir steuerten nach fünf Tagen zum ersten Mal wieder in einen Hafen.

Die Leinen wurden geworfen und die NABUCCO machte fest. Ich machte mich auf, um mit meinen Gästen die Insel per Jeep zu erkunden. Die Karibik war ein Traum. Nichts glich mehr der Welt, die wir verlassen hatten. Der Himmel war strahlend blau, und das Meer von einem so intensiv stechenden Türkis, dass sein Anblick in den Augen schmerzte.

Auf der Pier standen die Jeeps bereit. Es waren buntbemalte Geländejeeps mit Allradantrieb, was auch immer das heißt. Die Straßen Antiguas sind nicht so asphaltiert wie wir es gewohnt sind, und so holperten wir über Stock und Stein. Gott sei Dank mussten die Passagiere nicht selber fahren, sondern die örtlichen Guides fungierten als Fahrer und Reiseleiter in einer Person.

An der Küste trotzten die Felsklippen stolz der unruhigen Meeresbrandung. Es heißt, es seien die keine Ruhe findenden Seelen verstorbener Schiffsbrüchiger, die die See derartig aufwühlen. Und tatsächlich umgab den Ort etwas Geheimnisvolles. Karge Felsen reichten weit ins Meer hinein und boten dem rauen, aufpeitschenden Ozean die Stirn. Schon bald zeigte sich uns die Insel in einem Kleid aus sattem Grün, mit Palmenhainen und wunderbaren weitauslaufenden weißen Sandstränden. Man sagt über Antigua: „Ein Strand mit einer Insel in der Mitte.“ Und das trifft zu – denn die Karibikinsel zählt sage und schreibe 365 Strände. Columbus entdeckte Antigua im Jahre 1493. Englische Siedler ließen sich 1632 auf der Sonneninsel nieder und ihre Kolonisation begann. Im Jahre 1666 wurde das Eiland von den Franzosen eingenommen. Jedoch schon ein Jahr später war es wieder fest in englischer Hand und gehörte fortan zum Königreich. In dieser Zeit verschiffte man eine große Anzahl afrikanischer Sklaven zu der Insel, die unter den schlimmsten Umständen in den Zuckerrohrplantagen arbeiten mussten. Später gehörte die Insel zum Commonwealth. Seit 1981 ist sie völlig unabhängig von England.

Wir holperten weiter die Küste entlang, bis wir über Wege, die unsere Transportmittel bedrohlich zur Neige brachten, die Berge hinauf krochen. Die Fahrer kämpften sich pfeifend und gut gelaunt durch tiefe Erdlöcher und über dicke Steine hinauf. Krampfhaft hielten wir uns an Schnallen, die über unseren Köpfen hingen, fest. Von der Talsohle bis hin zum Gipfel war es ein weiter Weg und die Aussicht, die wir von oben auf die Südküste genießen konnten, war traumhaft schön. Wir schauten auf den Jachthafen „Nelsons Dockyard“, in dem alljährlich eine berühmte Segelregatta stattfindet.

Als ich den Blick auf die Werft für die Ewigkeit festhalten wollte und meine Kamera zückte, stellte sich mir ein erboster Passagier in den Weg. Seine Anklage richtete sich gegen das Schaukeln im Jeep. Mit Eifer den Fahrer zu verteidigen, erhob ich sofort Einspruch und sagte, dass dies ein typisches Merkmal für diese Art von Fortbewegung sei. Schließlich wolle niemand mit einem Jeep nur auf gut ausgebauten Straßen fahren.

Er entgegnete mir:
„Das ist vielleicht wahr, aber ich finde es ist eine Unverschämtheit, mit uns über holprige Wege zu fahren. Ich dachte, meine letzte Stunde hätte geschlagen. Todesängste habe ich ausgestanden, denn ich hatte vor vier Wochen einen Bandscheibenvorfall.“
Bestens – für einen Augenblick sah ich ihn nur an. Er hatte einen Bandscheibenvorfall? Warum zur Hölle hatte er dann eine Jeeptour gebucht?

Gottes Wege erwiesen sich ein weiteres Mal als unergründlich. Mir fiel ein Argument ein, gegen das er nichts einwenden konnte.
„Außerdem", sagte ich mit bedauernder Miene, „steht in unserem Ausflugsheft der Hinweis: dieser Ausflug ist nicht für Gäste mit Rückenproblemen geeignet."
Er gab darauf keine Antwort. Hinter seinem geschundenen Rücken gruppierten sich einige Gäste, die über seine Beschwerde nur ungläubig den Kopf schüttelten. Dieser Herr war leider nicht der einzige, der mich zur Verzweiflung brachte.

Während der stundenlangen Jeepfahrt saß ein junger Mann mit blondem Haar neben mir, dessen Fragen mich in den Wahnsinn trieben. Kaum hatten wir den Hafen verlassen, fragte er mich über meinen beruflichen Werdegang aus und machte tausend gute Vorschläge, was man auf unsrem Schiff verbessern könnte. Dann fragte er:
„Wo ist denn die Dame von der Pier?"
Er meinte meine Chefin, die uns zu den Jeeps geführt hatte.
„Dageblieben", antwortete ich.
Mit einem misstrauischen Ton und weit geöffneten Augen wollte er wissen:
„Und die Jungs, die hier fahren, kennen die den Weg?"
Geschockt erwiderte ich: „Ja, machen Sie sich keine Sorgen. Die fahren die Strecke jeden Tag. Das ist ihr Job und ihre Insel. Die kennen sich bestens aus."
Innerlich kochte ich vor Wut. Da hatten wir ihn wieder. Den berühmten Hochmut mancher Landsleute. Kaum im Ausland – vor allem in einem Land, das nicht unserem materiellen Standart entspricht – werden die Einheimischen als Hinterwäldler angesehen. Nur wir sind mal wieder so schlau, uns in ein Auto zu setzten und den Weg zu finden. Als ob Deutsche intelligentere Wesen wären.

Kurz danach, blitzte in ihm eine erneute hochbrillante Frage auf. Er bäumte sich aus seinem Sitz auf, lehnte sich hinüber zum Fahrer und sagte:
„Ist das Dein eigener Jeep?"
Der Guide schüttelte fassungslos den Kopf und verneinte mit den Worten:
„Der Jeep gehört der Firma." Darauf fragte der Jüngling:
„Arbeitest Du für die Firma?"

Ich glaubte es nicht, genauso wenig unser Fahrer. Er erwiderte schulternzuckend ein ungläubiges: „Ja, natürlich."
Entlang puderweißen Sandstränden hatten Händler ihre Stände aufgebaut und boten kunterbunte Teppiche, Muscheln, Kleidung und selbstgemachten Schmuck an. Ein herrliches Allerlei. Besonders die bunten Teppiche, die an hohen Stangen hingen, passten zu der fröhlichen Stimmung, die Antigua umgab. Weitläufige Zuckerrohrplantagen bestimmten den größten Teil der Insel. Wir besuchten die Ruine einer Zuckermühle, die gespenstisch auf einer mit hohem Gras bedeckten Anhöhe lag. Man konnte von hier den Horizont des Meeres sehen. Im Wind bewegten sich die Grashalme, wie von sanfter Hand berührt, als mich der besagte Jüngling ein weiteres Mal mit einer Frage konfrontierte. Wohlgemerkt, wir standen vor der alten Ruine einer Zuckermühle. Dies war selbst für ein blindes Huhn sichtbar. Er stellte sich neben mich und fragte mit ernster Miene:
„Ist die noch in Betrieb?"
Irgendwie erinnerte mich das ganze an Kati und ihren Ausflug auf Kreta – ihr erinnert Euch. Da war man in einem kleinen Paradies und wurde ins tiefe Tal der Verzweiflung geschickt.

Gegen Rückenschmerzen, Migräne und sonstige Leiden machte man uns mit einer sogenannten Naturheilerin bekannt, die hinter einem Holzstand auf den großen Umsatz hoffte. Sie war eine ältere Frau, die am Straßenrand ihre selbst hergestellte Medizin verkaufte, auf die sie fast das ewige Leben schwor. Allein ihr Erscheinungsbild ließ an Voodoo-Kult erinnern. Ihren Körper zierte ein langes gemustertes Leinenstoffkleid, auf dem alle Farben dieser Welt Platz gefunden hatten. Und vor der Sonne schützte sie ein gelber Turban. Ihr Sortiment bestand aus allerlei gemixten Kräutern, selbstgemachter Kosmetik, Honig und Likören. All dies stand im Zeichen der Gesundheit und der ewigen Jugend.

Das Fräulein Alexi hatte ebenfalls mit einem ihrer Gäste ein schweres Los gezogen. Von der Last des Tages erholten wir uns auf der Veranda eines knuffigen rosafarbenen Häuschens, mit hellblauen und gelben Fensterläden, auf der wir auf Schaukelstühlen den Sonnenuntergang beobachteten. So fand der Tag doch noch ein versöhnliches Ende.

ꕥ Die Liege ꕥ

**„Nur eine solidarische Welt
kann eine gerechte und friedvolle Welt sein."**
(Richard von Weizsäcker)

Ein eigenes Kapitel oder vielleicht sogar ein ganzes Buch könnte ich dem Thema: „Der Gast und die Liege" widmen. Keine Angst, bis zum Schluss dieses Buches befasse ich mich nun nicht ausschließlich mit diesem Thema, oder nennen wir es – Problem! Aber einige Worte muss ich darüber verlieren. Würde ich es nicht tun, wäre es, als hätte ich eine rosa Brille getragen und vor einem immer währenden Reibungspunkt die Augen verschlossen. Der Ursprung allen Übels besteht darin, dass es auf dem Schiff mehr Menschen gibt als Liegen, oder weniger Liegen als Gäste. Der Passagier versteht unter einem Urlaub auf See Erholung pur, die ihren Höhepunkt darin findet, unter der brennenden Sonne auf dem Pooldeck Zeit und Raum zu vergessen. 98% der Schiffsreisenden möchten diesem Verlangen nachkommen, wenn auch nur für zwei bis drei Stunden am Tag. Wie schön wäre es, würden sie die Liegen nur für die Zeit in Anspruch nehmen, in der sie diese auch nutzen. Es wäre eine harmonische Welt, komprimiert auf unserem kleinen Schiff. Wir wären allen Ländern und allen Völkern ein Beispiel. Es wäre ein Kommen und ein Gehen. Dem Staffellauf gleich könnte ein Passagier dem anderen das Handtuch in die Hand geben und die Liege, wenn er sie verlässt, mit weit geöffneten Armen und Herzen seinem Nächsten überreichen. So könnte es sein, aber – was soll ich sagen – dies ist alles Utopie und Träumerei. Denn die Realität sieht erschreckend anders aus.

Es ist still an Bord, der Morgen liegt in einem sanften Schlummerschlaf über dem Meer. Die Zeiger der Uhr stehen auf 4:44 Uhr. Nichts scheint die Idylle zu trügen, bis der Zeiger auf 4:45 Uhr springt. Plötzlich klingeln in einigen Kabinen die Wecker zum großen Sturmangriff. Kurz darauf erscheinen in Morgenmantel gehüllte Gestalten in den Gängen der Treppenhäuser, die keuchend in Richtung Pooldeck eilen. In ihren Armen halten sie die Waffe, mit der sie die Mitreisenden – die noch sanftmütig in ihren Betten liegen – besiegen werden: ein Handtuch, groß, breit und bunt – für jeden sichtbar.

Mit einem hinterhältigen Grinsen werfen sie dieses auf eine Liege, um ihr Revier abzustecken. Für alle ist nun erkennbar: Vorsicht, sich auf diese Liege zu legen ist verboten! Wehe dir Unbefugter, wenn du dich ihr auch nur näherst! Dieser Sonnenplatz gehört mir – ausschließlich mir – den ganzen Tag, selbst wenn ich nur fünf Minuten auf ihm liege!

Natürlich kann niemand den ganzen Tag in der Sonne braten und so findet das morgendliche Treiben seine Fortsetzung, indem sich die Gäste auf die gleiche Weise eine zweite Liege reservieren – im Schatten. Nach getaner Arbeit, huschen sie still und leise in ihre Kabinen. Dort schlafen sie selbstzufrieden ein – bis weit hinein in den Morgen.
Besonders tragisch ist es dann, wenn man um jene unchristliche Zeit kleine Gestalten durchs Schiff huschen sieht. Dies ist der Fall, wenn unbarmherzige Eltern ihre Kinder zum Liegenreservieren aus den Betten werfen. Kinderarbeit auf dem Traumschiff – Unglaublich, aber wahr!

Im Laufe des Tages merken die Gäste, die geschlafen hatten, wie der Hase läuft, und dass sie skrupellos ausgetrickst worden sind. Innerlich brodeln sie vor Wut, bis sie den Entschluss fassen, zum Gegenangriff anzusetzen. Ich erinnere mich an zwei Passagiere, die ihre Liegen allein gelassen hatten. Trotz Handtuchalarm, waren zwei andere Gäste so dreist und legten sich auf die Sonnenbetten. Ein Wagnis! Eine Revolte ohne Gleichen! Ein Aufbäumen! Ein Versuch, die Ehre der „Sanftmütigen der Nacht“ zu retten! Es kam, wie es kommen musste.

Die Reservierer kehrten nach langer Zeit zu ihrem 0,70 x 2,00 Meter Imperium zurück. Mit unfassbarer Miene erkannten sie rasch die Situation und beharrten hartnäckig auf ihren in den frühen Morgenstunden errungenen Pokal. Die beiden anderen hatten sich aber inzwischen auf der Liege eingelebt und unternahmen keinerlei Anstalten das Feld zu räumen. Das war zu viel des Guten für die Frühaufsteher des Tages. In ihrem unbändigen Zorn setzten sie sich auf die Fußenden der Liegen. Ein wildes Geschrei um Recht und Ordnung begann. Keine der Parteien gab nach. Und so saßen sie zwei Stunden zu viert auf den beiden Liegen und motzten sich gegenseitig an.

Eine weitere Anekdote wusste meine Chefin zu erzählen. Sie befand sich auf dem Weg zum „Goldenen Hirschen", als ein Pärchen mittleren Alters aus dem Aufzug stieg. Dies ist nichts Besonderes, wäre da nicht die Tatsache gewesen, dass sie getreu den Worten Jesu: „Nimm dein Bett und geh", ihre Liegen unter ihren Armen trugen. Ein wenig perplex fragte meine Chefin, wohin sie denn wollten, und bekam zur Antwort:
„Wir gehen zum Mittagessen. Solange wollen wir die Liegen in unsere Kabine stellen, damit sich niemand auf diese legt."
Freundlich wurden die beiden gebeten, die Liegen unverzüglich dorthin zu bringen, wohin sie gehören – auf das Pooldeck!
Von Schiffsseite aus werden immer wieder Anstrengungen unternommen, dieses Problem zu lösen – bisher vergebens. Politiker eines Kriegsgebietes können noch so großartige Friedenspläne schmieden, sie sind nutzlos, wenn die Menschen nicht zum Miteinander bereit sind. Und so lange auf den Schiffen dieser Welt heimtückische Liegenreservierer ihr Unwesen treiben, ist es noch ein weiter Weg für das Liegenrecht für alle.

St. Kitts

„Alle wahren Muster des Geschmacks sind in der Natur."
(Jean-Jacques Rousseau)

Ein neuer Tag, ein neues karibisches Paradies. Und wenn ihr denkt, ich hätte wieder wie am Vortag einen niemals an Fragen ermüdenden Gast in meiner Runde gehabt – weit gefehlt. Es war ein nahezu perfekter Tag, der gar nicht mal die großen oder kleinen Anekdoten der Passagiere bot. Und dennoch möchte ich euch gerne von ihm erzählen, weil er mir als besonders schön in Erinnerung geblieben ist.

Wir waren auf St. Kitts. Die Insel liegt nordöstlich von Montserrat. Da sie bisher vom Massentourismus verschont blieb, erhielt sie den Titel: „Das Geheimnis der Karibik". Von den Carib-Indianern wurde die Insel Liamuiga genannt, in deren Sprache bedeutete es soviel wie "fruchtbares Land". St. Kitts ist die Abkürzung für St. Christopher. Im 17. Jahrhundert kürzte ein jeder den Namen Christopher mit Kit ab. St. Kitts wurde von Christopher

Columbus, auf seiner zweiten Reise im Jahr 1493, entdeckt. Er gab ihr den Namen St. Christopher, da dieser bereits damals der Schutzheilige der Reisenden war. Zu dieser Zeit waren die Carib-Indianer die einzigen Inselbewohner gewesen. Im Jahre 1623 kolonisierten die Engländer die Insel. St. Kitts war das erste Eiland, das von den Engländern kolonisiert wurde und erhielt so den Beinamen „Mutterkolonie". In den folgenden fast einhundert Jahren lagen die Engländer in einem ewigen Zwist mit den Franzosen, die ebenso an der Insel interessiert waren und im Norden und im Süden eigene Siedlungen errichteten. Nur einmal, im Jahre 1626, taten sich die beiden Erzfeinde zusammen, um die Carib-Indianer niederzumetzeln. Sobald sie dies getan hatten, lieferten sie sich wiederum blutige Schlachten. Das Jahr 1700 ist ebenfalls ein trauriges Datum der Inselgeschichte. In dieser Zeit kamen die ersten Sklaven, um in den Zuckerrohrplantagen zu arbeiten. Im Jahre 1782 gelang es den Franzosen zum ersten Mal die Insel für sich einzunehmen. Jedoch währte ihr Glück nicht lange, denn nur ein Jahr später wurde im Vertrag von Versailles St. Kitts wiederum den Briten zugesprochen. Aus dem „französischen Jahr" sind bis heute viele Straßen- und Ortsnamen erhalten geblieben. 1993 wurde St. Kitts unabhängig und gehört heute zum Commonwealth.

Mir stand ein gemütlicher Ausflug an. Ich sollte nichts weiter tun, als mit einer nostalgischen Bummelbahn einen Teil der Insel abzufahren. Während der Atlantiküberfahrt hatten wir Scouts genügend Zeit gehabt, uns seelisch und mental darauf einzustellen, dass die guten Zeiten, in denen wir nichts anderes taten als hinter einer Ausflugsgruppe herzugehen, vorbei waren. Hatten wir in Europa noch deutschsprachige Reiseleiter gehabt, standen uns auf der anderen Seite des Atlantiks größtenteils nur englischsprachige Guides zur Verfügung.

Durch diesen Umstand wurde das Berufsbild des Scouts plötzlich in ein ganz anderes Licht gerückt. Denn fortan war es unsere Aufgabe, die Informationen vom Englischen ins Deutsche zu übersetzen. Plötzlich waren wir Wer. Was für ein Wandel! Nun durften die Gäste wahrlich nicht mehr in die Fragebögen, die sie am Ende der Reise ausfüllen sollten, derartig gemeine Sachen über uns schreiben, wie sie es oft taten. Ein Beispiel gefällig?

Bitte schön: „die Scouts latschen nur hinterher" - „wir verstehen nicht den Sinn der Scouts" - oder aber, was den Gipfel der Unverschämtheit sprengte: „ die Scouts schlafen immer in den Bussen". Eine Frechheit! Als würden solche Aussprüche die sensiblen Seelen meiner Gattung nicht verletzen. Ohne Pardon stürzten die Passagiere uns in ein tiefes Tal der Tränen. Aber damit war nun Schluss. Ein für alle Mal. Wer der englischen Sprache nicht mächtig war, war ab sofort ohne uns verloren. Niemals würde er etwas über Land und Leute erfahren, sondern nur die Stimme der Reiseleiter vernehmen, die in einer ihm unzugänglichen Sprache ihr Wissen preisgaben. Für heute blieb mir jedoch eine Schonfrist meiner Übersetzertätigkeit. Denn uns begleitete eine deutschsprechende Führerin, deren Stimme über die in jedem Bahnabteil vorhandenen Lautsprecher klar und deutlich zu vernehmen war. Darüber nicht besonders verärgert, freute ich mich auf die Insel, als sich der Zug langsam in Bewegung setze. Er wurde von einer alten Dampflok gezogen, die ächzend stöhnte, als sie den ersten Berghang hinauf schnaufte.

Wir fuhren an herrlichen, abwechslungsreichen Landschaften voller Schönheit vorbei. Die gesamte Fahrt erwies sich als Fest der Sinne. Begleitet wurden wir von einem Gospelchor, der in seinen Liedern die Großartigkeit der Schöpfung besang. Die Bahn dampfte an endlosen Zuckerrohrfeldern entlang und über schmale Brücken, unter denen quirlige Bächlein munter flossen. Von großen Wiesen blökten uns Schafe an und Kühe grasten neben ihnen, ohne sich dabei an uns zu stören. Die Fahrt führte entlang weißer Sandstrände und dem Meer, das doch so unmittelbar mit einem karibischen Traum verbunden ist. Ständig wehte ein warmer sanfter Wind über die Insel. Aus Schulen kamen kleine Kinder herausgelaufen, genau wissend wann wir vorbeikommen, und winkten uns zu. Sie sahen in ihrer Schuluniform einfach herrlich aus. Die Insel war grün, mit Palmen, Wiesen, Fruchtbäumen, Kakteen, Sträuchern und Zuckerrohr. Unsere Lok kämpfte sich die Berge hinauf und erholte sich von schwerer Arbeit beim Herabfahren und Durchwinden grüner Täler.

Auf unserem Weg passierten wir Dörfer mit bunten Holzhütten und Wellblechdächern, sowie einsame Kirchlein, an die sich kleine Friedhöfe reihten. Hier und da fuhren wir neben asphaltierten Straßen her, auf denen alte Lieferwagen mit aufgetürmten Bananenstauden unterwegs waren. Und immer wieder, wenn sich die hohen Berge nicht anmaßten sich vor uns aufzutürmen, und uns freie Blicke zum Horizont gewährten, begrüßte uns das Meer ein weiteres Mal. Leider waren wir nur einen halben Tag auf St. Kitts. Aber dennoch reichte die Zeit aus, um von dem Zauber der Insel gefangen zu sein.

Ich hatte in diesen Tagen hohen Besuch. Meine Mutter und Benedikta – die Friseurin unseres Nachbarortes – waren zugegen. Es war wunderbar, nach so langer Zeit entfernt von zu Hause vertraute Gesichter um sich zu haben. Dies war immer wieder ein Motivationsschub für jeden von uns. Es war einfach schön, wenn Bekannte, Freunde und Familienmitglieder mit strahlenden Augen durch unser Schiff gingen und uns ins Gedächtnis zurückriefen, was für einen wunderbaren Arbeitsplatz wir hatten.

In ihrer Faszination ließ uns die Karibik nicht los. In der Nacht standen alle Sterne am Himmel, und klar und sichtbar funkelten sie vom Firmament. Wir feierten eine karibische Nacht mit Limbo, Salsa und sonstigen temperamentvollen Rhythmen auf dem Pooldeck.

Die Temperaturen kühlten nicht ab und der Mond küsste den heißen Wind, der uns um die Ohren wehte. Die Passagiere waren glücklich, den kalten Novembertagen Deutschlands entflohen zu sein. Sie erfreuten sich an der Wärme und an den Zielen reich an Sonne, Strand und Palmen.

Der Deutsche Führer

Man sollte es nicht für möglich halten, aber noch immer wird nach einem solchen plädiert. Nicht etwa von wildgewordenen, außer Rand und Band geratenen Demonstranten, die laut schreiend durch deutsche Städte ziehen. Nein – „Wir wollen einen deutschen Führer", war einer der am häufigsten ausgesprochenen Sätze unserer NABUCCO-Gäste. Und zwar immer wieder dann, wenn wir Europa verlassen hatten, und uns in weit entfernten Ländern befanden. Denn, wie schon erwähnt, mit Europa verließen uns gleichzeitig die deutschsprachigen Reiseleiter.

Die in Europa als selbstverständlich angesehenen und in der Ferne so schrecklich vermissten Personen. Plötzlich mussten deutsche Passagiere mit englischsprechenden Reiseleitern vorlieb nehmen. Wie unverschämt war es doch von uns, ihnen dies zuzumuten. Egal ob in der Karibik, in Asien oder in Mittelamerika – sobald wir ihnen im Verkaufsgespräch offenbarten, dass der Guide englischsprachig ist, stießen wir auf Unverständnis. Richtig niedergebrüllt wurden wir zum Teil, und die bereits gebuchten Ausflugstickets wurden uns um die Ohren geworfen. Wer mit einem deutschen Schiff unterwegs ist, kann schließlich erwarten, dass in jedem Land deutsch gesprochen wird. Vom Busfahrer bis zur Reiseleitung, von Panama bis Bombay. Da dem nicht so ist, wurden wir Scouts als Übersetzer eingeteilt, um die Lage zu beruhigen. Aber wenn ihr nun denkt, die Passagiere wären uns dafür dankbar gewesen, muss ich euch enttäuschen. Selbst nach achtstündiger Übersetzertätigkeit gingen sie wortlos an uns vorbei und sahen unsere Arbeit als selbstverständlich an. Wir versuchten ihnen plausibel zu machen, dass unser Schiff zwar deutsch sei, die fremden Länder und ihre Einwohner dies jedoch nicht sind, und dass man daher nicht von ihnen verlangen könne, dass sie alle unserer Sprache mächtig sind. Zudem sagten wir ihnen, dass Deutsch weltweit gesehen, eine ziemlich unwichtige Sprache sei. Jeder Erklärungsversuch stieß jedoch auf Unverständnis und so vernahmen wir immer wieder den Ruf nach einem deutschen Führer. Aber, und ich glaube da sind wir uns alle einig, diese Zeiten sind Gott sei Dank vorbei!

ꕥ *St. Lucia* ꕥ

„Sie ist wiedergefunden." - „Was?"
„Die Ewigkeit. Es ist das Meer verbunden mit der Sonne in eins."
(Arthur Rimbaud)

Wir legten an einer weiteren Trauminsel an – meines Erachtens war sie eine der schönsten Inseln, die ich in der Karibik sehen durfte: St. Lucia! Mit einem Katamaran unternahm ich eine Fahrt über das karibische Meer. Auch meine Mutter und Benedikta – die Friseurin aus unserem Nachbarort – waren auf diesem Ausflug dabei.

Da wir eine sehr große Gruppe waren, standen uns zwei Boote zur Verfügung. Das eine, auf das ich eingeteilt wurde, war groß und bot viel Platz zum Sonnenbaden. Auf einem großen Netz am Bug konnten wir uns genüsslich ausbreiten und der Sonne frönen. Das andere Boot, auf das meine Kollegin eingeteilt wurde, war dagegen klein und überdacht und bot keinerlei Gelegenheit zum Sonnen. Die Arme – für einige Passagiere war dies ein Grund, den ganzen Tag verärgert zu sein und die Schönheit der Insel nicht zu sehen. Nun ja, mir ging es gut mit meinen Gästen. Von Anfang an, schenkte die Crew uns reichlich Rumpunsch aus. Ich blieb abstinent. Dafür aber fand Benedikta – die Friseurin aus unserem Nachbarort – Gefallen an dem köstlichen karibischen Getränk und die Guides, die sich gut gelaunt um uns kümmerten, fanden Gefallen daran, ihr unentwegt Rumpunsch einzuschenken. Die Sonne knallte dabei erbarmungslos vom Himmel und so blieb es nicht aus, dass Benedikta bald nur noch über Gott und die Welt kicherte.

Wir segelten an der Westküste entlang. Die Insel war im satten Grün gekleidet und majestätische Regenwälder zogen sich die Berghänge hinauf. Exotische Blumen blühten in voller Pracht und in den schönsten Farben. Die Landschaft raubte mir den Atem. Ich sah Orchideen, soweit das Auge reichte. Auf Feldern wuchsen tropische Früchte um die Wette: Ananas, Papaya, Bananen, Kiwi, Mangos, um nur einige zu nennen. Zuckerrohrfelder waren an der Tagesordnung, und aus den Lichtungen der Wälder ragten hohe Vulkanfelsen empor. Weiße traumhafte Strände wurden umspült von der Gischt des Meeres. Wieder einmal war das Meer unendlich türkis und schimmerte im Sonnenlicht. Für einen kurzen Augenblick begleiteten uns Delphine, die munter aus dem Wasser sprangen und zu meiner Freude beitrugen. Ich betrachtete die Schönheit St. Lucias, kümmerte mich um die Gäste und ließ mich von der Sonne verwöhnen. Unser Katamaran steuerte in die bekannte Marigot-Bay, in der unzählige Filme gedreht wurden.

Wäre ich eine Hollywood-Regisseurin, würde ich mir diesen Ort ebenfalls aussuchen. Leicht überkommt einen die Sehnsucht, einfach die Koffer zu packen, um für den Rest des Lebens zu bleiben. Davor sollte gewarnt werden! Es besteht höchste Gefahr, diesem Paradies zu verfallen, das eingerahmt ist von steilen mit Orchideen bewachsenen Bergen. Man hat das Gefühl, die sich emporhebenden Berge würden den Himmel berühren und ihre Füße vom Meer gestreichelt werden. Die gesamte Bucht ist von Palmen gesäumt, die sich sanft im Winde wiegen. Und wie könnte es anders sein, ein exklusiver Jachthafen macht das Bild perfekt.

Unsere Bordfotografin Rehlein war mit auf unserem Ausflug. Wir beide spotteten – zumindest ein bisschen – über eine Mutter und ihre Tochter, die uns schon von mehreren NABUCCO-Reisen bekannt waren. Echte Stammgäste! Die Tochter fühlte sich inzwischen als Crewmitglied, indem sie sich um die Belange der Gäste kümmerte und abends unerlaubter Weise in unserer Crewbar auftauchte, mit den Worten:
„Na, machen wir jetzt noch Party?“ Ihre Mutter machte auf ewig jung. Sie trug eine fetzige Kurzhaarfrisur und coole Girly-Klamotten und hatte immer einen kessen Spruch auf den Lippen. So als wäre sie gerade einem Wrigleys-Spearmint Werbespott entsprungen. Wir spotteten nicht all zu sehr, da die beiden eigentlich ganz nett und irgendwie liebenswert waren. Mehr als eine Stunde saß die Tochter an der Spitze des Katamarans, vor Rehlein und mir, und hielt ihr Gesicht gen Sonne. Für einen sekundenkurzen Augenblick wurden wir beide abgelenkt, und wandten unsere Aufmerksamkeit einem Passagier am hinteren Teil des Katamarans zu. Als wir uns wieder umdrehten, war irgendetwas anders als zuvor. Wir hatten freie Sicht nach vorne, die nicht mehr eingeschränkt war von der Gestalt der Tochter. Rehlein und ich schauten uns mit entsetzten Augen an und für einen Moment stockte uns der Atem. War sie ins Wasser gefallen? Welche Horrorvorstellung! Denn unser Katamaran fuhr weiter. Ich stieß ein Stoßgebet zum Himmel und wurde sofort erhört. Meine Mutter klärte uns auf, dass sie just in den wenigen Sekunden, in denen wir uns umgedreht hatten, zu einem neuen Sonnenplatz gegangen war. Benedikta – die Friseurin aus unserem Nachbarort – ließ sich weiter den Rumpunsch schmecken und kicherte immerzu.

St. Lucia gehört wie St. Vincent und Grenada zu den Windward-Inseln. Ihren wohlklingenden Namen hat die Insel von – wem auch sonst – Christoph Columbus, der sie am 13. Dezember 1502 entdeckte. Es war der Tag der heiligen Lucia. Columbus nahm sich allerdings nicht die Zeit Fuß auf die

Insel zu setzen. Der Gute, wenn er wüsste, was er versäumt hatte. St. Lucia wechselte in der Vergangenheit insgesamt vierzehn Mal den Besitzer. Es war ein ständiges Hin und Her zwischen den Briten und den Franzosen. Jedem Besitzwechsel ging großes Blutvergießen vorher. Am Ende hieß der Sieger, der die französische Flotte aus den karibischen Gewässern vertrieb, England. In den Jahren 1958 - 1962 gehörte St. Lucia der Westindischen Förderation an, die aber nicht lange Bestand hatte. Seit 1979 ist die Insel unabhängig und gehört ebenfalls dem Commonwealth an.

Unsere Traumfahrt ging weiter der Westküste entlang, als plötzlich Unruhe aufkam. Vor uns lagen die Zwillingsberge – die Pitons – die Wahrzeichen der Insel. Da einer größer ist als der andere, erhielten sie die Namen Petit Piton und Gros Piton. Wie zwei Riesen, die aus dem Meeresgrund heraus gewachsen sind, erheben sie sich senkrecht zum Himmel. In Wahrheit handelt es sich um zwei Vulkanberge, die aus erkalteter Lava bestehen. Auch die Pitons sind bewuchert von üppigem Regenwald, und sie sprechen für die einzigartige Schönheit und die Unverfälschtheit St. Lucias. Ihr Anblick ist für viele einer der attraktivsten der Karibik.

Alle zückten ihre Kameras, um die beliebten Erinnerungsfotos zu schießen. Meine Mutter, Benedikta, die nun auch fotografierte und keinen Rumpunsch mehr trank, Rehlein und meine Wenigkeit waren völlig begeistert. Voller Anmut lagen die Pitons vor uns, mächtig und schon so vielen Zeiten getrotzt, zeigten sie uns, wie klein wir doch selber sind.

Der Katamaran hatte sein Ziel erreicht: Soufriere, die ehemalige Inselhauptstadt. An ihrer tief eingeschnittenen Bucht säumten Fischerhütten den Strand. In unseren Augen und für unser Verständnis waren es armselige Behausungen. Aber man sollte sich die Menschen anschauen, bevor solche Gedanken gedeihen. Hier lebten die Familien in Hütten, die nach unseren Ansprüchen nicht mal als Gartenhaus genügen würden. Jedoch hat mich diese Armut nicht bedrückt, da mir lebensfrohe und lustige Menschen begegneten, die mich mit strahlenden Augen ansahen. Wir Deutschen können noch so wohlhabend leben, viel zu oft vermisse ich in unserem Land die Wärme, die Herzlichkeit, die Freude und die Menschlichkeit. Diese genannten Attribute waren auf St. Lucia tausendfach zu spüren. Die Hütten waren rot, weiß, gelb, blau, grün, türkis oder rosa gestrichen. Sie waren aus Holz erbaut, und ihr Dach bestand aus Wellblech. Manchmal gehörte eine kleine Veranda dazu. Viele Bewohner waren im Besitz eines eigenen Gartens, in dem sie die Lebensmittel zum täglichen Leben anpflanzten: Bananen, Annanas, Orangen und Gemüse aller Art. Hunger musste, Gott sei Dank, niemand leiden. Es gab im Ort auch sehr schöne Häuser, die den Wohlstand einiger weniger Einwohner widerspiegelten.

Am Strand hatten Fischer aus Bambusstöcken provisorische Zeltgerüste gebaut, die von oben und von den Seiten offen waren. An diese hatten sie Fischernetze zum Trocknen gehängt. Menschen in bunten Kleidern saßen vor ihren Häusern und scherzten miteinander, während kleine Kinder am Strand Fangen spielten. Es war wunderbar, durch Soufriere zu bummeln. Die Pitons thronten im Hintergrund und überragten den Ort.

Die Vulkane der Insel befinden sich nur in einem tiefen Schlaf. So auch der Soufriere-Vulkan, der, da man in ihn hinein fahren kann, einzigartig in der Welt ist. Wir spazierten im Krater und um uns herum spie die Erde Gase, sprudelten Schwefelquellen und blubberten Schlammpfützen.

Während unserer Rückfahrt genossen wir noch einmal die Blicke auf die Küste und ließen die Sonne auf uns scheinen. Eifrig goss die Katamaran-Crew weiteren Rumpunsch aus. Nicht nur, dass Benedikta – ihr erinnert euch, die Friseurin unseres Nachbarortes – kräftig becherte, nun fing auch noch Mama Weber an. Ein Skandal!

Wir waren alle enttäuscht, als wir unsere NABUCCO wiedersahen. Gerne wären wir noch ein wenig länger um dieses wunderbare Eiland gefahren.
Am Abend hatte ich Lust ins Theater zu gehen. Vorhang auf und Spotlight an – ein Querschnitt verschiedener Musicals wurde geboten. Unser Showensemble war in Bestform und alle waren begeistert. Außer meiner Mutter und Benedikta – sie waren einfach zu hinüber und schliefen in der ersten Reihe ein. Ein erneuter Skandal.

℘ Ihr sollt nicht töten ☙

Fünftes Gebot
(Die zehn Gebote)

Ein großartiger Tag, mit viel Sonne und tollen Aktivitäten auf dem Schiff, schloss sich dem in St. Lucia an. Von diesem hatten die Gäste zwar mehr als ich, aber dennoch blieb auch für mich Zeit, für einige Stunden an Deck zu gehen. Ansonsten war der Seetag geprägt von Meetings, Schalterdienst und Ausflugspräsentationen – das Übliche.

Bereits seit Tagen hatte Benedikta – die Friseurin unseres Nachbarortes – bemerkt, dass sie von einem Ehepaar unter ständiger Beobachtung stand. Egal wohin sie ging – sie wurde mit bösen Blicken verfolgt. Heute war, wie gesagt, Seetag. Für Benedikta die Gelegenheit ihre Zeit nicht nur unnütz auf dem Sonnendeck oder an der Bar zu verbringen, sondern ihren Hausfrauentätigkeiten nachzukommen. So ging sie, bepackt mit all ihrer Wäsche, zum passagiereigenen Waschsalon. Eine Unmenge an Waschmaschinen, Trocknern und Bügeleisen war in diesem zu finden.

Benedikta konzentrierte sich gerade höchsten Maßes die Menge des Weichspülers abzumessen, als sie von einer Frau angesprochen wurde. Unsere Friseurin traute ihren Ohren nicht.
„Entschuldigung“, hörte sie die Dame sagen, „sind Sie die Ex-Frau meines Mannes?“

Was war denn das nun? Eine neue Art von Smalltalk? Ein Weg um Freunde zu gewinnen? Reicht dann nicht ein „Hallo“, oder ein belangloser Austausch über das Wetter? Müssen denn gleich derartige Geschütze ausgefahren werden? Benedikta schluckte, trat einen Schritt zurück und entgegnete kurzangebunden:
„Nein.“
Natürlich wäre sie nicht unsere Friseurin, wenn sie nicht neugierig geworden wäre und daher fügte sie hinzu:
„Darf ich fragen, wie Sie darauf kommen?“

Die Dame räusperte sich. Sie wirkte verlegen und ihr Blick ging zum Boden. Dann gab sie sich einen Ruck und antwortete:
„Wissen Sie, mein Mann und ich beobachten Sie schon die gesamten letzten Tage. Mein Mann war zehn Jahre verheiratet und seine Ex verfolgt ihn seit der Scheidung auf Schritt und Tritt. Immer wieder gelingt es ihr, ihn ausfindig zu machen und Sie haben so unglaubliche Ähnlichkeit mit ihr, dass wir beide – das heißt auch mein Mann – die ganze Zeit dachten, Sie wären es." Benedikta schluckte erneut. Auch ihr Mann hatte sie für seine Ex gehalten? Nach zehn Jahren Ehe sollte man doch seine Frau von einer anderen unterscheiden können, dachte sie. Selbst wenn die Ähnlichkeit frappierend war, aber eine Verwechslung nach mehrtägiger Beobachtung? Kaum vorstellbar! Die Dame versank mehr und mehr in Scham. Dennoch fügte sie hinzu:
„Wir waren wirklich schon völlig außer uns. Seine Ex ist dabei, uns in den Wahnsinn zu treiben. Wären Sie es gewesen, ich weiß nicht, was geschehen wäre. Wir hatten schon den Plan, Sie bei Nacht über Bord zu werfen."
Nun wurde es Benedikta schwindelig und nicht nur die Waschtrommeln drehten sich in alle Richtungen, sondern auch ihr Magen. Sie war zumindest dankbar, dass man ihr die Chance gegeben hatte, ihre Identität klar zu stellen. Dinge gibt's!

Beim Abendessen kamen der Ehemann und seine Gemahlin auf Benedikta zu und entschuldigten sich reumütig, denn der Vorfall war ihnen zutiefst peinlich. In dieser Nacht fiel niemand über Bord. Die See schaukelte unser Schiff ein wenig hin und her. Ich lag in meiner Koje, ließ mich in den Schlaf wiegen und schlief schon bald wie ein Baby ein. Ob Benedikta oder das Ehepaar ruhig schliefen, entzieht sich meiner Kenntnis. Benedikta zumindest hätte es tun sollen, glücklich darüber, in einer warmen Kabine anstelle auf dem Grund des Ozeans zu liegen. Das Ehepaar hätte meinetwegen, Rosenkranz um Rosenkranz zur Vergebung seiner mörderischen Gelüste betend, kein Auge zu zu tun brauchen.

℘ Jamaika ℘

**„Wollte, Gott hätte mich zum Gärtner
oder zum Laboranten gemacht,
ich könnte glücklich sein."**
(Johann Wolfgang von Goethe)

In Ocho Rios setzten wir Fuß auf Jamaika. Für Alexi und mich stand eine Exkursion an, die in der Ausflugsbroschüre wie folgt betitelt wurde: „Spaziergang auf einer Plantage – jamaikanischer Gartenbau". Es hatten sich tatsächlich Gäste gefunden, die daran Interesse hatten und wir beide waren die Opferlämmer, die die Passagiere begleiten mussten. Einige kamen mit Schreibblöcken ausgerüstet zum Treffpunkt, um Notizen für den eigenen Gartenbau daheim zu machen. Welch niedliche Idee – wir waren umgeben von Pflanzenanbetern, die das Aufgehen einer jeden Knospe verklärten Blickes und mit einem innerlichen Lächeln vernahmen. Manche Gäste hatten sogar Lupen dabei, um jeden Grashalm von allen Seiten, tausendfach vergrößert, zu betrachten.

Hochmotiviert gingen Alexi und ich mit ihnen zur Pier Richtung Busparkplatz. Auf diesem standen die Jamaikaner und begrüßten uns mit einem überschwänglichem: „Ya-Man." Unsere Chefin dagegen kam mit sorgenvoller Miene zu uns und teilte uns mit, dass unser Bus und unser Reiseleiter nicht da seien und wir ein wenig warten müssten. Wir stellten die Gartenfreunde in ein schattiges Plätzchen und sagten ihnen: „Willkommen auf Jamaika, egal was passiert, das Motto heißt: „No Problem."
Das wirkte, und keiner regte sich der Umstände wegen auf. Im Wechsel kamen Jamaikaner und meine Chefin zu uns und vertrösteten uns auf immer weitere fünf Minuten. Irgendwann hatten sie Gewissheit. Unser Guide war nirgends ausfindig zu machen, und auch der Bus samt Fahrer blieben verschollen. Der Ausflug musste ausfallen.

Alexi und ich erwarteten ein Donnerwetter der Passagiere, aber das blieb verblüffender Weise aus. Sie hatten es schnell verstanden: wir waren auf Jamaika – „No Problem, Man".

Wir gingen wieder zurück auf unser Schiff. Wir beide waren, ich gestehe, nicht besonders traurig, nun doch nicht in die Geheimnisse eines jeden Blütenstengels eingeweiht worden zu sein. Von der Insel hatten wir auch nichts versäumt, denn auf Jamaika sollten wir ab nun jede Woche sein. Zum Beispiel schon wieder am folgenden Tag, denn da erreichten wir unseren Basishafen Montego Bay. Wieder hieß es vielen Passagieren Lebewohl zu sagen und Neue willkommen zu heißen. Einige liebgewonnene Crewmitglieder gingen in ihren wohlverdienten Landurlaub und Neue kamen postwendend an Bord. Ein ewiger Wechsel!

Montego Bay

„One love, one heart.
Let's get together and feel alright.
One love, hear my plea, one heart.
Give thanks and praise to the Lord, and I will feel alright."
(Bob Marley)

Montego Bay begrüßte uns im gleißenden Sonnenlicht. Mein Dienst begann bereits vor dem ersten Hahnenschrei. So früh, dass weder Crewmesse noch Restaurant zum Frühstück geöffnet hatten. Fürchterlich! So schleppte ich mich mit knurrendem Magen und ohne den alle Lebensgeister erweckenden Kaffee ins Büro. Wie auf einem Schiff üblich, war auch unser Büro nur wenige Quadratmeter groß. Dies war kein Problem, wenn ich ganz allein dort war. Wenn sich aber zehn weitere Kollegen im Office tummelten, war es der blanke Horror. So genoss ich an diesem Morgen trotz jeglicher Entbehrungen zumindest die Ruhe, die mich umgab. Einige Stunden lang ordnete ich Ausflugsberichte, Dienstpläne oder machte die Durchsagen für die abreisenden Gäste. Ich wies sie darauf hin, dass ihre Stunde gekommen war und sie im Hafengebäude für ihren Rückflug einchecken konnten. Einmal kurz konzentriert, lehnte ich mich über das Mikro an der Rezeption, drückte einige Knöpfe und wie von Zauberhand erklang der wohlklingende Gong. Und zugleich schallte meine Stimme durch das gesamte Schiff. Zum Glück erwies sich das frühe Aufstehen als Segen. Während meine Kollegen langsam den Dienst antraten, hatte ich bereits Feierabend und die Gelegenheit zum Strand zu fahren. Hier verbrachte ich den gesamten Nachmittag. Der Strand war strahlend weiß und von Palmen gesäumt. Ich liebte ihn. Aus Lautsprechern und Transistorradios erklang Bob Marley, der Held eines jeden Jamaikaners. Herrlich so ein Tag – an einem gewöhnlichen Samstagmittag in den späten Novembertagen.

༄ *Tortola* ༄

„Ich grüß' meine Insel im Sonnenlicht,
das sich silbern und hell im Morgen bricht."
(Caterina Valente)

„Gimme gimme, gimme just a little smile,
we got a message for you.
Join the sunshine, sunshine reggae,
let the good vibes get a lot stronger."
(Laid Back)

Ich mochte die Karibik, auch wenn ich nicht monatelang von Insel zu Insel hätte fahren wollen. Für eine gewisse Zeit jedoch war sie ein Traum. Unser heutiges Ziel war das Eiland Tortola, welches zu der Inselgruppe der English Virgin Islands gehört. Kurz vor Anlegen passierten wir seine Nachbarinseln mit solch klanghaften Namen wie Martinique oder St. Baths.

Gemeinsam mit Thorsten, einem unserer Kellner, stand ich auf Deck und wir versuchten mit Hilfe einer Landkarte die einzelnen Inseln zu eruieren Wir waren völlig aufgeregt vor Freude darüber, mal wieder irgendwo auf dieser Welt zu sein, wo wir noch nie vorher gewesen waren. Ein schönes Gefühl.

Eine ganz neue Aufgabe wartete in Tortola auf mich. Es gab dort keine Reiseleiter, nicht einmal englischsprechende. Und so war ich plötzlich für meine Gruppe der Erklärbär, der alles über Geschichte, Kultur und Lebensgewohnheiten der Einheimischen wissen sollte. Am Vorabend hatte ich die bordseigenen Reisehandbücher gewälzt und war zu meiner eigenen Freude von Minute zu Minute schlauer geworden.

Mit all meinem erlernten Wissen hatte ich nun meinen großen Auftritt – und einen riesigen Spaß. Wir fuhren mit kleinen, offenen Bussen über die Insel, die ebenfalls einem Botanischen Garten gleich kam. Ich saß neben dem Fahrer mit einem Mikrofon in der Hand und redete und redete. Als ich alles Wissen preisgegeben hatte, sagte ich Tschüss, sprang in den Bus hinter mit und begann mit meinen Erzählungen aufs Neue. Was sofort auffiel, waren die vielen hübschen Villen, die an Berghängen gelegen waren. Ihre Eigentümer waren wohlhabende Menschen, die sich dies schöne Fleckchen Erde zu ihrem Zuhause gemacht hatten. Hier lebten Schauspieler, Aussteiger, Schriftsteller und sonstige Typen. Meist waren es Engländer und Amerikaner. Ich konnte sie gut verstehen. Denn Tortola war schon beim ersten Kennenlernen wahrhaft eine Insel, auf der ich mir vorstellen konnte, dem kalten Winter zu Hause zu entfliehen.

An Regenwaldberge schmiegten sich zuckerweiße Strände und halbmondförmige Buchten gesäumt mit üppigen Palmenhainen. Im Wasser tummelten sich Jachten mit stolzen weißen Segeln. Vom höchsten Aussichtspunkt aus hatte ich einen Blick auf all diese unsagbaren Schönheiten, sowie auf die benachbarten Inseln. Ich schloss die Augen und konzentrierte mich auf den Geruch exotischer Düfte. Ein bisschen Zimt, ein bisschen Muskat, ein bisschen Pfeffer und ein wenig Nelken, gemischt mit Orangen-, Zitronen- und Papayadüften. Das Holz der Wälder roch dazu süßlich und frisch und das Meer salzig in seiner gewohnten Weise. Ein wunderbarer Cocktail! Das schönste war mal wieder die Sonne, die in all ihrer Kraft und Stärke schien und die wir doch alle so unsagbar lieben.

Natürlich waren auch einige weitere Kreuzfahrtschiffe in den Gewässern unterwegs, die von einer Karibikinsel zur nächsten entsegelten und sich genau wie wir immer dort aufhielten, wo die Welt gerade am schönsten ist. Als Ausklang dieses herrlichen Ausfluges verweilten wir zwei Stunden am Strand. Ich sprang ins kühle Nass und tauchte in die Wellen ein. In diesem Moment fehlte nur noch Freddy Quinn mit seinem schmachtenden „La Paloma" am weißen Strand. Ich schwamm meine Bahnen, ließ mich ein wenig bräunen, relaxte in der Sonne, und wie im Fluge ging ein anstrengender Arbeitstag zu Ende.

Am Abend hatte ich keinen Schalterdienst. Aber wenn ihr jetzt denkt, ich hätte mich genüsslich ausgeruht, liegt ihr völlig falsch. Nun war es an der Zeit, alten Tugenden zu frönen und sich sportlich zu betätigen. Dafür hatte ich auf dem Schiff die besten Voraussetzungen. Ein großes Fitnessdeck stand für uns und die Passagiere zur Verfügung. Jawohl – richtig gelesen – auch wir, das Fußvolk, durften die Geräte, Laufbänder, Fahrräder, Rudermaschinen nutzen. Wie dumm wäre ich gewesen, daraus kein Kapital zu schlagen.

Etwas müde ging ich, nachdem ich mir auf dem Laufband die Lunge aus dem Hals gelaufen hatte, zu meiner Kabine und sagte dem schönen Tag Lebewohl. Unser Schiff hatte den Hafen Tortolas zu diesem Zeitpunkt längst verlassen. Die See wurde von Stunde zu Stunde rauer und wir wiegten uns wie eine Nussschale in den Wellen. Mein Schlafgemach befand sich weit vorne im Schiff und so hörte ich noch lange das dumpfe Aufschlagen des Meeres gegen die Stahlwände des Buges. So lag ich noch ein wenig wach, bis ich mir die Decke weit über den Kopf zog, um dann endlich tief einzuschlafen.

Curacao

„Nach Ruh' sehnt sich die Menschenbrust vergeblich."
(Joseph von Eichendorff)

Ein wenig Holland in der Ferne fand ich auf Curacao. Das Eiland ist neben Aruba und Bonaire eine der ABC-Inseln. Hier zeigte sich uns die Karibik in einem völlig anderen Bild. Das üppige Grün war einer wüstenhaften Landschaft gewichen. Anstelle von Palmen und Regenwald standen nun vereinzelte Kakteen auf kargen Felsen. Eindrucksvoll gestaltete sich unsere Einfahrt in den Hafen Willemstads, die uns durch eine enge Wasserstraße führte. Links und rechts begrüßten uns bunte Häuser, an denen sich unser Schiff langsam vorbeischob, und die, wenn man ganz oben an Deck stand, wie Miniaturbauwerke wirkten.

In Willemstad konnte man allerlei Karibische Mitbringsel für die Lieben und die Schubladen und Schränke daheim einkaufen. Der hiesige Markt war laut und authentisch. Viele boten ihre Waren direkt von alten Holzbooten aus feil, die entlang des Kais lagen. In schweren Kisten gelagert, war das Angebot an Obst und Gemüse immens. Von unzähligen Cafés aus sah man die gegenüberliegende kunterbunte „Skyline“ der Stadt und die Königin Emma Brücke, welche das Wahrzeichen der Stadt ist. Viele herein- und hinausfahrende Schiffe hatte sie schon gesehen und auch heute öffnete sie sich untergeben einem jeden noch so kleinen Boot, das sie passierte.

Ein Partytier denkt beim Namen Curacao sofort an das gleichnamige alkoholische Getränk. Und in der Tat wird auf der Insel der süße Likör hergestellt. Aber keine große Exportfirma mit riesiger Marketingabteilung bringt den Curacao in die entferntesten Ecken der Welt, sondern ein kleines, beschauliches Familienunternehmen. Wir sahen uns die Destillation an, lernten vieles über die Zubereitung und durften zum Abschied alle Likörsorten probieren.

Mein heutiger Tag war gekennzeichnet durch Rastlosigkeit. Kaum war der eine Ausflug vorüber, musste ich auch schon zum nächsten eilen. Nicht einmal für das Mittagessen blieb Zeit. Schnell füllte ich meine Wasserflasche auf, zog die Badesachen an und die Ausflugsuniform darüber, rannte zum Treffpunkt und hakte die Gäste nach Erscheinen auf meiner Liste ab. Auf der Pier sprang ich hinein in einen kleinen wartenden Bus und ging meiner Übersetzertätigkeit nach. Am Ausflugziel eilte ich in eine Umkleidekabine, entledigte mich meiner Uniform und trat nur in Badesachen bekleidet wieder hinaus. An einem wunderbar gelegenen See standen bereits einige Guides und eine große Anzahl Kajaks bereit. Ein Guide erklärte den Passagieren wichtiges über den Tourablauf und die Kajakregeln und teilte uns auf Zweierkajaks auf. Übrig blieben zwei Personen: der kräftigste weibliche Passagier des Ausfluges – und ich.

Natürlich wurde ich in meiner Rolle als Scout mit ihr auf ein Kajak gesetzt. Sie saß hinten, ich saß vorne. Zuerst fing alles harmlos an. Wir paddelten, wie aus einem Winnetou-Film entsprungen, in einer azurblauen Lagune, die umringt von weißen Bergen und meterhohen Säulenkakteen war. In dieser romantischen Landschaft fuhren wir gemütlich vor uns hin, bis sich plötzlich für mehrere hundert Meter das offene Meer vor uns auftat. Schon in der Ausflugsbeschreibung hatte gestanden, dass man beim Überwinden verschiedener aufeinander treffender Strömungen sein Können unter Beweis stellen müsse. Das Problem hierbei war nur: am heutigen Tag war es windig auf Curacao. Damit meine ich nicht, dass ein seichter Wind wehte, sondern es war richtig windig um nicht zu sagen, es stürmte. Und so waren es nicht nur Strömungen, die es zu überwinden gab, sondern auch heftige Wellen, die gegen unser gelbes Plastikkajak knallten. Alle Passagiere paddelten wie die Weltmeister voran, AUSSER der kräftigen Frau und mir. Denn bei uns machte es Platsch und wir beide lagen im Wasser. Umspült von den Wellen konnte ich noch die Paddel retten und gab sie einem der Guides, bevor ich mich wie ein junger Hecht aus dem Wasser hinaus auf das Kajak hochzog.

Gerade in dem Moment meiner größten Erschöpfung versuchte meine Mitfahrerin ebenfalls aus dem Wasser zu kommen. Sie hielt sich am Rande des Kajaks fest und riss dabei mit einem Riesenschwung das gesamte Kajak um. (Auf dem ich bereits saß, nicht zu vergessen). Und Platsch – wieder lag ich im Wasser. Das gleiche Spiel begann erneut und nach etwa zehn Minuten, saß die Dame auf unserem Kajak. Nun hatten wir allerdings ein anderes Problem. Der Guide, dem ich die Paddel überreicht hatte, war bereits so weit abgedriftet, dass wir beide uns ohne Ruder in den Fluten befanden. Doch plötzlich war er da – der Held des Tages – Herr M. aus Köln! Am Tage vorher noch lautschreiend an der Rezeption aufgefallen, kam er nun zu uns her gerudert, kettete sein Kajak an das unsere und brachte uns in ruhige Gewässer.

Irgendwie kam ich mir an diesem Tag vor wie beim jüngsten Gericht, denn der Strafvollzug war noch nicht vorüber. Nach einer kurzen Pause hieß es für uns den gleichen Weg wieder zurück zu legen. Ich bat meine Leidensgenossin, mir anzugeben wie wir zu paddeln haben, und das tat sie dann auch. Am offenen Meer angekommen, rief sie mit kräftiger Stimme:
„Links, Rechts, Links, Rechts." Glaubt mir ich war am Rande der Erschöpfung angelangt. Ich fühlte mich klinisch tot. Aber es ging wie bei Ben Hur ohne Gnade weiter und ohne Unterlass rief sie: „Links, Rechts, tiiiieeeefer, meeehr Kraft, Links, Rechts." Das Ergebnis dieser Schinderei? Voila, ohne erneut zu kentern, hatten wir am Ende das Ufer erreicht.

Zersaust, wie durch einen Drehwolf gezogen, kehrte ich zurück zum Schiff. Mit höchster Vorsicht, um in dieser Erscheinungsform von Niemandem gesehen zu werden, schlich ich auf leisen Sohlen in meine Kabine. Der Tag der Rastlosigkeit ging weiter.

Mir blieb nur noch eine halbe Stunde Zeit, um meine Ausflugspräsentation über Bonaire zu halten. Mein Plan schnell unter die Dusche zu springen, wurde von meiner Mitbewohnerin vereitelt. Denn sie hatte die Tür zum Bad versperrt. Mit klopfendem Herzen und einem Blick auf die Uhr pochte ich dagegen. Vergeblich – meine Kollegin hörte mich nicht. Zu laut war der fließende Wasserstrahl und zu laut sang sie aus voller Brust „Marmor, Stein und Eisen bricht".

Noch nie habe ich Drafi Deutscher so verflucht wie in dieser Stunde. Ich klopfte erneut – diesmal noch stärker – jedoch wiederum ohne Erfolg. Ich rief meine Chefin an, um in weiser Voraussicht meine Verspätung anzukündigen, als sich die Badezimmertür mir rettend öffnete. Ich duschte schnell, warf mich in meine Uniform und lief auf Deck 8 ins Theater, ließ die Gäste hinein und hielt meine Präsentation. Geschafft!

Das Schöne in Curacao war, dass wir bis 22 Uhr im Hafen lagen. So hatte ich am Abend Zeit durch Willemstad zu schlendern. Die Zurückhaltung der Einheimischen zeichnen die ABC – Inseln aus, und ich konnte gemütlich alleine durch die dunklen Strassen im Hafen schlendern. Das Schiff lag wunderbar, groß, mächtig und glanzvoll angestrahlt an der Pier. Die Sicht wurde von keinem weiteren Schiff oder einem Hafengebäude eingeschränkt. Im Hintergrund versank die Sonne und der Himmel verfärbte sich in allen Rottönen.

Nirgends lag unsere NABUCCO so schön wie vor Curacao. Wie für die Kamera der Fotografen positioniert. Wie für das Fernweh des Reisenden bereitstehend. Wie für die Sehnsucht des Poeten geschaffen. Wie für Bilderbuchträume erbaut. Ich ließ meinen Blick lange auf unserem schönen Schiff ruhen, während die Brandung es sanft berührte. Ein wenig Stolz erfüllte mich, ein kleiner Teil von dem Ganzen zu sein. Als sich die Sonne verabschiedet hatte und die Dunkelheit einsetzte, führte ich meinen Spaziergang fort und ging gemächlichen Schrittes durch die Strassen dieser karibischen Stadt. Die Hast des Tages lag nun weit hinter mir. All die Häuschen und all die Brücken waren angeleuchtet. Aus den Bars und den Restaurants drang Lachen und Musik. Ich traf meine Kajak-Genossin mit ihrer Bekannten, die mir, von einer Dachterrasse aus, ein freudiges „Hallo" entgegenriefen. Ich gesellte mich für die Länge eines Getränkes zu ihnen, führte ein nettes Gespräch und schaute dabei über die Dächer der Stadt.

Während wir ablegten waren wir sicher, dass nun das Leben in Willemstad erst richtig erwachen würde. Aber wir mussten hinaus aufs Meer, in unserer eigenen kleinen Welt, und wir konnten so nur das lebhafte Miteinander auf den Strassen erahnen. Kurz vor Mitternacht nahm ich mir noch etwas Zeit und ging hinaus aufs Deck, um neue Energie zu tanken. Die Wellen tanzten im Schein des Mondes, der so kraftvoll schien, dass er die Wolken und das Meer fast taghell erscheinen ließ. Es war eine mystische, friedliche Stimmung, und wenn die Wolken mit dem Winde weiterzogen, waren sie da: die Sterne, und sie funkelten tausendfach vom Himmel. Millionen Lichtjahre entfernt und doch so nah. Wie ein lieber Freund – vertraut und irgendwie immer da, auch wenn man ihn einmal nicht sieht.

Als ich auf die Uhr blickte, bemerkte ich, dass ich fast seit einer Stunde auf das Meer, die Sterne, die Wolken und den Himmel geschaut hatte. Ich sagte allen Gute Nacht und verabschiedete mich bis zum nächsten Wiedersehen.

Bonaire

„Soviel ist sicher: Reisen tut immer gut."
(Voltaire)

Das B der ABC-Inseln steht für Bonaire, für mich die Schönste der Drei. So wie der Abend für mich geendet hatte, so fing der neue Tag an. Ich stand an der Reling und schaute auf das Meer. Wir näherten uns Bonaire mit großen Schritten. Derart intensiv, wie ich es noch nie gesehen hatte, stach mir kraftvoll und nicht von dieser Welt das Türkis des Meeres in die Augen.

Der Grund dieses Naturspektakels: ein Korallenriff, dass sich wie ein Gürtel meterbreit um die Insel legt. Im Reiseführer hatte ich gelesen, dass Bonaire zu den elf schönsten Tauch- und Schnorchelrevieren der Welt zählt. Mir wurde schlagartig klar, dass es sich hierbei nicht um einen Aufruf verkaufsgewitzter Reisehandbuchautoren handelte, sondern das dies wirklich so sein musste. Ich brannte darauf, mit der Unterwasserwelt auf Tuchfüllung zu gehen. Aber ich hätte diesen Job nicht ausgeübt, hätte ich nicht auch darauf gebrannt, die Insel kennen zu lernen.

Ganz einfach gestaltete sich meine Inselrundfahrt jedoch nicht. Bonaire war nicht großartig auf den Tourismus eingestellt. Außer den Passagieren eines holländischen Kreuzfahrtschiffes und den Tauchbegeisterten, die die Insel als Geheimtipp entdeckt hatten, waren nicht viele Touristen zu sehen. Für unsere Ausflüge standen anstelle gutausgestatteter, großer, klimatisierter Reisebusse – kleine, laut brummende, unklimatisierte Schulbusse auf der Pier. In einer solchen Situation war es nur eine Frage der Zeit, bis die ersten Passagiere leicht säuerlich reagierten. Schon auf dem Weg zu den Bussen, empfanden es einige Gäste als zutiefst empörend, nicht im großen Stil über die Insel gefahren zu werden. Wieder einmal gab es nur englischsprechende Guides – dies trug nicht gerade zur guten Laune bei. Ich nahm das Mikro in meine Hand und übersetzte die Begrüßungsworte der Reiseleiterin, die, wie konnte es anders sein, aus Holland stammte. Der Fahrer, ein sympathischer Einheimischer, warf den Motor an, dessen Lautstärke jeden Schlafenden aufweckte und bestimmt, je nach Windstärke, bis ins ferne Europa zu vernehmen war. So knatterten wir dahin. Die Sonne ließ uns so sehr an ihrer unermesslichen Kraft teilhaben, dass nach wenigen Minuten die fehlende Klimaanlage zu einem sehnlichst vermissten Gut wurde. Konform gehend mit dem ersten Schweißausbruch rissen wir alle die kleinen Schiebefensterchen des Busses auf. Dies hatte aber nur zur Folge, dass nun der auf den Ablagen liegende Staub aufwirbelte. Ein erneuter Anflug Beschwerden, gepaart mit leichtem Husten, brach über mich herein. Zum Glück legte sich dies aber sehr schnell beim Anblick der Insel. Braunes Korallengestein, das mit ein wenig Fantasie Tiere und Menschen erkennen lässt, Höhlen und Grotten mit verborgenen Felszeichnungen, Sträucher, Kakteen, ausgedörrtes Gras und vor allem die inseltypische Aloe Vera markierten die Landschaft. Den

Saft dieser Wunderpflanze konnten wir zum Schnäppchenpreis direkt an Verkaufsständen am Straßenrand kaufen. Egal, - ob als Gel, Saft oder Creme, in allen Variationen wurde er angeboten und die Sonnenbrandgeschädigten der letzten Tage kauften ihn in großen Massen, um ihr Leid in die Schranken zu verweisen. Viele Teile Bonaires stehen unter Naturschutz und daher erfreut sich die Insel einer vielfältigen Vogelwelt. Nicht selten kreisten über uns Adler, manchmal saßen Papageie auf Baumstämmen und Kolibris schwirrten durch die Luft. Bonaire ist eine flache Insel. Wie flach, sahen wir daran, dass wir bereits mit 239 Metern den höchsten Punkt des Eilandes – den Brandaris Hill – erreicht hatten. Im Norden der Insel machten wir Halt im Flamingo-Naturschutzgebiet, das aus einem flachen Salzsee, dem Goto-Meer, besteht. Die Attraktion aber waren die rosa Flamingos, die stolz durch die Seen stapften, oder auf einem Bein als unbezahltes Fotomodel bewegungslos dastanden. Da wir nicht allzu nah an den See heranfahren durften, wurde der Friede, der sie umgab, nicht gestört.

Obwohl Bonaire keine Touristenhochburg ist und als Geheimtipp gilt, ist es doch mit internationalem Flughafen für jeden erreichbar. Wir fuhren entlang funkelnd weißer Strände, die im Sonnenlicht fast unreal wirkten. Kein Wunder, der Strand bestand nicht wie gewohnt aus Sand, sondern aus vom Meer hergespülten, abgebrochenen Korallen. Das oberste Gebot lautet daher, sich nicht ohne Handtuch an die Strände zu legen. Bei Nichtbefolgung drohen Schnittwunden, die den unbekümmerten Spaß am Strand erheblich trüben können. Dies sei nur am Rande bemerkt.

Die Insel ist so klein, dass wir an einem Morgen von einem Ende der Insel, zum niedrigsten Punkt, welches das andere Ende der Insel darstellte, gelangten. An diesem befanden wir uns nur zwanzig Meter über dem Meeresspiegel. Wessen Land so niedrig und vom Meer umspült ist, sollte darüber nachdenken, sich dem Salzabbau zu widmen. Denn bessere Voraussetzungen kann die Natur dafür nicht schaffen. Da nicht nur ich daran dachte, sondern vor mir auch schon die Kolonialherrn, ist der Salzabbau seit jeher ein Markenzeichen Bonaires. Als traurigstes Kapitel der Inselgeschichte wurden zur damaligen Zeit Sklaven aus Afrika für diese Arbeit missbraucht. Von der alten Inselhauptstadt Rincon im Norden aus mussten sie die gesamten Kilometer, miteinander angekettet, ohne Schuhe, wöchentlich zu Fuß zurücklegen. Zeugen dieser grausamen Zeit sind kleine weiße Sklavenhäuschen, die noch heute aneinandergereiht am Strand stehen. Keine Fenster, keine Annehmlichkeiten sind in den Hütten auszumachen. Hier hausten die Sklaven zu Acht per Hütte. Die Arbeit, die ihnen aufgetragen wurde, war besonders schwer. Mit bloßen Händen bauten sie das Salz ab. Die Folge: nach wenigen Monaten war ihre Netzhaut völlig verätzt, so dass die Sklaven ihr Augenlicht einbüßten. Schuld an dieser verheerenden Tragödie war die Kombination aus Salz und Sonne, denn das Salz wurde erbarmungslos im Sonnenlicht reflektiert. Auch die Haut an Händen und Füßen wurde ihrer Gesundheit geraubt. Dies war eine schlimme Zeit, die wie ein Schatten über der Geschichte der Karibik liegt und schonungslos aufzeigt, zu was wir Menschen bereits zu allen Zeiten fähig waren.

Dem Himmel sei gedankt, denn heute muss niemand mehr ohne Arbeitsschutz im Salzabbaugebiet arbeiten. Modernste Maschinerie leistet heutzutage den Großteil der Arbeit, so dass wir ohne schlechtes Gewissen und sogar mit Begeisterung die Salzfelder betrachten konnten. Denn uns offenbarte sich ein Schauspiel zwischen Natur und menschlichem Handeln. Je nachdem wohin ich schaute, sah ich das Türkis des Meeres, die weißen Salzberge oder rosafarbene Erde in den Salinen. Auf den ersten Blick erweckt das aufgetürmte Salz den Anschein hoher Schneeberge, und so posieren vor ihm die Einheimischen gerne für ihre Weihnachtsfotos. Heute wird hauptsächlich die USA für den industriellen Gebrauch beliefert.

Der Ausflug war vorüber und ich wollte nun endlich die Welt, die sich unter der Meeresoberfläche verbirgt, genauer kennen lernen. Zur Absolvierung einer Tauchprüfung hatte sich mir bisher nie die Zeit gefunden, und zu groß war mein Respekt vor den unergründlichen Tiefen des Ozeans. Irgendwann werde ich sie machen – ganz bestimmt – aber für heute musste ich mich mit dem Schnorcheln begnügen, was aber – und da wette ich – nicht weniger faszinierend war. Wie beim Tauchen war auch hier die wichtigste Regel, keine der Korallen zu berühren. 1. Um sich an deren Schärfe nicht zu verletzen. 2. Um das Abbrechen und Absterben dieser, was eine Berührung unweigerlich mit sich führen würde, zu verhindern. Das gesamte Riff steht unter Naturschutz und man darf nur in ausgewiesenen Spotts tauchen und schnorcheln.

Ich sprang von der Pier auf ein Bötchen, das mich zum Schnorchelrevier bringen sollte. Als ich den Steuermann sah, dachte ich auf den ersten Blick, einem Urenkel Robinson Crusoes gegenüberzustehen. Er hatte langes zotteliges Haar, einen Vollbart, sonnengegerbte Haut und blaue Augen, dazu trug er verwaschene Jeans und ein gelbes Stoffhemd. Gekonnt steuerte er das Boot zu den besten Schnorchelspots. Dort tauchte ich in eine Welt bedingungsloser Schönheit ein. Das Sonnenlicht brach sich an der Wasseroberfläche und durchflutete hier und da die Lichtungen der Korallen, die in allen Farben und Formationen leuchteten.

Mit jedem Flossenschlag taten sich mir neue, verborgene Meeresschätze auf. In großen Schwärmen schwammen Fische an mir vorbei, andere waren alleine unterwegs und glitten munter mal links, mal rechts, mal auf, mal ab. Es war ein Gewimmel, einem Jahrmarkt gleichkommend. Ich bildete mir ein, alle Fische und Korallen dieser Welt hätten sich vor der Küste Bonaires verabredet und ich hätte das große Glück, zugegen zu sein und sie alle kennen zu lernen. Von den Haien mal abgesehen – versteht sich. Ich vergaß völlig die Zeit und wunderte mich, als unser Ausflugsboot zur Abfahrt sein Horn erklingen ließ. Völlige Faszination eben. Auf der Rückfahrt kam ich mit unserem „Robinson“ ins Gespräch und siehe da – es stellte sich heraus, dass er ein Landsmann war. Ein Norddeutscher – aus dem fernen Hamburg. An der Pier warteten seine Frau und seine beiden Kinder, um gemeinsam mit ihm zum Abendessen zu gehen. Da wir auch heute erst sehr spät ablegten und ich Zeit hatte, luden sie mich spontan dazu ein. Vorher schaffte ich es, unseren Sicherheitsoffizier zu überreden, die vier an Bord zu lassen. Stolz präsentierte ich ihnen mein Schiff, von dem sie restlos begeistert waren.

Gemeinsam mit Insidern zu speisen war fabelhaft, denn ich kam in den Genuss, viele mir bis dato nicht bekannte einheimische Spezialitäten zu kosten. Das Wunderbare am Reisen ist für mich, wäre ich Bundeskanzlerin, würde ich es zur Pflicht machen, dass man extrem viele Menschen kennen lernt und mit ein wenig Glück aus einem guten Gespräch heraus etwas über ihr Leben, und die Art und Weise wie sie dieses gestalten erfährt. All die Erlebnisse und Geschichten, die aus jedem Menschen etwas Individuelles und Besonderes machen. So hörte ich mit Begeisterung den Erzählungen der Familie „Robinson“ zu, mit der ich vertraut zusammen saß.

Während er Deutscher war, stammte sie aus Venezuela. Kurz nachdem sie sich kennen gelernt hatten, hatten sie ein Boot restauriert, dies seetauglich gemacht und eine große Weltreise gestartet. Während dieser hatten sie vor vielen Ländern und Küsten angelegt und sich für einige Zeit vom Rausch des Unbekannten und Fremden einfangen lassen, bis die Sehnsucht sie von Neuem packte und ihre suchenden Seelen nach neuen Zielen Ausschau hielten. Bonaire war nur ein Stop von vielen, der mit der Absicht versehen war, ihn nach kurzer Zeit zu verlassen. Dieses Vorhaben lag beim Zeitpunkt unserer Begegnung sieben Jahre zurück! Noch immer lag ihr kleines Boot, auf dem sie auch lebten, im Hafen vor Anker und wartete geduldig darauf, zu neuen Gestaden hinaus zu fahren.

Zwei Kindern hatten sie während ihrer Reise das Leben geschenkt. Die beiden besuchten keine Schule, sondern wurden stattdessen von ihrer Mutter unterrichtet. In ihrem zarten Kindesalter waren sie bereits wahre Sprachtalente. Die offizielle Sprache Bonaires ist Holländisch, die inoffizielle ist Englisch und der Dialekt der Karibik ist Kreol. Dazu sprachen die Kinder Spanisch mit ihrer Mutter und Deutsch mit ihrem Vater – und ganz nebenbei auch noch Französisch. Jede dieser Sprachen beherrschten sie perfekt. Die Zwei sahen aus wie kleine Zigeuner, mit schwarzem Haar und schwarzen Augen.

Ganz im Stile echter Lebenskünstler verdiente „Mr. Robinson“ das tägliche Brot mit seinen Schnorchelausflügen, und seine Frau als Reiseleitung auf dem benachbarten Inselchen Klein-Bonaire, wo sie Strandausflüge betreute. Das spannendste an unserer Unterhaltung war aber ihre Offenbarung, dass sie dabei waren der Sorglosigkeit des Aussteigerlebens Ade zu sagen. Ihre Zukunft war schon fest geplant, denn das Bemühen seiner Jobsuche war mit Erfolg gekrönt worden. Im kommenden Frühling wartete eine Anstellung in einer Münchner Firma auf ihn. In einem Büro, fernab von Sonne, Meer und Strand, sollte er demnächst sein Dasein fristen. Aus diesem Grunde hatte die Familie ihre Zelte schon so gut wie abgebrochen, denn nur zwei Wochen später sollte die große Stunde anbrechen und der Anker ihres Bootes sollte endlich eingeholt werden zum Verlassen der kleinen Insel, die zur zweiten Heimat geworden war und an der ihr Herz hing.

Natürlich wäre Familie Crusoe – ich mag sie nun mal so nennen – nicht Familie Crusoe, wenn sie geplant hätte, sofort Richtung good old Germany zu entsegeln. Ihnen blieben noch einige Monate Zeit, bis seine Arbeit beginnen sollte. Zeit genug ein letztes Mal auf großer Fahrt die Abenteuerlust zu stillen. Und so hatten sie für ihre Rückreise viele Ziele und Stops eingeplant: Venezuela, Brasilien, Patagonien, Kapverden, Kanaren, Portugal, Spanien bis letztendlich die Tore Hamburgs die Heimkehrer begrüßen sollten.

Der Wirt des Restaurants in dem wir speisten, spürte wohl den anstehenden Abschiedsschmerz und ahnte, dass er seine über die Jahre liebgewonnenen Freunde vielleicht nie wiedersehen würde. Er ließ es sich nicht nehmen die Rechnung zu begleichen.

Ich schaute auf die Uhr, und auch für mich hieß es nun Abschied nehmen. Die Pflicht, die mich an Bord rief, hielt mich davon ab, für die nächsten sieben Jahre auf Bonaire zu verweilen. Ich sagte Tschüss und war dankbar, Familie Crusoe kennen gelernt zu haben. Vielleicht blieb ich als winzig kleiner Teil ihrer großen Abenteuer in ihrer Erinnerung. Ich wusste, dass es zumindest mir so gehen würde und war mir sicher, dass ich hin und wieder zu Hause von diesen Weltenbummlern erzählen würde. „Mr. Robinson“ hatte mir die Adresse seiner Mutter gegeben, geschrieben auf ein kleines Stück Papier. Aber wie es so geht habe ich es während meiner Weiterreise verloren. Ob die Familie tatsächlich Bonaire verlassen hat? Ich weiß es nicht. Ob sie die Ziele, die sie ansteuern wollten, erreicht haben? Ob sie am Ende gut zu Hause angekommen sind? Keine Ahnung. Und ob es ihnen wirklich gelungen ist, im „normalen“ Leben Fuß zu fassen? Auch das entzieht sich meinem Wissen. Ab und an denke ich an sie und frage mich, ob es ihnen wohl gut geht. Ich will es hoffen!

Und dann gibt es auf Bonaire die Legende, oder viel mehr die wahre Geschichte eines amerikanischen Touristen, der sich als Passagier eines Kreuzfahrtschiffes die Insel ansah, daraufhin seine Koffer packte, und das Schiff ohne sich weiterfahren ließ. Das war vor elf Jahren und seitdem hat er die Insel nie wieder verlassen. Damals war er Bankangestellter, heute ist er Vogelkundler und hält früh Morgens gemeinsam mit Touristen inne, um Vögel zu sichten und deren Lobgesang auf den neuen Tag zu vernehmen.
Als wir die Insel langsam verließen, kam mir in den Sinn, dass Bonaire von oben gesehen die Form eines Bumerangs hat. Ein Bumerang! Mit meinem Schiff würde ich vielleicht noch einmal hier anlegen – und danach, ein Wiedersehen? Wer weiß das schon!

Aruba

„Die Größte Sehenswürdigkeit, die es gibt,
ist die Welt – sieh sie dir an."
(Kurt Tucholsky)

Von den drei ABC-Inseln hatten wir nun das C und das B gesehen. Blieb noch das A übrig, welches unser Kapitän heute ansteuerte. Aruba – im Gegensatz zu Bonaire völlig eingestellt auf den Tourismus. Vornehmlich sind es Amerikaner, die hier ihren Urlaub verbringen und so erinnerte die Hauptstadt Oranjestad auch an Disneyland in der Karibik. Direkt am Hafen reihten sich bunte Shoppingcenter aneinander, die durch Rolltreppen und Straßenbrücken miteinander verbunden waren. In den Schaufenstern und Regalen lag ein breitgefächertes Angebot an Markenartikeln und hochwertigem Schmuck. Ich schlenderte ein wenig durch Oranjestad, muss aber gestehen, dass die künstlich aufgezogene Touristenfalle nicht ganz meinem Geschmack entsprach.

Dafür fand ich weitaus mehr Gefallen am Hinterland und der unberührten Natur. Die Insel zeichnet sich aus durch: Küsten mit schwarzer Lava, Felsklippen, weiße Dünenberge, Sandlandschaften mit meterhohen blühenden Kakteen, von der Natur aufeinander getürmte gigantische Steine, Leuchttürme, kleine Kapellen, kilometerlange weiße Strände, das azurblaue auf-

peitschende Meer und eine immense Steinbrücke von Gottes Hand geschaffen. In brütender Hitze bäumte sich eine Familie vor mir auf und stellte mir die auch bei anderen Gästen oftmals beliebte Frage: „Wir haben heute Mittag den Strandausflug gebucht, was müssen wir denn da anziehen?" Eine weitere gern gestellte Frage in dieser Kategorie war: „Wir müssen morgen um 8 Uhr am Treffpunkt sein. Wann sollen wir denn dann aufstehen?"
Ihr merkt, für immer und ewig hätte ich diesen Job nicht ausüben können.

Der Meeresgrund Bonaires birgt neben Korallenriffen auch das Wrack des Schiffes „Antilla", das vor der Küste Arubas sank. 1940 brach der Krieg zwischen Holland und Deutschland aus. So war auch die zu Holland gehörende Karibikinsel plötzlich in die Wirren des Krieges einbezogen. Die vor der Küste liegende deutsche „Antilla" wurde von holländischen Kriegsschiffen umringt. Die Holländer stellten ein 24-stündiges Ultimatum zur Kapitulation. Der Kommandant der „Antilla" Schmidt reagierte mit dem Befehl sein Schiff zu versenken. Lieber dies, als es in die Hände der Holländer zu geben, war seine Devise. So ließ er die „Antilla" explodieren, während er sich mit 46 weiteren Besatzungsmitgliedern an Land retten konnte. Dort wurde die Mannschaft festgenommen und ins Gefangenenlager der Insel Bonaire gebracht. Auf ihrem Weg dorthin sah sie die Reste ihres Schiffes aus dem Wasser ragen. Für die Besatzung – ein trauriger Anblick.

Ich hatte wieder Gelegenheit zum Schnorcheln und ließ es mir nicht nehmen, das Wrack des Schiffes hautnah zu erkunden. Sein Anblick war schon ein bisschen gewöhnungsbedürftig. Gespenstisch und ein wenig angsterregend lag es auf dem Meeresgrund. Aber meine Furcht wich schnell der Neugierde, Begeisterung und Spannung. Vermodert und mit Algen behangen lag es da. Noch immer konnte man den Schiffsrumpf und die Fenster erkennen. Schwärme von Fischen umkreisten entdeckungsfreudig die Reste der „Antilla" und tauchten hinein in ihre kleinsten Winkel. Das bittere Ende des Schiffes und sein Schicksal lag trauervoll klagend in der Melodie des Meeres. Bilder eines stolzen Schiffes vergangener Zeiten taten sich dem geistigen Auge auf. Es war gar nicht mal so viel Phantasie nötig, um die Befehle des Kapitäns zu hören, die Angst der Besatzung zu spüren und das Weinen des sinkenden Schiffes zu vernehmen. Geschlagen auf dem Meeresgrund liegend, hörte man das leise Ächzen des vermodernden Holzes, das bessere, würdevollere Tage gesehen hatte und sich wünschte aufzuerstehen, um noch einmal das Sonnenlicht erblicken zu können. Das Wehklagen von Besatzung und Schiff nahm den Ort wie ein unsichtbares Mysterium ein. Als ich wieder auftauchte war ich noch ganz berührt von meinem Schnorcheltrip und war froh, unbekümmert und relaxend mit einem Katamaran die Küste entlang zur NABUCCO fahren zu können.

Dass ein Wunsch schnell zunichte gemacht werden kann, das musste ich heute erfahren. Den Nachmittag verbrachte ich – so langsam wurde es zu Gewohnheit – am Strand. Aruba zeichnet sich aus durch lange und breite Strände. Die meisten von ihnen sind gesäumt mit großartigen Hotelanlagen, die keine Wünsche offen lassen. Die Strände sind öffentlich und so nicht nur für die jeweiligen Hotelgäste zugänglich. Meine Kollegen und ich sprangen ins Wasser, dösten am Strand und verträumten den Tag. Wir schwelgten in der Vorstellung, einfach mal fünf gerade sein und unser Schiff ohne uns in See stechen zu lassen. Natürlich wollten wir nicht für eine so lange Zeit auf der Insel verweilen wie der legendäre Vogelkundler Bonaires, sehr gerne jedoch bis zum nächsten Anlauf unseres Schiffes. Einmal keine Verpflichtungen haben, kein ständiges auf die Uhr schauen, keine dahingezogenen gähnenden Meetings, nicht ewig den gute-Laune-Bär spielen und einmal kein Unterhaltungsclown sein. Einfach tagein, tagaus an den Stränden und unter der Sonne Arubas abhängen. Welch genialer Masterplan! Uns fehlte nur ein vorgezogener Grund, weshalb wir unser Schiff verpassen sollten. Schließlich wollten wir irgendwann wieder mit offenen Armen empfangen werden. Also musste irgendetwas unser Nichterscheinen entschuldigen. Und was konnte das sein? Die einfachste Ausrede der Welt, von uns genial ausgeheckt. Unsere Uhr war stehen geblieben! Dies wäre für jeden verständlich und verzeihbar, denn wem war dies nicht schon einmal passiert?

Gut gelaunt sprangen wir ins Wasser. Im kühlen Nass schauten wir in Richtung des Strandes und was mussten wir dort erblicken? Etwas, das ich in dieser Form noch nie gesehen hatte. Die gesamte Hotelfront war von oben bis unten und von links nach rechts, von einer überdimensionalen Uhr eingenommen.

Gewaltige, meterlange Zeiger – für jedes blinde Huhn sichtbar – wiesen die Zeit. Auf die Sekunde genau zeigten sie, wann die Stunde geschlagen hatte. Für die pünktliche Rückkehr zu unserem Schiff gab es nun keine Ausrede mehr. Ein Wink des Schicksals vermutlich. „ Ausruhen könnt ihr euch ein anderes Mal", wollte es uns wohl sagen. Denn vor unserer Ruhezeit sollten wir noch wunderbare exotische Ziele und Länder kennen lernen.

Ausruhen konnten sich die Gäste dagegen in ihren gemütlichen Kabinen. Für die Passagiere gab es natürlich verschiedene Kategorien. Sie konnten wählen zwischen Innen- und Außenkabine, Außenkabine mit Balkon, oder einer Suite. Ein Gast, der sich zu Hause für eine Innenkabine entschieden hatte, war auf dem Schiff sehr traurig darüber, und so schrieb er am Ende in den Gästefragebogen: „Da in die Innenkabine kein Sonnelicht eindringt, sollte die Reederei in dieser den Passagieren einen künstlichen Sonnenaufgang bieten."

Von Arubas Strand träumte ich noch am Abend, als ich wieder einmal in einem meiner ungeliebten Meetings saß. Wir erhielten neue Belehrungen über die Schiffsicherheit, die Info darüber, welche wichtige Person der Reederei in der kommenden Woche an Bord kommen wird, Lob und Tadel unserer Arbeit, ein Rückblick, ein Ausblick, und schon waren meine Kollegen und ich wieder freie Menschen. Das Ziel das wir ansteuerten war jedoch alles andere als frei.

Havanna

„Das Meer ist der letzte freie Ort auf der Welt."
(Ernest Hemingway)

Für den frühen Morgen hatte ich einige Kollegen zusammengetrommelt und mich mit ihnen um 5:30 Uhr auf dem Crewdeck verabredet. Eine sehr unchristliche Zeit und es fiel mir schwer, nicht einfach den Wecker auszuschalten und mich wieder umzudrehen. Aber versprochen war versprochen und siehe da, alle waren da, um das Einlaufen in einen der interessantesten Häfen der Welt zu bestaunen.

Wir schauten zum Horizont und endlich tauchte sie auf – die Silhouette Havannas. So als hätten wir sie bestellt, ging gleichzeitig die Sonne auf und spiegelte sich in den Fenstern der Häuser. Der Himmel war rot und die Stadt schimmerte in einem sanften Rosa. Eine heile Welt – hätte man es nicht besser gewusst. Aber vielleicht ist sie dies ja auch manchmal in diesen kurzen Momenten des erwachenden Tages.

Unser Schiff lag im Zentrum der Stadt. Die Luft roch nach Abgasen, die bis in die entlegensten Kabinen unseres Schiffes drangen. Wir waren angekommen - im Land Fidel Castros, des Cuba Libre und der weltberühmten Zigarren.

Eine völlig andere Welt lag außerhalb unserer NABUCCO. Ich freute mich darauf, das Schiff verlassen zu können und diese zu entdecken. Ich hatte mich fleißig eingelesen in die Geschichte und die Kultur des Landes. Allerdings war es nicht so einfach von Bord zu gehen. Schon am Vorabend hatten wir unsere Reisepässe im Crewpurserbüro abholen müssen. Wer dies versäumt hatte, verbrachte einen unfreiwilligen Tag an Bord, denn ohne Pass in den Händen, brauchte niemand zu probieren die Zollbeamten zu passieren. Zu genau waren die Kontrollen und so bildeten sich, aufgrund dieser, lange Schlangen im Hafengebäude. Fidel sei Dank!

Minutenlang harrte ich am Treffpunkt aus, um die Stadt zu erobern. Unter all den freundlichen Passagieren war mal wieder ein Miesepeter dabei. Diesmal war es ein älterer Herr mit einem Stock und einem Hut, der einem Fliegenpilz glich. Wir sollten mit den für Havanna typischen Oldtimern die Strassen der Stadt erkunden. Der ältere Herr, mit Stock und Hut, machte mich bereits am Treffpunkt im Sekundentakt darauf aufmerksam, dass er nicht mit einem weiteren Passagier den Oldtimer teilen wollte. Dies war eine schwierige Angelegenheit, hatten wir doch exakt so viele Autos bestellt, dass in jedem Vier bis Sechs Gäste Platz nehmen konnten. Wenn jeder Gast den gleichen Wunsch gehegt und durchgesetzt hätte, wären nach den ersten zehn Pärchen alle Autos aufgebraucht gewesen. Als ich ihm dies plausibel zu machen versuchte, erntete ich als Antwort allerdings nur, dass er unter keinen Umständen mit Fremden den Ausflug erleben möchte.

„Sollten ich und meine Gattin nicht alleine in einem der Oldtimer sitzen, wird eine Beschwerde meinerseits die Reederei und den Cruisedirektor erreichen", protestierte er.
Das waren schwere Geschosse die er da ausfuhr. Respekteinflößend stampfte er dabei mit seinem Stock auf den Boden. Na bravo, da ging die Sonne ein zweites Mal auf.

Auf der Pier schickte ich die ersten Gäste zu den Oldtimern, während er beständig an mir klebte und mir seine Bitte ins Ohr schrie. Als letzten Ausweg sah ich nur meine Chefin, die unweit von mir entfernt stand. Ich hatte keine Lust mehr mich mit diesem Gast rumzuschlagen, und wollte ihn wie ein ungezogenes Kind bloß stellen. Ich berichtete meiner Chefin die unangenehme Situation. Der ältere Herr war mir meckernd wie eine Bergziege gefolgt. Ein übergroßes Grinsen überkam mich, den ich wusste das er nun einen deftigen Tadel von der Frau in Uniform bekommen würde, gepaart mit der Bitte um Verständnis, dass der Oldtimer nicht für ihn allein gebucht worden sei. Doch alles kam mal wieder völlig anders. Mit einem freundlichen Lächeln zum Gast und einem breiten Grinsen mir gegenüber, was nichts Gutes verhieß, sagte sie:
„Selbstverständlich. Sie brauchen mit niemandem zu teilen. Ich habe vorsichtshalber einen Oldtimer mehr bestellt."
Als ich noch immer dachte mich verhört zu haben, fuhr schon das nächste Auto vor. Sonst war sie doch nicht so nachgiebig den Passagieren gegenüber, die auf unverschämte Weise eine Extrawurst verlangten. Die beiden stiegen in den offenen lilafarbenen Oldtimer und in diesem Moment schoss meine Chefin den Vogel ab, indem sie sagte:
„Sonst wird keiner mit Ihnen fahren, nur die Yvonne! Das macht sie gerne. Sie freut sich schon, die nächsten Stunden mit Ihnen zu verbringen."
Mir bot sich nicht mal der Hauch einer Chance ihr zu widersprechen. Denn sie gab mir einen Schubs und schon saß ich mit dem älteren Herrn, seinem Stock, seinem Fliegenpilz-Hut und seiner Gemahlin in einem Oldtimer der eilig mit uns davonbrauste. Aus meinem Augenwinkel sah ich eine winkende, grinsende Chefin die ein ironisches: „Tschüss Super-Scout, viel Spaß", hinterher rief. Meine ballende Faust kündigte ihr meine baldige Wiederkehr an.

Ich stellte mich auf das Schlimmste ein, hoffte aber das Beste. Und – oh Wunder, oh Wunder – meine Hoffnung wurde erfüllt. Der gnädige Herr stampfte mit seinem Stock nicht mehr verärgert auf den Boden, sondern er wurde sanft wie ein Lamm. Er lachte sogar und freute sich an der Fahrt und an Havanna. Darüber hinaus erwies er sich sogar als wertvoller Gast. Ich muss beinahe gestehen, er wurde zu meinem Liebling. Und das ist nun nicht ironisch gemeint. Denn er war wissbegierig und stellte unserer Reiseleiterin an den Stops interessante Fragen über Castro und sein Regime.

Dadurch erfuhren wir tiefe persönliche Eindrücke und Gedankengänge der Kubanerin, statt nackter Geschichtszahlen. Denn – obwohl es nicht üblich war und sie es nicht sollte – ließ sie uns in ihre Seele blicken und erzählte uns von den Gefühlen ihrer Landsleute. Sie redete von den Problemen, aber auch von vielem Positiven. Sie erzählte, und das erstaunte uns, dass die Menschen Kubas zwar von den Verlockungen des Westens beeinflusst seien und sich somit der Entbehrungen bewusst wären, aber trotzdem nicht ihr Leben so wie es ist aufgeben wollten.

Dort wo der Peso regiert, ist das Leben von Krisen geprägt. Es gibt wenig Lebensmittel, oftmals fällt der Strom aus, die Regale der Geschäfte sind leer, das Transportwesen ist eine Katastrophe und alles und jeder wird kontrolliert. Jedoch gibt es auf Kuba auch die Welt des Dollars. Hier findet man tolle Hotelanlagen mit großen Büfetts, hübsche Geschäfte und Restaurants und eine 1A medizinische Versorgung. Der Gegensatz ist für alle sichtbar. Dennoch sind die Kubaner nicht bereit, sich mit Gewalt und von einem Tag zum anderen von ihrer Diktatur zu trennen. Vielmehr meiden die Menschen es untereinander über dieses Thema zu sprechen. Es ist eine Art Tabu – das niemand anschneiden möchte. Ob gut, ob schlecht, - zumindest wissen die Menschen, was sie im Moment haben. Dass Castro nicht mehr hundert Jahre lang lebt, ist allen klar. Aber sie verdrängen den Gedanken auf ein „Danach" – aus Angst vor dem Ungewissen. Natürlich wünschen sich alle die Freiheit, aber sie fürchten sich auch davor, dass mit deren Gewinn andere Werte verloren gehen. Die Kubaner sind sich sicher, dass mit dem Kapitalismus nicht nur Glück allein verbunden ist. Sie befinden sich in einem Zwiespalt und wissen nicht für welche Richtung sie sich entscheiden sollen.

Für viele Kubaner bedeuten die Errungenschaften der Revolution sehr viel. Unsere Reiseleitung erzählte uns von ihrer guten Ausbildung, und dass jeder, ohne Ausnahme, die Chance auf eine solche hat, da der Schulbesuch kostenlos ist. Im Jahre 1959 lag die Analphabetenquote bei sage und schreibe 23%, die auf 3% gesenkt werden konnte. Die Mehrzahl der Kubaner hat zumindest das zehnte Schuljahr abgeschlossen Und wenn sie dies mit Erfolg gemacht haben, erhalten sie ein Stipendium und eine Unterkunft. Die meisten Menschen arbeiten in der Industrie. Kuba exportiert Zigarren und Zucker. Die Insel ist aber auch der zweitgrößte Exporteur der Welt für Langusten und der viertgrößte für Nickel. Der allergrößte Wirtschaftsfaktor und die größte Devisenquelle ist allerdings der Tourismus.

Die Lebenserwartung liegt bei etwa 75 Jahren und die Kindersterblichkeit ist gering. Auch hier wird der Zwiespalt, in dem sich die Bevölkerung befindet, unterstrichen. Auf der einen Seite bekommen sie ohne den Besitz des Dollars nicht mal eine Tablette in den Apotheken, auf der anderen Seite dürfen sie sich an kostenlosen Herz- und Schönheitsoperationen erfreuen. Viele Kubaner haben für sich selber Wege gefunden, um zu überleben. Die Reiseleitung erzählte uns von Scheinjobs, von denen der Staat nichts weiß, die aber ein wenig Geld versprechen. Manche vermieten ihre Zimmer an Fremde, eröffnen im eigenen Wohnzimmer ein kleines Restaurant, schneiden Freunden und Bekannten die Haare und bieten Maniküre an, oder sie verkaufen Kopien von Zigarren. Manche gehen einen Schritt weiter und verkaufen sich selbst.

„Von wegen alle sind gleich", sagte unsere Reiseleitung. Es gibt für kubanische Verhältnisse Großverdiener und Menschen, die mit ihrem Gehalt nicht wissen, wie sie den morgigen Tag überstehen sollen. Als sie uns das alles erzählte, standen wir auf dem „Platz der Revolution". Wenn Castro zu seinen stundenlangen Ansprachen aufruft, vor allem am 1. Mai, dem Jahrestag seiner Machtübernahme, ziehen Paraden über den Platz und Hunderttausende hören seine Worte. Seit 1959 ist Fidel Castro der Diktator Kubas. Es gelang ihm, gemeinsam mit seinem Bruder Raúl und seiner Rebellenarmee den Guerillakampf gegen die damalige Regierung zu gewinnen. Zwei Jahre später verhängte die USA ihr Handelsembargo gegen Cuba und drohte jedem Land, das Handelsbeziehungen zu Cuba unterhielt mit der Streichung finanzieller Unterstützung. Im Oktober 1962 kam es zum Eklat, als die Sowjetunion Raketen auf der Insel stationierte. Präsident Kennedy gelang es die prekäre Lage abzuwenden, indem US-Kriegsschiffe Cuba blockierten und er sich verpflichtete, nicht militärisch zu intervenieren.

Eine schwere Wirtschaftskrise widerfuhr Castro mit dem Zerfall des Ostblocks. Fortan wurden Benzin und Lebensmittel rationalisiert und selbst die Bereitstellung des Minimalbedarfes konnte der Bevölkerung nicht garantiert werden. Die Infrastruktur brach zusammen – vom Transportwesen über die Stromversorgung bis hin zur medizinischen Versorgung.

1994 sah Fidel Castro ein, dass er sich zumindest ein wenig dem Westen öffnen musste, um zu Überleben. Für die Kubaner standen nun großartige Veränderungen an. Zum ersten Mal wurde der Besitz von Dollars erlaubt. Eine ganz besondere Erneuerung war, dass Castro den Tourismus auf seiner Insel gestattete, der von nun an die benötigten Devisen ins Land brachte. Castro war offen für ausländisches Kapital und ließ, in begrenztem Umfang, privat betriebene Restaurants oder Hotels zu.

Havanna war anders als alles, was ich bisher gesehen hatte. Es ist mit keiner anderen Stadt zu vergleichen. Ganz bestimmt waren es nicht nur die sengende Hitze und die Abgase, die mich schon nach einer Stunde erschlagen, wie einen müden Krieger, durch die Straßen wanken ließen. Schuld daran waren vielmehr die vielen Eindrücke, die auf mich einstürzten. Egal wohin ich schaute entdeckte ich Neues, Fremdes, Ungewohntes. Ganz Havanna ist eine Freilichtbühne und die Akteure sind ihre Einwohner. Jeder ist ein Individuum – schräg, verwegen, markant, liebenswert, interessant und als Teil des großen Theaters unabkömmlich. Mir kam es vor als wäre ich nur ein Zuschauer, an dem ein unglaublicher Film vorbeilief. Für mich war es spektakulär, für die Menschen jedoch war es nur ein ganz normaler alltäglicher Tag. Havanna bebt im Takt eines schnellen Herzschlages. Allerorts konnte ich spüren was die Faszination ausmacht und Havanna mit einem Wort beschreibt: Leben! Es zeigte sich, reich und überall gegenwärtig, in all seinen Facetten. So schillernd und bunt, dass es für uns – aus unserer Welt kommend, nicht greifbar war und mir das Erlebte erst Tage später bewusst wurde. Havanna ist keine Schönheit. Sie ist wie ein Mensch, der durch sein Äußeres nicht glänzen kann, jedoch durch sein Wesen, seinen Charme und sein Herz alle um sich herum im Sturm zu begeistern vermag. Die Häuser sind zerfallen und alles in der Stadt wirkte ein wenig chaotisch auf mich. Lautes Stimmengewirr und das Knattern von Autos und Motorrädern dröhnt durch die Straßen. Hübsche Viertel wie das Miramar wechseln sich mit Vierteln eingestürzter Bauten ab. Von den Fassaden bröckelt der Putz und große Risse in den Hauswänden sind gang und gäbe. Jedoch ist eine große Bausubstanz vorhanden, wie zum Beispiel die alten Paläste und Herrschaftshäuser, die man leider viele Jahre verkommen ließ.

Während meines Spazierganges beobachtete ich die Menschen. Ich sah kleine Kinder, die mit Holzkrücken wie in alten Filmen durch die Stadt humpelten. Ich sah Prostituierte, die freizügig vor ihren Haustüren saßen. Ich sah Menschen, deren Augen eine tiefe Sehnsucht ausdrückten. Ich sah Anzugträger und Bettler, Freundliche und Verschlossene.

Der „Plaza de la Catedral" verzauberte mich durch seine Schönheit. Auf ihm sah und hörte ich den Tanz- und Musikdarbietungen junger Kubaner zu. Besonders sehenswert waren die Kolonialbauten, die in ihrer Erhabenheit ebenfalls auf die jungen talentierten Musiker blickten.

Das Zentrum Alt-Havannas ist die Bischofsstraße, die sich quer durch die Altstadt zieht. Sie ist ein wahres Schmuckstück und zeigt ein weiteres Mal, warum Alt-Havanna zum Weltkulturerbe der UNESCO gehört. Die Straße ist als Flaniermeile bekannt und viele Kolonialgebäude sind wunderbar restauriert worden. Besonders schön fand ich eine kleine Apotheke, die liebevoll eingerichtet war.

Natürlich machte ich einen Abstecher in das Zimmer 511 im Hotel Ambos Mundos. Nicht etwa um eine Runde zu schlafen oder eine Verabredung einzuhalten, sondern um einen Blick in das Zimmer zu werfen, in dem Ernest Hemingway eine Zeitlang lebte und an seinem Roman „Wem die Stunde schlägt", arbeitete.

Überhaupt – Hemingway – sein Name ist untrennbar verbunden mit Kuba. Er lebte von 1939 bis 1961 in der Finca Vigía, in San Francisco de Paula. In der Bucht von Cojimar lebten seine Freunde, die Fischer, denen er seinen Weltroman „Der alte Mann und das Meer“ widmete. Die Bucht war zugleich der Schauplatz des gleichnamigen Filmes gewesen. Hemingway war Stammgast eines einfachen Fischerlokales, in dem er mit den Einheimischen über Gott und die Welt fachsimpelte. In der Bucht Cojimars steht heute ein in Bronze gegossenes Denkmal Hemingways, das die Fischer ihrem Freund widmeten. Da Bronze knapp war, waren sie bereit, die Schrauben ihrer Schiffe einzuschmelzen. Diese Geste rührte einen Bildhauer zutiefst und so spendete er die Büste, die bis heute zu bestaunen ist.

In Havanna hatte ich das Gefühl, es würde sich alles widersprechen, und dem ist wohl auch so. Die Stadt ist schön und hässlich, kühl und herzlich, anziehend und abschreckend, verwundet und lebendig.

Ich besuchte eine der Tabakfabriken, in denen die weltberühmten Zigarren: Cohiba, Montecristo und Romeo & Julia hergestellt werden. Während meines Spazierganges durch die Fabrikhallen, konnte ich den Arbeitern über die Schulter schauen. Sie arbeiteten für einen Niedriglohn unter den schwersten Bedingungen. In dunklen Räumen sitzend, die nur durch wenige kleine Fenster das Tageslicht erahnen ließen, verrichteten sie mit schäbigem Arbeitsmaterial die einzelnen Prozesse der Zigarrenherstellung. Auf dunklen abgewetzten Holztischen rollten und schnitten sie die Zigarren. Jeden Arbeitsschritt führten sie mit bloßen Händen aus. Große Pausen, die den Tag angenehmer machen, gibt es kaum, und auch sonst erinnerte nichts an unsere gewohnten Arbeitsbedingungen. Aber trotz der widrigen Umstände, lächelten sie uns freundlich an und freuten sich über unseren Besuch.

Auch die Bauern auf den Tabakfeldern müssen mühselig arbeiten. Der Tabak wird gerne als Diva bezeichnet, denn er ist zickig und launig. Diese Launen müssen die Bauern beachten, um hochwertigen Tabak zu produzieren. Die Diva mag kein grelles Sonnenlicht. Um diesem Wunsch nachzukommen, werden die Felder mit großen Tüchern abgedeckt. Ein wenig Feuchtigkeit ist ihr recht, aber auch davon sollte es nicht zu viel sein. Kuschelig warm mag sie es, aber die Hitze sollte nicht unerträglich sein, und in den Nächten darf es ruhig etwas kühler werden, doch gegen große Temperatureinbrüche wehrt sie sich vehement.

Am Morgen hatte sich mir eine nette Überraschung ergeben. Als ich mit meiner Oldtimergruppe an einem Fotostop verweilte, kam mir plötzlich bis über beide Ohren strahlend und mit offenen Armen ein ehemaliger Crewkollege entgegen. Barbardo – ein Kubaner, dessen Vertrag vor wenigen Wochen ausgelaufen war und der beim Abschied immer prophezeit hatte, dass wir uns wiedersehen. Er hatte auf unserem Schiff, gemeinsam mit weiteren sechs Kubanern, im Service gearbeitet. Während dieser Zeit hatten sie großes Heimweh gehabt, und hatten nicht selten mit Tränen in den Augen auf das Meer hinaus geschaut und von ihrem Havanna erzählt. Die meisten von ihnen hatten eine Familie und für kubanische Verhältnisse viel Geld auf dem Schiff verdient. Nun waren sie wieder in ihrer geliebten Heimat und mir war Barbardo noch nie so glücklich vorgekommen. Er hatte eine Frau und ein kleines Mädchen, die er drei weiteren Kollegen und mir gerne vorstellen wollte. Deshalb hatte er uns zu sich nach Hause zum Essen eingeladen. Gegen acht Uhr abends waren wir mit ihm am Hafen verabredet. Wartend stand er bereits dort, als wir kamen. Das Klima war nun erträglicher, die Sonne brannte nicht mehr und eine angenehme Brise wehte durch die Straßen.

Barbardo lebte im Zentrum Havannas in einem ehemaligen herrschaftlichen Haus. Früher wohnte in diesem eine einzige Familie, heute sind dort zig Familien in kleinen Wohnungen untergebracht. So auch Barbardo – seine Wohnung bestand aus nicht mehr als drei kleinen Zimmern. Im Wohnzimmer stand ein schlichtes Sofa aus rotem Leder. An der Wand hing ein Regal, in dem einige Bücher gestapelt waren und in der Mitte war ein kleiner Holztisch, auf dem ein Transistorradio stand. Vom Wohnzimmer aus konnten wir auf den kleinen Balkon gehen, den fast jede Familie hatte und von dem aus sich über die Straße hinweg Neuigkeiten, Belangloses und Wichtiges zugerufen wurde. Die Balkone standen so dicht aneinander, dass man dem Nachbarn hätte die Hand geben können. Auch der Balkon auf der gegenüberliegenden Seite war nicht allzu weit entfernt. Und so hörte man von allen Seiten die Leute miteinander reden. Auf den ersten Blick glich die Küche einer modernen Einbauküche. Aber bei genauerem Hinsehen erkannte ich, dass es sich um zusammengeschusterte Holzplatten handelte. Aber das war ja auch egal. Sie sah nett aus und hatte alles, was man brauchte. Von der Küche abgehend führte eine Treppe nach oben, in der sich das Schlafzimmer befand. Die Toilette war gleich daneben. Eine Spülung gab es nicht, diesen Zweck erfüllte ein mit Wasser gefüllter Eimer. Gewöhnungsbedürftig – aber es funktionierte. Das war also Barbados Reich – einfach und ohne jegliche Spur von Luxus. Ohne den ganzen materiellen Müll, mit dem wir unser Leben beschweren und dabei denken es wäre das Glück, und trotzdem nicht zufrieden sind. Für einen Bekannten von mir erfüllte sich der große Lebenstraum in dem Moment, als er sich seinen Mercedes-Cabrio gekauft hatte, den er nun stolz vor sein Eigenheim stellt. Bedauerlich, sehr bedauerlich.

Sobald wir Barbados Wohnung betreten hatten, kam seine Frau aus der Küche geeilt und begrüßte uns herzlich. Das Essen war fertig und es so roch so gut, dass mir das Wasser im Munde zusammen lief. Wir hatten Barbado am Morgen versprechen müssen Hunger mitzubringen und wir hatten unser Versprechen gehalten. Nachdem wir in der Küche Platz genommen hatten, wurden wir mit traditioneller Küche verwöhnt. Es gab Hühnchen mit grünen Bohnen und Reis, der mit Zitrone und Kräutern angereichert war. Als Nachtisch gab es eine Art Schokoladenpudding. Barbados kleines Mädchen wurde von unserem Geplauder wach. Stolz und mit geschwellter Brust stellte er es uns vor. Es rieb sich die Äuglein und fiel zugleich an seinen Schultern wieder in einen tiefen Schlaf. Das Baby ahnte noch nichts von Castro, dem diktatorischen Regime, in welches es geboren wurde, und einer ungewissen Zukunft. Ein Zauberland, wenn man so ahnungslos ist.

Nachdem wir noch ein wenig geplaudert hatten, verabschiedeten wir uns, und eine lange Nacht in Havanna begann. Unser Schiff legte erst am Morgen ab, so dass uns die gesamte Nacht zur Verfügung stand. Es war ein Traum – aus den Bars, deren Türen und Fenster weit geöffnet waren, drang kubanische Musik. Die Menschen saßen beisammen und tanzten und lachten. Wir gesellten uns zu ihnen. Inzwischen waren wir eine größere Gruppe geworden, da wir auf den Straßen weitere Kollegen getroffen hatten. Wir taten es Hemingway und den Einheimischen gleich und tranken eifrig Mojito, der schnell zu Kopf stieg. Die Bars waren schlicht, bestachen jedoch mit einem Hauch von Verwegenheit. Die Musiker, die live aufspielten, verliehen ihnen Charme und eine besondere Note. Es herrschte eine wunderbar entspannte Atmosphäre.

Das Leben pulsierte in der Nacht genauso wie am Tage. Alle Restaurants, Cafés und Bars hatten bis in die frühen Morgenstunden geöffnet. Die Menschen schienen sich das Schlafen einfach abgewöhnt zu haben. Überall feilschten und handelten sie, verkauften Waren, musizierten, boten Tanzdarbietungen dar, lachten, scherzten, stritten, diskutierten, flirteten, küssten, spazierten, bummelten, rannten und beobachteten ihre Umgebung. Nur zu ruhen schien niemand. Selbst Katzen und Hunde streunten durch die Gassen. Sie spielten miteinander, fauchten und bellten sich an und beschnupperten und jagten sich. In dieser Nacht schien Barbados kleines Mädchen das einzige Geschöpf zu sein, das tief in Träume versunken war.

In der Stadt trafen wir zwei Kubaner, die sich mit ihrem Akkordeon und ihrer Gitarre ein wenig Geld verdienten. Spontan begleitete unsere Solistin Kaja die beiden Musiker mit ihrem Gesang. Dank einer langen Gesangsausbildung geschult, konnte sie im Stehgreif alle Lieder zum Besten geben und schmetterte so ihre kräftige, herrliche Stimme in den Nachthimmel Havannas. Ebenso talentiert zeigte sich der junge Akkordeonspieler. Er besaß die Gabe, als Kaja einige Lieder vorsang, sie schon nach wenigen Sekunden musikalisch zu begleiten. So lehrten die beiden sich gegenseitig herrliche Weisen und boten sie uns dar. Nach kurzer Zeit stimmten auch wir mit ein. Natürlich trafen wir die Töne nicht so, wie Kaja es tat, aber das interessierte niemanden. Plötzlich kamen immer mehr Kubaner hinzu, die mit uns sangen und mit uns schunkelten. Wir waren Fremde, die sich auf eine herzliche Art verstanden, verbunden durch das wunderbare Band der Musik. Singend und tanzend zogen wir durch die Straßen. So explosiv das Leben auch in dieser Nacht gewesen war, an der Hafenpromenade fand es seinen Höhepunkt. Die halbe Stadt war auf einer kilometerlangen Mauer, die Promenade und Meer trennte, versammelt. Sie war vor allem

Treff der Liebespärchen, die hier träumend in sich versunken das Meer, den Hafen, die Schiffe, die Sterne und die Atmosphäre genossen. Als der Morgen langsam graute war das Leben noch immer in vollem Gange. Selbst zu dieser Stunde flanierten Eltern mit ihren Kindern, die laut juchzend neben ihnen herliefen. Alte Pärchen spazierten Hand in Hand und hin und wieder auf Stöcken gestützt einen kleinen Teil der Promenade entlang. Jungs knatterten mit ihren Mopeds vorbei, immer darauf erpicht, die Mädels ihres Alters zu beeindrucken. Unermüdlich spielte der Akkordeonspieler seine Lieder und inbrünstig sangen wir dazu. Dies war eine unvergessliche Nacht, an die ich auch heute noch gerne zurückdenke. Es muss etwa gegen fünf Uhr morgens gewesen sein, als wir wieder zurück auf unsere Schiff gingen. Auch hier war in der Disco eine Party in vollem Gange. Wir tanzten noch ein wenig, bis es draußen endgültig hell wurde und zogen uns dann in unsere Kojen zurück, um noch etwas Schlaf zu finden.

Wieder im Basishafen

„Every man gotta right to decide his own destiny."
(Bob Marley)

Da es bis zu unserem Basishafen in Montego Bay ein langer Weg war, lagen beinahe zwei Seetage vor uns. Dies wurde nach der durchfeierten Nacht von jedem begrüßt. Glücklicherweise besuchten die Passagiere unsere Schalter äußerst rar, da die Mehrzahl von ihnen auf Jamaika das Schiff verließ. Außer einem Meeting stand nicht viel auf unserem Tagesplan. Wir schipperten dahin, und fanden die Zeit unsern Schlaf nachzuholen. Ich schrieb einige Reiseberichte, schaute mir einen Film im Crew-Kanal an und schrieb einige Emails – kurzum, ich vertrödelte den Tag.

Jamaika war wie immer eine Reise wert. In der Pina Colada-Bar am Hafen kam ich mit einer Dame ins Gespräch, die seit zwanzig Jahren auf der Insel lebte und in Deutschland alle Zelte abgebrochen hatte. Ihr Zuhause war nun ein kleines Dorf, etwa dreißig Kilometer entfernt von Montego Bay. In diesem gab es nicht einmal Strom und fließend Wasser. Einen ein wenig verlotterten Eindruck machte sie schon, die Gute. Kein Wunder nach zwanzig

Jahren im „No Problem" Land. Auf die Insel eingewandert war sie nach einem zweiwöchigen Urlaub, in dem sie einen Jamaikaner kennen gelernt hatte und schwups von ihm schwanger wurde. Bei unserem Treffen hatte sie zwei Kinder und sie war auf der Suche nach einem neuen „No Problem-Mann".

Jamaika ist der Hammer, und es ist wunderbar, um es einmal pro Woche zu besuchen. Aber für immer? Einfach nur in den Tag hineinleben, ich könnte es nicht. Aber egal – ob mir das gefallen würde oder nicht, ist uninteressant. Gaby, so hieß sie, war glücklich, und nur das zählte. Jamaika erfüllt jedes Klischee und mit offenen Augen verfolgte ich alles was um mich herum geschah und das war auf der „No Problem-Insel" ein Menge.

Neptuns Launen

„Wer sich vor dem Sturm fürchte,
der gehe nicht aufs Meer."
(Pietro Metastasio)

Der Herr stehe mir bei – mir sollte auch nichts erspart bleiben. Seit einigen Jahren war ich nun auf großer Fahrt und hatte die verschiedensten Gewässer durchfahren. Vom Nordland aus ins Mittelmeer und über Indien nach Asien war meine Fahrt gegangen, aber so etwas wie heute war mir noch nie widerfahren.

In schwere Wetter waren wir schon des öfteren geraten, und hin und her geschaukelt hatte uns der Kahn auch schon das ein oder andere Mal. Aber dass sich Neptun in einer derart schlechten Laune zeigte, war mir neu. Einen Seegang wie den heutigen hatte ich noch nie erlebt. Bereits um 4:36 Uhr am Morgen war ich durch das heftige Donnern des Wassers gegen den Schiffsrumpf geweckt worden.

Immer wieder knallten die Wellen mit unsagbarem Getöse gegen unser Schiff. Der Seegang erwies sich derartig extrem, dass ich das Gefühl hatte, in meinem Bett nach oben zu schweben und dann wieder in die Leinen zurück gedrückt zu werden. Ein ekelhaftes Gefühl! Von dem gewohnt liebevollen Schaukeln, das mich in der Vergangenheit schon so oft in den Schlaf gewiegt hatte, war nichts zu spüren. Wie sollte ich da bitte einschlafen? Keine Auge tat ich mehr zu.

Jede Woche gehörten zwei Scouts zu den Glücklichen, die am Morgen des Seetages nicht zum Schalterdienst eingeteilt waren. Dem rotierenden System sei Dank. Heute waren das Fräulein Alexi und ich vom Dienst befreit, jedoch hatten wir davon reichlich wenig. Denn einen gemütlichen Morgen, an dem ich lesend oder fernsehschauend in der Kabine lag, konnte ich abhaken. Der Seegang wurde von Stunde zu Stunde schlimmer und ich von Stunde zu Stunde schwächer. Wie schlimm der Seegang war, zeigte sich daran, dass zum ersten Mal, seit ich auf den Weltmeeren umherfuhr, die Seenotrettungsübung ins Wasser fiel. Wortwörtlich gesprochen. Der Mittag kam auf leisen Sohlen. Das Schütteln und das Rütteln waren wie zwei ausgelassene Kinder, die Gefallen daran fanden, die Welt um sich herum zu necken und gar nicht daran dachten, mit ihrem Spiel aufzuhören. Zu schlafen war ebenso unmöglich, wie wach zu bleiben. Also befand ich mich irgendwo zwischen Sein und Nichtsein und Gut und Böse. Mit halb offenen Augen dahin dösend wartete ich geduldig auf ruhige Gewässer. Ich dankte dem lieben Gott, dass ich – außer einer Verpuffung von Energie und nie gekannter Müdigkeit – keine Probleme mit dem Seegang hatte. Ganz anders erging es natürlich einigen Passagieren. Unser gepeinigter Schiffsarzt und seine Krankenschwestern hatten Hochkonjunktur. Nonstop liefen sie mit ihrem Köfferchen von Kabine zu Kabine. Die Telefone an Rezeption und im Hospital standen nicht mehr still und das erbitterte Verlangen nach Reisetabletten erklang flehend aus den Telefonhörern.

Wie bei jedem Seegang üblich, verschönerte ansehnliche Dekoration die Treppenhäuser. An allen Geländern hingen akkurat, im Abstand von fünfzig Zentimetern, die Kotztüten. Für jeden Gast zugänglich und umsonst! Falls überhaupt keine Reisetabletten mehr halfen, war der letzte Ausweg die Spritze. Diese wurde entweder vom Doc eigenhändig zur Kabine gebracht, oder sie wartete lechzend im Hospital auf ihre Abnehmer. Apropos – das Hospital – es war der Stolz der Krankensschwester. Mit schwärmender Stimme und leuchtenden Augen erzählte sie jedem von dessen genialer Ausstattung. Die wichtigsten Instrumente und Medikamente waren vorhanden. Laut den Worten der Krankenschwester hatte sie noch nie in einem so gut organisierten Hospital gearbeitet. Ihr stand sogar eine Dialysestation zur Verfügung. Völlig verzückt war sie davon, dass im Ernstfall auf hoher See sogar Operationen durchgeführt werden konnten.

Leider waren einige Kollegen der Crew ebenfalls gegen den Seegang nicht immun. So auch mein Spezi Astrid. Gesättigt mit Tabletten, die sie wie Bonbons aß, stampfte und wankte sie fluchend, auf den Kahn und die Wellen, mit verdrehten Augen durch den Crew- und Passagierbereich und ließ einen jeden an ihrem Leid teilhaben. Bei dem kleinsten Seegang verließ Astrid bereits ihren Wohlfühlbereich. Doch der heutige gab ihr den Rest. Auch am Nachmittag, nach nun schon mehrstündiger Tragödie, ließ die See keine Gnade walten. Stürmisch, peitschend mit aller Gewalt, ließ das Meer unser Schiff ziemlich klein aussehen und zeigte uns, wer der Herr im Hause war.

Natürlich gab es auch die Menschen, die gegenüber Neptuns Launen in keiner Weise mit Übelkeit oder Schwäche reagierten, sondern zu Höchstleistungen aufliefen. Bemerkbar machte sich dies durch munteres, unaufhörliches, lebhaftes Schwatzen. Immerzu – ohne Pause und ohne Punkt und ohne Komma. Da ich bisher noch nicht gearbeitet hatte, wurde es höchste Zeit für meinen Einsatz und so musste ich die nächsten vier Stunden mit dem Fräulein Alexi am Schalter ein trauriges Dasein fristen. Wildentschlossene Gäste bestürmten uns mit allen Fragen, die man sich auf Gottes Erde vorstellen kann. Ein Wortgeschwader brach auf uns herein, von dem uns allerdings nur Wortfetzen erreichten. Erheblich zeitverzögert erreichten die Fragen unser Gehirn, das wiederum eine Ewigkeit benötigte, um diese zu verarbeiten. Ich sah die Gäste zum Teil völlig verschwommen vor mir stehen. Ich krallte mich am Schalter fest und versuchte dabei krampfhaft meine Augen offen zu halten. Das Fräulein Alexi und ich mussten auf die Gäste den Eindruck gemacht haben, scheintot zu sein. Weiß der Teufel, was sie von uns dachten. Tranceartig und mit monoton schleppender Stimme versuchten wir ihnen zu antworten. Die Situation war furchtbar.

Unweigerlich kamen mir Schopenhauers Worte in den Sinn: „Das Leben ist ein Trauerspiel!“ Die Grausamkeit kannte keine Grenzen, als sie uns zum Buchen und Ticketausdrucken immer wieder hinab auf den Monitor schauen ließ, dessen Zeilen und Zahlen während der Schüttelorgien in sich zerfielen. Mir war gewesen, als hätte jemand anderes mein Tun und Handeln übernommen, und ich selber war nur ein teilnahmsloser Betrachter aus der Ferne – unfähig einzugreifen.

Am Abend hatte sich die See immer noch nicht beruhigt. Die Theatervorstellung fiel aus, das Schiff war so gut wie leergefegt und ich lag siechend im Dämmerzustand in meiner Kabine – auf meinem Tod wartend. Auch das Fräulein Alexi lag in ihrer Kabine, dem Ende entgegenharrend. Spezi Astrid war weiterhin schimpfend und bleich wie ein Leichentuch in den Gängen unterwegs. Dabei versuchte sie Neptun mit ihrem Gefluche Respekt einzuflößen. Es schien zu helfen, gegen Mitternacht wurde die See ruhiger und schon bald war das Meer wie glatt gebügelt. Nichts war mehr von der Gewalt des Tages zu spüren. Endlich fiel ich in einen tiefen Schlaf, den ich so dringend benötigte.

Kolumbien

**„Nichts ist dem Interesse so zuwider, als Einförmigkeit,
und nichts ist ihm so günstig, als Wechsel und Neuheit.
Daher macht das Reisen so viel Vergnügen, weil mit den immer
wechselnden Standorten auch die Ansichten
der Natur immer wechseln, und daher hat überhaupt
das Leben ein so hohes Interesse,
weil es gleichsam eine große Reise ist und weil jeder Augenblick
etwas Neues herbeiführt, eine neue Ansicht zeigt
oder eine neue Aussicht eröffnet.“**

(Heinrich von Kleist)

Eine der schönsten Städte Südamerikas stand heute auf meiner Entdeckerliste. Wir hielten Kurs auf Kolumbien und den Hafen Cartagena.

Eine moderne Skyline mit unzähligen Wolkenkratzern zeichnete sich am Horizont ab. Doch nicht wegen seines modernen Teiles hatte unsere Reederei Cartagena ins Programm genommen, sondern wegen seines eigentlichen Juwels – der unvergleichlichen Altstadt!

Ich ging mit meinen Gästen die Gangway hinunter und es war aufregend auf südamerikanischem Boden zu stehen. Doch ausgerechnet heute sollten wir das nicht alleine tun, denn dass dies ein guter Tag war, Cartagena zu besuchen, dachte sich auch unser aller Freund George W. Bush. „The President of the United States himself", war auf Staatsbesuch – und wir mittendrin!

Genau zu dem Zeitpunkt, als unser Ausflugsbus den Hafeneingang passieren wollte, wurde das gesamte Gelände gesperrt und unserem Bus die Einfahrt verwehrt. Und wieso? Weil des Präsidenten Mädchen – auch unter dem Kennwort: „First Lady" bekannt – das Hafengelände besichtigte. Dumm war dabei nur, dass ich bereits, wie bestellt und nicht abgeholt, mit meinen Gästen auf der Pier stand. Und das traumhafte fünfzig Minuten lang. Als Mrs. Bush ihre Sightseeing-Tour beendet hatte, konnten wir in einem landestypischen bunten, offenen Bus unseren Ausflug starten.

La Popa – so heißt der Hausberg Cartagenas, auf den wir hopla-hop hinauffuhren. In unerträglicher Hitze bereiteten die Menschen am Straßenrand eines ihrer vielen Feste vor. Hochgetürmt stapelten sich Zuckerrohrhölzer, aus deren Saft die Einheimischen ein Getränk zubereiteten, das zu speziellen Festen verköstigt wird. Während wir vorbeifuhren, boten sie dem Einen oder Anderen aus kleinen Bechern einen Schluck zur Probe an.

Am Gipfel des La Popa Berges thront ein Kloster, das zugleich die Wallfahrtskirche der Stadt ist. Zum größten Teil gehören die Bürger Cartagenas dem katholischen Glauben an und zeichnen sich durch ihr tief frommes Wesen aus. Bis zum Kloster hin säumten vierzehn Kreuze den Weg, welche die Leidenstationen Christi darstellten. Nicht hoppla-hopp, sondern auf den Knien rutschen die Menschen ehrfürchtig betend den gesamten Kreuzweg hinauf.

Die Fahrt zum Gipfel war ein kleines Abenteuer. Manchmal mussten wir anhalten und einem entgegenkommenden Eselskarren Vorfahrt gewähren, der mit Zuckerrohr schwer beladen war. Die Straße hatte viele Schlaglöcher und wir fuhren vorbei am Armenviertel der Stadt. Trostlose Hütten, aneinandergereiht, beherrschten die Szenerie. In kleinen wild bewachsenen Gärten und vor den Haustüren saßen die Menschen beisammen oder gingen irgendwelchen Arbeiten nach. Sie hatten ihre Hütten für die anstehende Weihnachtszeit geschmückt. Bunte Lämpchen umrahmten Fenster und Türrahmen. Als sie uns sahen, grüßten sie uns freundlich.

Das Kloster war ein beliebter Angelpunkt für Touristen aus aller Welt und gehörte zur obligatorischen Stadtführung. Und so standen auch wir Weitgereisten vor seinen heiligen Toren. Vor dem Eingang des Klosters befanden sich viele Holzstände, deren Eigentümer Dinge feil boten, die die Welt nicht braucht. Wenn ich nicht auf der Hut gewesen wäre, hätten mir auflauernde Fotografen ihre Fotomotive – die aus lebenden Faultieren bestanden – mit großem Palaver auf den Arm gesetzt. Um mir von der Hitze Erfrischung zu verschaffen, griff ich auf das Angebot an frischem Kokosnusswasser zurück. Mit großen Messern schlugen die Verkäufer diese mit Schwung entzwei und schon hatte ich eine große Kokosnuss, samt einem Trinkhalm, in meinen Händen, deren Saft reine Wohltat versprach. Wie ihr merkt, ging es ganz schön geschäftig zu vor den Heiligen Hallen. Irgendwie kam mir die Geschichte von Jesus, dem Tempel und der Räuberhöhle in den Sinn. Um mich herum schwatzten die Amerikaner, und die Japaner fotografierten. Meine NABUCCO-Gäste waren wild verstreut zwischen den Verkaufständen zu finden. Plötzlich hallte ein grelles „Viiiiickmeeeeen“ durch die Hektik und die Betriebsamkeit und prompt zuckten alle meine Gäste zusammen und sammelten sich artig zu einer Gruppe. Vickmen war unser örtlicher Reiseleiter, der seinen Namen laut und langgezogen in die Menge rief, wenn die Gäste stramm stehen oder weitergehen sollten. Sie gehorchten ihm erstaunlicher Weise auf Kommando. Vickmen hatte sie bereits nach wenigen Minuten wunderbar erzogen. Vom Kloster aus hatten wir einen fabelhaften Blick auf Cartagena. Die Stadt und die dazugehörigen Inselchen lagen vor uns. Wir sahen die Neustadt und die Altstadt, Industrie- und Wohngebiete und den Hafen. An dem

Aussichtspunkt kletterten kleine Kinder wagemutig den Berg hinauf, um ein wenig Geld zu erbetteln. Mit großen Augen sahen sie uns an und hielten uns Plastikbecher entgegen, die sie an langen Stöcken befestigt hatten.

Der Besuch der Altstadt stellte sich als weitere Schwierigkeit in Blickpunkt auf den Staatsbesuch dar. Alle Straßen, die zur Old Town führten, waren weitläufig abgesperrt. Es war nur Fußgruppen – mit Reiseleiter – vorbehalten, das Juwel Cartagenas zu besichtigen. So marschierte ich etwa zwei Kilometer auf einer staubigen Straße, bei fast vierzig Grad Hitze und 95% Luftfeuchtigkeit, bis ich die Tore der Altstadt erreichte. Im meinem Schlepptau befanden sich über dreizig schwitzende Passagiere. Die Straße hatten wir für uns alleine. Wir mussten sie nur mit den Hunderten von bewaffneten Polizisten teilen, die uns auf jedem Meter Gesellschaft leisteten.

Als wir die Altstadt erreichten fühlte ich mich plötzlich zurückerinnert an Kindertage, denn die Bilder des Zeichentrickklassikers: „Die schnellste Maus von Mexiko" kamen mir in den Sinn. OK, wir waren in Kolumbien, aber glaubt mir, eine gewisse Gemeinsamkeit war an jeder Ecke zu finden. Auf gemütlichen Sträßchen mit Kopfsteinpflaster wiesen zauberhafte Blumenkübel in üppiger Pracht den Weg. Unter dem wolkenlos blauen Himmel schmiegten sich markante und wunderbare Häuser aneinander, die durch ihren spanischen Stil und ihre rot-braunen Ziegeldächer bestachen.

Viele sind in kräftigen, ins Auge stechenden Farben gestrichen. Jedes besitzt einen hübschen kleinen Holzbalkon, dessen Gerüst kunstvoll aufwändig geschnitzt ist. Eisengeschmiedete Fenstergitter bringen Glanz und sprechen – je pompöser sie bearbeitet sind – für einstiges Prestige und Reichtum der Besitzer. Besonders auffallend waren die Blumen, die in leuchtendem Rot und Lila ganze Häuserwände einnahmen. Die Häuser wirkten verschlafen und gaben der Altstadt somit einen sympathischen gemütlichen Charakter. Beschauliche Plätze, denen blätterreiche Bäume Schatten boten, beheimaten Restaurants und Cafés für ein geselliges Zusammensein. Wunderschöne Innenhöfe mit herrlichen Gärten ließen unsere Herz höher schlagen. Eingebettet in die Vergangenheit findet auch das Moderne Platz. Und so gibt es Boutiquen und Geschäfte, die keine Wünsche offen lassen. Ehrfurchtsvoll ragen Kirchen aus den Häuserzeilen empor. Die wunderschönen Hotels Santa Clara und Santa Teresa sind katholischen Ursprungs und waren einst Klöster.

Kunst- und Kulturliebhaber aus aller Welt stehen staunend vor dem Theater- und dem Opernhaus, dessen Bauweise vor Schönheit strotzt. Und die, welche die Muse küsst und die nach Inspiration dürsten, zieht es ebenfalls in die romantischen Altstadtgassen. So wie den berühmten Schriftsteller und Nobelpreisträger Gabriel García Márquez.

Die Einwohner sind bis heute stolz auf den Besuch von Papst Johannes Paul II., der in der Kirche San Pedro Claver die Heilige Messe las. Pedro Claver ist der Nationalheld, der sein Leben den Armen und den Sklaven widmete. Sein Tun war geprägt von einem lebenslangen Kampf für die Befreiung der Sklaven. Sein Wirken fand in den Augen der katholischen Kirche Annerkennung und sie sprach ihn heilig.

All die Häuser, Bauwerke und Straßen verleihen der Stadt ein wundervolles Erscheinungsbild. Was nun noch fehlt ist die Seele – die Menschen! Und diese waren überall zahlreich vorhanden und der Geist, den sie der Stadt einhauchten, stand für Freundlichkeit, Temperament und Fröhlichkeit. Nie werde ich diese strahlenden Menschen vergessen. Aus einigen Häusern erklang Musik aus Radios und Fernseher und die Einheimischen tanzten im Rhythmus für einen Augenblick ausgelassen auf der Straße und ließen Arbeit Arbeit sein. Was getan werden musste, konnte auch für einen Moment warten.

Welch ein Glück, dass wir nicht, wie es zwei Gäste am Vortag fälschlicherweise gedacht hatten, zu unchristlicher Zeit angelegt hatten. Vielleicht war es der Seegang, vielleicht waren es die Strapazen der Reise, vielleicht war es eine lange durchzechte Nacht, vielleicht war es, ach was weiß ich, was die beiden zu diesem Gedanken verleitetet hatte. Es war gegen 9:30 Uhr am Morgen und wir befanden uns auf hoher See, als sie am Scout-Schalter vorbeigingen. Ein Pärchen, das schon durch sein äußeres Erscheinungsbild eine Beschreibung wert war. Beide waren in knackigen, enganliegenden

Lederhosen und strammen Stiefeln gekleidet. Dazu trug sie ein bauchfreies Top – selbstverständlich auch im strammen Leder – das am Rücken mit hauchdünnen Bändern zusammengeschnürt war. Ihre Haare hatte sie zu einer wilden Mähne frisiert. Er trug ein weit aufgeknöpftes weißes Hemd, und hatte sein schwarzes langes Haar zu einem Zopf gebunden. An unseren Schaltern fiel ihr Blick auf einen Flyer, der zu Informationszwecken auslag. „Ausflugspräsentation Cartagena – Heute Morgen, im Theater", stand in dicken Buchstaben auf diesem. Sie schauten sich an und meinten zu meiner Kollegin:

„Oh, Katennga, haben wir da heute schon angelegt? Wie schade, das haben wir verschlafen."

Was für ein Gedanke! Unsere Routenplaner der Reederei dachten zum Glück nicht in solchen Dimensionen und so blieben wir davon verschont, mitten in der Nacht aufzustehen, ein Ausflugsprogramm durchzuziehen, um gegen 9:30 Uhr wieder auf hoher See zu sein.

Die Altstadt wirkt, trotz aller Probleme, die Kolumbien hat, wie eine Oase, die Hoffnung auf eine heile Welt verspricht. Jedoch auch durch das, was sich mir außerhalb der Altstadtmauern zeigte, schloss ich Cartagena ins Herz. Überall waren die Menschen in Bewegung. An den kilometerlangen, breiten Stadtstränden spielten die Kinder in Scharen mit zerfetzten Lederbällen Fußball. Sie hatten Schulferien und es war undenkbar, dass auch nur einer von ihnen allein zu Hause saß. Und so johlten, feixten, rauften und scherzten sie um die Wette.

Manchmal, wenn ich die Augen schließe, sehe ich diese Kinder vor mir. Sie stammen aus den Fischerdörfern am Stadtrand, die durch große materielle Armut gekennzeichnet sind. Ich betone das Wort „materiell" besonderes, denn von einer Armut des Herzens war nichts zu spüren.

In verwaschenen T-Shirts und kurzen abgetragenen Hosen, vergaßen sie plötzlich die Welt und das eben noch so wichtige Fußballspiel. Allesamt liefen sie uns winkend und hüpfend, mit einem lachenden „Hallo" entgegen. Einige Gäste und ich lehnten uns aus dem offenen Bus und streckten ihnen unsere offenen Handflächen entgegen. Alle Kinder rangelten sich nun darum, mit uns abzuklatschen. Hatten sie es getan, sprangen sie in die Luft, verrückt vor Freude. Diese Kinder haben mich in ihrer Einfachheit und ihrer Freude tief beeindruckt. In einem der Fischerdörfer fand ein großes Fest statt. Ein Kindergeburtstag! Im feinen Zwirn, geschniegelt und gestriegelt und mit bunten Luftballons in den Händchen, stand ein halbes Duzend vier- bis fünfjähriger um das Geburtstagkind herum. Sie sahen goldig aus und daher fragte ich die Mutter, ob ich ein Foto machen dürfte. Ich durfte, und ein netter Passagier bot sich an, mich im Kreise der Kleinen zu fotografieren. Als er den Auslöser drückte, winkten sie heftigst und gaben dem Bild und dem Fotografen ihr herzlichstes Lachen. Aus welchen mir schleierhaften Gründen lächelte ich dagegen nur scheu und erhob meine Hand zaghaft zum Gruß. Entstanden ist so eine Art „Lady Di-Foto".

Jedoch machte ich auch ein Kind unglücklich. All die Erzählungen und spannenden Geschichten von der Piratengeschichte Cartagenas, die ich ins Deutsche übersetzte, hatte bei einem kleinen Passagier die Ungeduld geschürt und mit weinender Stimme, auf seine Mutter hochschauend, fragte er am Ende:
„Mama, sag doch, wann kommen denn endlich die Piraten?"

Eine Hauptattraktion Cartagenas ist das Fort, das die Stadt in wilden Zeiten vor den Angriffen der Piraten schützte. Gebaut wurde es, nachdem die Stadt von diesen mehrmals angegriffen worden war und große Zerstörungen die Folge waren. Die Menschen errichteten ihre Stadt neu und bauten zugleich das Fort, das seinesgleichen in ganz Südamerika sucht. Ein massives Bollwerk, das von da an alle Versuche die Stadt einzunehmen, vereitelte.

Die Geschichte Cartagenas begann 1533, als der Spanier Pedro de Heredia die Stadt gründete. Sie hatte eine hervorragende Lage und wurde schnell zu einer der bedeutendsten Handelsmetropolen. In der Stadt wurden die Schätze gelagert, die Spanien aus Peru und Mexiko entnahm, bevor sie ins Mutterland gebracht wurden. Deshalb war Cartagena ein beliebtes Angriffsziel. Doch mit dem besagtem Fort, dem sich über die kleinen Inseln und Hafeneinfahrten verteilt 28 weitere anschlossen, und dank einer kilometerlangen Stadtmauer, fand dies ein schnelles Ende. Den Engländern gelang es ebenfalls nicht Cartagena einzunehmen. Dabei waren sie mit 186 Schiffen und 18.000 Mann angerückt, brachen ihren Angriff jedoch am 13. März 1740 ab.

Im Jahr 1819 wurde das Land von Spanischer Herrschaft befreit. Der Held der Kolumbianer Simón Bolívar gewann die Schlacht von Boyacá. Daraufhin wurde er der erste Präsident von Groß-Kolumbien, wozu Panama, Ecuador, Venezuela und Kolumbien gehörten.

Die Straßen Cartagenas waren von Autos, Eselskarren, Menschen auf klapprigen Fahrädern und den auffällig bunten Bussen geprägt. Hintergrund der farbenfrohen Transportmittel ist der, dass viele ältere Menschen noch vor etwa dreißig Jahren Analphabeten gewesen sind und daher nicht in der Lage waren, Buspläne zu lesen. Deshalb strich man die Busse an, mit der Idee, dass eine bestimmte Farbe, ein bestimmtes Ziel anfuhr. Nun war die Orientierung einfach und lesen brauchten die Leute nicht zu können. Nur farbenblind hätten sie nicht sein dürfen.

Vielerorts wurden Weihnachtsschmuck und Krippen mit holzgeschnitzten Figuren verkauft. Aber es war gewiss nicht nur die Vorfreude auf das Weihnachtsfest alleine, die eine zauberhafte Stimmung über die Stadt und über die kleinsten Gässchen legte. Es war und ist die Stadt selber und deren Einwohner, die mit viel Herz ihren Alltag begehen, der bei Leibe alles andere als einfach ist. Die Atmosphäre erschien gefühlvoll wie eine Ballade und fröhlich wie die Samba.

Das einzig tragische an dem heutigen Ausflug war ein Herr, der von erster Minute an unaufhörlich meckerte. Ständig wollte er zu irgendwelchen Märkten, die überhaupt nicht in unserem Ausflugsprogramm standen. Aber das schien ihm egal zu sein. Vor allem seine Frau war diejenige, die seinen Frust zu spüren bekam. Und manchmal war auch ich der Sündenbock, indem mich die Worte und Blicke seiner Unzufriedenheit trafen. Seine Kamera war ihm zu schwer, es war ihm zu heiß, wir gingen ihm zu schnell und sowieso war sein Leben ihm unerträglich. Doch kurioserweise war er es am Ende, der sich für meine Übersetzertätigkeit bedankte und sogar im

Bus aufstand und die Gruppe zu einem Applaus mir zu Ehren animierte. Da verstehe noch einer die Männer. Plötzlich zogen Hubschrauber und Flieger unsere Aufmerksamkeit auf sich. Wir eilen zu der Stadtmauer, von der wir einen optimalen Blick auf die Promenadenstraße hatten. Und prompt zogen Polizeiwagen und etliche in schwarz gekleidete Limos an uns vorbei, bis die Präsidentenlimousine an uns vorbeirauschte. Nun denn...!

Im Hafen stand ein weiterer bunter, offener Bus für den nächsten Ausflug bereit. In ihm warteten zwei Tänzerinnen, in hübschen kolumbianischen rot-blau-gelben Trachtenkleidern und vier ganz in weiß gekleidete Männer, die mit Trommeln und Trompeten musizierten. Über den ganzen Hafen hinweg und bis ins Schiff hinein dröhnten die Rumba-Rhythmen. Dieser Ausflug nannte sich: „Rumbatour" und er hatte rein gar nichts zu tun mit Geschichte und Kultur. Sondern er war einfach nur zum Spaß an der Freude gedacht. Auch das musste hin und wieder sein. Im Bus gab es Cola, Sprite und Rum bis zum Abwinken. Eine Stunde lang, ohne dabei große lehrreiche Erzählungen zu erhalten, fuhren wir mit den Musikern und Tänzerinnen durch die Stadt.

Glaubt nicht, das auch nur ein einziger Kolumbianer, den wir passierten, bei dem Klang der Rumba ruhig stehen blieb. Selten habe ich so viele tanzende Menschen am Straßenrand gesehen. Touristentour hin, Touristentour her – dies war ein Erlebnis.

Als der Ausflug zu Ende war, bewunderte ich den riesigen Weihnachtsbaum, der im Hafenterminal aufgestellt war. Um ihn herum stapelten sich mit roten Schleifen versehene Kartons. Braungebrannt und in sommerlicher Kleidung posierten Kati, Scout Nina und ich für unsere ganz eigenen Adventsbilder.

In Cartagena führte keine eben liegende Gangway in unser Schiff, sondern eine Art Hühnerleiter, die sich hoch bis zu Deck 6 erstreckte. Dank der Windstille und der unerträglichen Hitze war es auch für jemanden, der alle zwei Tage auf dem Laufband stand, ein Martyrium die hohen Stufen zu erklimmen. Jedes Mal war ich froh, wenn ich im klimatisierten Schiff angekommen war. Die Hühnerleiter durfte von niemandem betreten werden, der sich nicht mit

seiner Bordkarte ausweisen konnte. Auf Deck 6 angelangt musste sich jeder Gast, wie am Flughafen, einem gründlichen Sicherheitscheck unterziehen. So war es nicht nur hier – sondern in jedem Hafen dieser Welt. Gleiches galt für die Crew. Nie wurde ich von Passagieren darauf angesprochen. Wenigstens das sahen sie als selbstverständlich an und stellten es mit keinerlei Kritik in Frage. Doch dies änderte sich am heutigen Tag im Hafen Cartagenas! Unter südamerikanischer Sonne! Auf der Hühnertreppe irgendwo zwischen Deck 4 und Deck 5! Eine stämmige Frau blieb plötzlich vor mir stehen, als wäre sie vom Blitz getroffen worden. Sie drehte sich um und sprach deutlich die Worte:
„Wieso machen die eigentlich überall diese Sicherheitskontrollen? Ist denn schon mal irgendwo was passiert?"
Glaubt ihr mir, dass ich im ersten Moment sprachlos war? Ich bin es gewesen! Danach wurde mein Schweigen abgelöst von einem langgezogenen „Äääähˮ, und ich stammelte wie in Zeitlupe: „Ja, äääh, da war doch der 11. September."
Völlig vom Glauben, oder besser von der Hühnerleiter abgefallen, bin ich, als sie knapp erwiderte: „Echt?!" So als hätte sie gerade eine Neuigkeit erfahren. Nun wusste ich, die großen Erfindungen der Medien, wie Radio, Fernsehen, Internet oder Zeitung waren doch noch nicht zu jedem vorgedrungen.

꧁ *Panama* ꧂

„Ich träume oft von Panama."
(Janosch)

Panama ist ein Land, dass für mich immer weit entfernt irgendwo am Ende der Welt lag, das ich aber unbedingt immer einmal bereisen wollte. Heute kann ich mit stolz geschwellter Brust behaupten: „Hey, ich war in Panama!" Und zwar kreuz und quer, von Ost nach West, vom Atlantik zum Pazifik mit Bussen und mit Booten.

Da Mittelamerika das Zielgebiet der nächsten Monate war, legten wir regelmäßig in Panama an. Dies war eine herrliche Sache, denn bei jedem Anlauf gab es immer etwas Neues zu entdecken.

Colón ist eine schmutzige und mit heruntergekommenen Häusern verruchte Hafenstadt, in der es sich nicht lohnte, großartig den Tag zu verbringen. Es gab keine Chance, gemütlich durch wundervolle Straßen zu bummeln oder sich an atemberaubenden Sehenswürdigkeiten zu erfreuen, da es diese schlichtweg nicht gab. Zudem weist Colón die größte Kriminalitätsrate Mittelamerikas auf.

Allerdings beherbergt die Stadt, nach Hongkong, die zweitgrößte Freihandelszone der Welt. Kilometerlang reihen sich, für den Groß- und für den Einzelhandel, Duty-Free Geschäfte aneinander. Allein 40.000 Menschen schenkt die Freihandelszone Arbeit, die zum größten Teil auf der Atlantikseite in Panama City – der Hauptstadt des Landes – leben. Besonders günstig und dabei qualitativ hochwertig lässt sich in Colón elektrisches Gerät einkaufen. Daher mein Tipp: solltet ihr einen Elektroartikel benötigen, egal ob Kaffeemaschine oder Bügeleisen, macht euch auf nach Panama.

Große Containerschiffe lagen im Hafen und noch viel mehr auf Warteschleife zur Einfahrt in den Panamakanal, der direkt vor den Toren Colóns beginnt bzw. endet.

Sobald ich aus der Stadt hinausgefahren war, entdeckte ich ein Land von unsagbarer Schönheit. Mit einer so üppigen und grandiosen Natur, wie sie nicht besser hätte sein können. Umrandet von Pazifik und Atlantik, tropischem undurchdringlichem Regenwald, emporsteigenden Bergketten, Flüssen und Seen ist das Land ein wahres Fest für die Seele.

Unzählige Nationalparks nennt Panama sein Eigen. In einem von ihnen, der sich über mehrere Inselchen erstreckt, leben die „Emberá Indianer". Auf den Inseln haben sie Dörfer erbaut, wie es ihrer Kultur und Tradition entspricht. Während unserer Anläufe in Panama hatte ich die Gelegenheit, eines dieser Dörfer zu besichtigen. Zuerst hatte ich mich gegen diesen Ausflug gewehrt, da ich überzeugt war, dass es sich um eine Touristenabfertigung handelt. Aber ich ließ mich belehren, dass die Indianer dies freiwillig machten und uns mit Freude ihre Bräuche und Weisheiten näher brachten. Die Dorfbewohner, die keine Lust auf uns hatten, widmeten sich während unseres Besuches anderen Dingen. Die Indianer leben einfach und bescheiden – ihre Hütten sind rund herum offen und nur ein Holzdach bietet Schutz vor Regen. Koch-, Schlaf- und Wohnstelle sind in einem Raum vereint. Geprägt ist das Leben der Indianer von der Harmonie zwischen Mensch und Natur. Der Respekt füreinander und für jedes Lebewesen ist ein hohes Gut, das sie von Generation zu Generation weitergeben. Besonders angesehen sind die alten Menschen des Stammes und andachtsvoll hören die jungen auf deren Erzählungen und Weisheiten. Über den Changres-River gelangten wir mit Kanus zu dem Stamm der Indianer. Diese Fahrt war herrlich friedvoll. Jeden Vogel hörten wir singen, sowie das Rauschen der Blätter durch den Wind säuseln. An diesem Tag ließ mich ein wolkenverhangener Himmel die Ruhe noch inniger spüren.

Wenn man an Panama denkt, kommt einem neben Janosch natürlich erst mal nur eines in den Sinn: der Panamakanal. Und schon sind wir bei einem meiner Kindheitsträume: einmal durch den Panamakanal zu fahren! Denn das klang für mich schon immer nach großer weiter Welt. Bei unserem heutigen Anlauf sollte sich mein Traum erfüllen, denn ich durchfuhr mit einem Ausflugsboot den Kanal. Zwar nur bis zur Hälfte, da anderes die Zeit nicht erlaubt hätte, aber auch das war etwas Großartiges.

Bevor ich den Ausflug antrat, hatte ich mich eifrig und wissbegierig, auf Anraten des Spezis Astrid, in die Geschichte des Panamakanals eingelesen, die Astrid mit einem Kriminalroman gleichsetzte. Und tatsächlich, spannend war sie allemal. Den Traum, eine Verbindung zwischen Atlantik und Pazifik zu schaffen, gab es, seit die ersten Entdecker auf Panamas Boden Fuß fassten. Nach dem erfolgreichen Bau des Suez Kanals wollte sich dessen Architekt Ferdinand Lesseps auch durch den Bau des Panamakanals unsterblich machen. Allerdings war er ein Sturkopf und er dachte, es wäre ein leichtes Unterfangen und er müsse einfach nur so vorgehen, wie er es beim Suezkanal erfolgreich getan hatte. Dort war vornehmlich mit schweren Baggern Sand abgetragen worden. Aber dies war in Panama nicht so einfach. Allein deshalb, weil das Land gebirgig ist und ohne ein ausgeklügeltes Schleusensystem, dass sich den Höhenunterschieden anpasste, überhaupt nicht an den Bau zu denken war. Meeresbiologen erfasst zudem der Gedanke, dass die beiden

Ozeane mit ihren unterschiedlichen Eigenschaften ineinander geflossen wären, mit Schrecken. Denn dies hätte eine verheerende Naturkatastrophe zur Folge gehabt. Von alle dem wollte Lesseps jedoch nichts wissen, und fuhr stur mit seinem Konzept fort. Er schickte Tausende Arbeiter in das Gebiet, wobei er ein weiteres Hindernis enorm unterschätzte: das Klima! Die großen Regenfälle, die in ihrer Gewalt nicht einzuschätzen waren. Die unerträgliche Hitze und Luftfeuchtigkeit. Im Regenwald lauerten Gefahren, von denen Lesseps nicht einmal ahnte, dass es sie gab. Unzählige Arbeiter fanden ihren Tod und wurden durch Epidemien wie Malaria dahin gerafft. Zweimal versuchten sich die Franzosen am Bau des Kanals: von 1881 bis 1888 und von 1894 bis 1898. Am Ende mussten sie sich eingestehen, dass ihr Vorhaben gescheitert war. Panama stand zu dieser Zeit unter kolumbianischer Herrschaft. Dies führte zu einer immerwährenden Unzufriedenheit im Lande, da der Traum nach Unabhängigkeit sehr groß war. Nachdem die Franzosen gescheitert waren, erkannten die USA den wirtschaftlichen Nutzen einer, auf dem Seeweg, schnellen Verbindung zwischen Atlantik und Pazifik. Sie fragten die Nicaraguanische Regierung, ob sie es gestatte, auf ihrem Land den Isthmus zu bauen. Als diese „Nein" sagte, wandte sich die USA an Kolumbien, aber auch dessen Regierung verweigerte ihr die Zusammenarbeit. Die Vereinigten Staaten stellten ihre Idee daraufhin Panama vor und versprachen, wenn es Teile seines Landes hergäbe, würden sie es im Gegenzug von der kolumbianischen Herrschaft befreien. Das war ein Wort. Die USA ließ kurz ihr Militär auffahren, so dass Kolumbien überhaupt nichts anderes übrig blieb, als Panama in die Freiheit zu entlassen. Dasselbe sollte laut Vertrag geschehen, falls Kolumbien versuchte, seine Herrschaft zurückzugewinnen.

Am 3. November 1903 erklärte Panama seine Unabhängigkeit. Das Land erhielt zehn Millionen US-Dollar plus einer jährlichen Zahlung von 250.000 US-Dollar. Dafür erhielten die Amerikaner das Recht zum Bau des Kanals, womit sie im Jahre 1904 begannen. Fünf Kilometer rechts und links entlang des Isthmus entstand eine Kanalzone, die fest in amerikanischer Hand war und von ihr besetzt und verwaltet wurde. In den ersten drei Jahre allerdings war ein schneller Bau nicht möglich, denn das gesamte Gebiet musste von der Malaria befreit werden. 1907 konnten die amerikanischen Arbeiter endlich das Territorium betreten und im Jahre 1914 war das große Werk erfolgreich durchgeführt worden. Von da an wurde der Kanal, bis er im Jahre 1920 offiziell eingeweiht wurde, bereits eingeschränkt benutzt.

Die Panamesen wurden in den folgenden Jahren immer unzufriedener, denn sie sahen wie die USA, dank des Kanals, große Gewinne erzielten. Sie selber erlitten stattdessen schwere Krisen, insbesondere nach dem zweiten Weltkrieg. Das Land war geprägt durch Inflation, Arbeitslosigkeit, hohe Schulden und einen enormen Bevölkerungszuwachs. Es lag auf der Hand, dass die Panamesen, insbesondere die Oppositionsgruppen, den Gewinn bringenden Kanal für sich forderten. Die USA kam dem entgegen und erhöhte die jährlich Zahlung auf 1,93 Millionen US-Dollar. Panama genügte dies jedoch nicht, denn es wollte nun den Kanal. Dieser Wunsch wurde umso größer, nachdem der Suez-Kanal verstaatlicht worden war. Die USA ließen daraufhin neben der amerikanischen auch die panamesische Flagge in der Kanalzone hissen, um den Unmut zu beschwichtigen. Die Unruhen wurden jedoch größer, Studenten rebellierten und das Land schien aus seiner Krise nicht herauszukommen. Im Jahre 1971 trat der panamesische Präsident Torrijos vor den damaligen US-Präsidenten Jimmy Carter und bat ihn um eine Lösung. Carter erklärte sich bereit, den Panamakanal an Panama zu übergeben. Allerdings sollte dies nicht von Heute auf Morgen geschehen. Denn Carter war der Meinung, dass Panama die Verwaltung des Kanals Schritt für Schritt erlernen sollte. Daher wurde in den folgenden Jahren kein weiterer Amerikaner eingestellt. Wenn ein US-Bürger zum Beispiel in Rente ging, trat ein Panamese an seine Stelle. Panama lernte nach und nach alles über die Wirtschaftlichkeit und was mit ihr verbunden ist. Am 31. Dezember 1999 wurde endgültig die amerikanische Flagge abgenommen. Die panamesische wehte fortan allein und stand für die vollständige Souveränität Panamas über den Kanal.

Heute fuhr ich, bei herrlichem Wetter und mit 200 Gästen, durch den berühmten Isthmus. Zuvor jedoch war es ein Trauerspiel anzusehen, wie eine große Zahl Passagiere auf unser Ausflugsboot zustürmte. Dabei hatten die Reiseleiter in jedem Bus um geduldiges Handeln gebeten, da wir nur schubweise auf das Schiff gelassen wurden.

Die Landschaft, die wir passierten, war ein Traum. Immer wieder begegneten wir großen Containerschiffen mit schwerer Ladung, sowie tollen Kreuzfahrtschiffen.

Auch wenn ich mich nicht für Technik interessiere, haben doch die Zahlen und Fakten, die mit dem Panamakanal konform gehen, beeindruckt. Da der Kanal von beiden Seiten befahrbar ist, sind seine Schleusen, die den Übergang über die Bergkette ermöglichen, zweispurig. Sie dienen als Wasseraufzüge und heben die Schiffe bis zu 26 Meter in die Höhe. Bei jedem Schleusenvorgang werden etwa 197 Millionen Liter Süßwasser verbraucht, das aus Stauseen gewonnen wird und am Ende ins Meer fließt. Als wir uns in den Schleusen befanden, wurden wir links und rechts von kleinen Lokomotiven gezogen, die auf elektrischen Schienen laufen. Sie werden eingesetzt, um die Schiffe in Position zu halten und sind mit ihnen durch Kabel verbunden.

Ich hatte von oberster Stelle den Auftrag erhalten, für die nächste Ausflugpräsentation unser Ausflugsboot genauestens zu fotografieren, und so musste ich von äußerst merkwürdigen Blicken begleitet durch das Schiff ziehen und Bänke, Treppen und Stühle ablichten, während draußen die Natur zu Höchstleistungen auflief. Zum Glück dauerte die Fahrt mehrere Stunden, so dass ich nicht den gesamten Ausflug mit solch unnötigem Getue vergeuden musste.

Nach dem anfänglichen Ansturm auf das Schiff ließen mich die Passagiere ein zweites Mal mit den Ohren schlackern. Einige hatten doch tatsächlich ihre NABUCCO-Badetücher mitgebracht, die sie ohne Scham auspackten und auf die Bänke legten, um sich ihren Platz zu reservieren. Schließlich bestand die Gefahr, dass ihr Sitz, bei der Rückkehr vom Fotografieren, besetzt gewesen wäre. Denn es gibt immer Gauner, die das siebte Gebot missachten und selbst vor dem Diebstahl freier Plätze keinen Halt machen. Damit wäre der schöne Tag vorüber und der Ausflug ein einziges Ärgernis gewesen – Wut und Unmut hätten nun die Gefährten für die restliche Kanalfahrt geheißen. Vier Moselaner – ein Bäcker und ein Gastwirt mit ihren Ehefrauen – und ich beobachteten das Spiel eine Weile. Wir schüttelten nur noch mit den

Köpfen und wieder kam mir Schopenhauers Trauerspiel in den Sinn. Hätte ich nicht über all die wunderbaren Menschen, die mir immer wieder begegneten, die traumhaften Länder und die interessanten Kulturen zu berichten, würde sich durch dieses Buch ein roter Faden der Hoffnungslosigkeit ziehen. Es kam wie es kommen musste, die Gäste, die kein Handtuch mitgebracht hatten, blieben stur auf ihren Sitzen kleben, egal, was sie von der Reling aus hätten erblicken können. Die Guten, die sich diesem Spiel entzogen – wunderten sich nur während sie wandelten und erfreuten sich an der Fahrt.

In Panama City, unserem Endziel, angelangt, machten wir eine kleine Stadtrundfahrt und lernten, dass all ihre Wolkenkratzer erst in den letzten zehn Jahren entstanden waren und sich ein immer größeres Bankzentrum etabliert.

Wir hatten auch einen Ausflug im Programm, der sich ausschließlich auf die Hauptstadt Panamas konzentrierte. Und genauso stand er in der Ausflugsbroschüre beschrieben. „Fahrt von Colón nach Panama City“. Mit keinem Wort wurde die Besichtigung des Kanals erwähnt. Trotzdem stand Kati – die diesen Ausflug begleitete – im Schussfeuer sich beschwerender Passagiere.

„Wir haben den Ausflug nur wegen des Panamakanals gebucht“, fluchten sie mit lauter Stimme.

„Wir wollen den Kanal sehen“, „wir wollen, wir wollen, wir wollen“, ließen sie bei jeder sich bietenden Gelegenheit nicht aus zu erwähnen. Mit Presse und Anwalt gegenüber der Reederei, drohten sie gar, wenn man sie nicht unverzüglich zum Kanal fahren würde.

Irgendwie war das schon witzig, wir hatten zig Touren im Angebot, die sich allesamt mit dem Panamakanal befassten: mit dem Zug entlang, mit dem Boot darüber fahrend, mit dem Hubschrauber darüber fliegend oder von den Schleusen aus darauf schauend. Aus all diesen Möglichkeiten hätten sie als Kanalfreaks sich nur eine aussuchen müssen und schon wäre ihr Herz und ihre Erinnerung um den Panamakanal reicher gewesen. Aber nein – sie hatten sich aus der Broschüre die Alternative ausgesucht, die sie nun überhaupt nicht zu ihrem Wunschziel bringen sollte. Ein klarer Fall von nicht genauem Studieren des Ausflugsheftchens. Jeder Richter würde in diesem Fall die Schuld dem Passagier zuweisen. Aber, und wie könnte es auch anders sein, der Passagier nicht sich selbst. So steigerte sich in ihm eine Wut – beim Begreifen, Panama verlassen zu müssen, ohne den Kanal gesehen zu haben – die er nicht still mit sich selber ausmachte, sondern sie an Reiseleiter und Scout entlud.

Im Ausflugsangebot hatten wir zudem eine Kajaktour auf dem Gatun-Stausee. Diesen begleitete der Spezi Astrid und mit ihr ein junges Pärchen, das kaum im Kajak sitzend, voller Panik die Tour abbrach. Da man sich im Leben immer zweimal sieht, feierte Astrid am Abend ein Wiedersehen mit den beiden Helden, die wehleidig zum Buchungsschalter kamen und sagten:

„Das wird ein Nachspiel haben, uns solchen Gefahren auszusetzen."

Astrid wusste ja nun dass ihnen die Kajakfahrt Angst bereitet hatte, allerdings hatte sie während des Ausfluges den Grund hierfür nicht herausfinden können. Diesen sollte sie nun erfahren, denn die Dame des Duos fuhr fort:

„Wir haben einen lebensbedrohlichen Schock erlitten, denn wir sind fast gekentert. Noch jetzt steckt uns die Vorstellung eines Krokodilangriffes in den Knochen."

Astrid konnte sich ein Grinsen nicht verkneifen und antwortete:

„Ich versichere, wir kajaken nicht mit Ihnen auf Gewässern, in denen es Krokodile gibt."

Doch davon wollten sie nichts wissen und entgegneten:

„Hören Sie auf damit, wir werden daheim zum Psychiater gehen. Wir wünschen Ihnen noch einen schönen Tag. Sie werden von unserem Arzt hören."

Darauf mussten wir erst mal anstoßen, und taten dies bis zum frühen Morgen an der NABUCCO-Bar.

Costa Rica

**„Wir sind so gerne in der freien Natur,
weil diese keine Meinung über uns hat."**
(Friedrich Nietzsche)

Es gibt sie noch, die wahren Schätze der Natur. Länder, in denen alles in üppiger Vielfalt lebt und gedeiht. Juwelen, wo das Paradies Alltag ist. Ein solcher Schatz ist Costa Rica, im Norden an Nicaragua und im Südosten an Panama grenzend.

Als Columbus das Land am 18. September 1502 entdeckte, wurde er von den Indianern reichlich mit goldenen Schmuckstücken beschenkt. Aus Freude soll er darauf gerufen haben: „Que costa rica." – welch reiche Küste! Gold fanden die Spanier zwar nur in geringen Mengen, die grandiose Natur allerdings macht dem Namen alle Ehre. Denn das Land beheimatet weit über 500.000 Pflanzen- und Tierarten. Das sind mehr als in ganz Europa und Nordamerika zusammen! Hierzu zählen 250 Säugetier-, 900 Vogel- und mehr als 2500 Schmetterlingsarten, sowie über 1500 Orchideenarten. Und fast jeden Tag entdecken die Forscher neue Spezies, denn es gibt Regionen, in die bis heute kein Mensch vorgedrungen ist. Ein Naturpark reiht sich an den andern, Wasserkanäle ziehen sich durch die dichtbewaldeten Küstenregionen und hohe Berge vulkanischen Ursprungs verlaufen bis zu 3800 Metern erhaben durch dieses wunderschöne Land. Im Sonnenlicht erstrahlen Strände, an die die Gischt des Meeres bricht.

Welch wunderbare Route war doch Mittelamerika. Nachdem schon Cartagena und Panama von atemberaubender Schönheit waren, überwältigte mich Costa Ricas Natur und ließ mich staunen, dass so etwas Wirklichkeit war.

Unser Hafen war Puerto Limón, doch wie schon in Colón suchte ich architektonische Sehenswürdigkeiten vergebens. Die Stadt faszinierte mich allerdings wegen ihres karibischen Flairs und der Vielfalt der Rassen, die friedlich miteinander leben. In der Hafenstadt findet sich ein buntes Allerlei von Schwarzafrikanern, Costaricanern spanischen Ursprungs und

Chinesen, die Nachkommen der Eisenbahnbauer des 19. Jahrhunderts sind. Größtenteils leben in Costa Rica Weiße, spanischer Herkunft. Meist säumen zweistöckige Hütten die Straßen, in deren Erdgeschossen Lokale und Geschäfte untergebracht sind. Die Besitzer leben im Stockwerk darüber. Der quirlige Hafen wird geprägt vom regen Treiben des Bananen- und Kaffeeexportes. Große Containerschiffe werden beladen, bevor man die Güter in alle Länder der Welt bringt.

Bei einer so überwältigenden Natur gab es natürlich nur eine Aufgabe, die unsere Ausflüge innehatten: diese zu erkunden!
Einer der landschaftlichen Höhepunkte ist der Tortuguero-Nationalpark, dessen Lagunen und Kanäle nicht zählbar sind.
In diesem musste ich mit meinen Gästen auf ein Boot warten, das uns durch die Wasserstraßen fahren sollte. Die Wartezeit wurde nett verkürzt, denn ein Gast – im Schalke 04 Shirt – gesellte sich zu mir, um neckische Fragen zu stellen.
Erstens: „Werdet ihr für euren Job bezahlt?"
Zweitens: „Habt ihr einen eigenen Raum zum Essen?"
Drittens: „Bekommt ihr den gleichen Fraß wie wir?"
Viertens: „Kocht ihr selbst?"
Ich war kurz davor, ihn oder mich in die Kanäle zu stürzen. Zum Glück kam in diesem Augenblick das Boot und ich musste mich um andere Dinge kümmern, wie den Streit zwischen einigen Passagieren zu schlichten. Auf dem kleinen Schiff gab es nur Zweierbänke. Ein älteres Paar hatte sich auf zwei Bänke verteilt, so dass jeder von ihnen am Außenrand des Bootes saß. Sie tat dies mit einer schweren Fotokamera und er mit einer extrem schweren Videokamera. Da die beiden Bänke mit je nur einer Person besetzt waren, wurde ein junges Pärchen gezwungen sich zu trennen, um auf den beiden freien Plätzen Platz zu nehmen. Die Folge war ein lautes Wortgefecht zwischen den Parteien. Das ältere Paar blieb stur auf seinen Sitzen, und wollte seine „first-class-position" zum filmen und fotografieren nicht aufgeben, während das junge Pärchen bei der Vorstellung verzweifelte, eine Stunde lang getrennt auf verschiedenen Bänken sitzen zu müssen. Keiner von ihnen gab nach, daher erkläre sich ein drittes Pärchen bereit, die einzelnen Sitze einzunehmen. Die Tour war gerettet und es konnte endlich losgehen.

Die Natur war friedlicher als die Menschen. Sie war faszinierend, beeindruckend und alles überwältigend. Die Vielfalt in der sie sich präsentierte erstaunte zu jeder Sekunde. Hohe Farne, Stelzwurzelbäume und Palmen gediehen in üppiger Weise an den Ufern, und ab und an waren die Kanäle gar so eng, dass sich die Ufervegetation berührte. Der Tortuguero-Nationalpark ist das Zuhause einer Vielzahl tropischer Vögel, und immer wieder hatten wir das Glück einige davon zu sichten. Aber auch sonst wurden wir mit Blicken auf die großartige Tierwelt großartig beschenkt. Wir sahen Krokodile, die dösend am Ufer lagen, Brüllaffen und Faultiere, die uns aus den Baumkronen grüßten und Leguane, die sich auf Baumästen in der Sonne aalten. Es war traumhaft!

Während der Rückfahrt erzählte uns der Guide stolz von seinem Costa Rica. Er war ein wenig traurig darüber, dass seine Heimat von vielen als Dritte Welt Land angesehen wird. Um uns des Gegenteils zu überzeugen, erzählte er eifrig von den Annehmlichkeiten, die Costa Rica vom Rest Mittelamerikas abgrenzt. Sein Land gehörte ebenfalls der spanischen Krone an, wurde jedoch 1821 unabhängig. Nach einem kurzen Intermezzo mit Mexiko and weiteren Nachbarstaaten errang Costa Rica 1838 die volle Unabhängigkeit. Heute ist es das demokratischste Land Mittelamerikas. Die Regierung verzichtet auf ein Militär und begnügt sich stattdessen mit einer zivilen Streitkraft. Die daraus ersparten Gelder fließen in die Ausbildung und in das Gesundheitswesen. Es besteht Schulpflicht und der Schulbesuch ist kostenlos. Selbst wenn in einem abgelegenen Dorf nur ein einziges Kind lebt, wird für dieses ein kleiner Klassenraum eingerichtet. Insofern ist die Analphabetenquote sehr niedrig. Zudem sind Costa Ricas Universitäten hoch angesehen. Medikamente und die ärztliche Versorgung sind frei, und für Arbeitnehmer besteht ein Gesundheitsvorsorgeprogramm. Viele Haushalte verfügen über Kabelfernsehen, da der Anschluss zu Tiefpreisen zu erhalten ist. Es gibt fünf Tageszeitungen, die keiner Zensur unterworfen sind. Die Energieversorgung mit Hilfe von Wasserkraft wird immer weiter ausgebaut. Und vom internationalen Flughafen Costa Ricas werden Ziele weltweit angeflogen.

Am Nachmittag startete ich zu einem Ausflug, der als „Faultierfarm" ausgeschrieben war. Auf dem Weg zu dieser schaute ich voller Begeisterung auf die Landschaft. Die Straße führte an weiten Bananenplantagen und an kleinen Ortschaften vorbei. Zuckerrohr- und Ananasfelder breiteten sich kilometerweit aus, die Strände waren naturbelassen und palmenreich geschmückt. Auf unserem Weg begleiteten uns viele Flüsse, an deren Ufer sich Mangrovenwälder anschlossen. Ab und an hielten wir an, wenn der Busfahrer mit gutem Auge Faultiere, Brüllaffen und Leguane gesichtet hatte. Oftmals wurden an der Straße Bananenstauden aus erster Hand verkauft, direkt vom Feld. Unser Guide ließ es sich nicht nehmen, eine Staude zu kaufen und diese an uns zu verteilen. Gegessen hat jeder eine, aber „Dankeschön" sagten die wenigsten.

Als wir an der Faultierfarm ankamen, erkannten wir, weshalb der Regenwald seinen Namen hat Es regnete in Strömen. Seltsamerweise brachte dies die Passagiere nicht in Aufruhr. Da hatte ich schon ganz anderes erlebt.

Die Farm wurde von einem amerikanischen Ehepaar betrieben, das sich zur Aufgabe gemacht hatte, kranke Faultiere, die in der Natur keine Chance zum Überleben gehabt hätten, liebevoll zu pflegen. Als sie uns die Tiere zeigten, rastete ein Gast völlig aus und motzte mich fragend an, warum wir uns die Faultiere, statt in der Natur, auf einer Farm anschauen. Dies war mal wieder so ein Fall von falsch gelesenem Ausflugsheft. Er redete sich in Rage und sprach von Betrug. Immer noch regnete es in Strömen, und zur anschließenden Kanufahrt wurden wir mit großen Ponchos ausgestattet. Kaum saß dieser Mensch fünf Minuten im Kanu, grinste er unentwegt und war zufrieden. Bei einer anschließenden Regenwaldwanderung waren Faultiere und Brüllaffen in freier Natur unsere Begleiter.

Essen Umsonst?

„Wie viele Dinge es doch gibt, die ich nicht brauche!"
(Sokrates)

Nach so vielen gewonnenen Eindrücken war es mal wieder an der Zeit durchzuatmen und zu entspannen. Ein Tag auf See mit endlosen Blicken auf die Unendlichkeit des Meeres lag vor mir.

Den Passagieren bot sich die Zeit zu faulenzen, zu lesen, sich sportlich zu betätigen, sich im Wellness-Bereich von Kopf bis Fuß verwöhnen zu lassen oder, wie eine gewisse Dame, auf der Pirsch nach Sonderangeboten zu sein. Sie war halb türkischer und halb russischer Abstammung und sprach ein sehr schlechtes Deutsch.

Da sie überhaupt keine Ahnung hatte, welche Ausflüge sie buchen wollte, musste ich ihr jeden erklären. Als sie endlich an einem vier Stunden dauernden Ausflug Gefallen fand, fragte sie mich zig Mal, ob denn bei diesem das Essen inklusive wäre. Ich verneinte immerzu – doch immer wieder fragte sie aufs Neue:
„Was ist mit Essen? Ist inklusive? Ist genug zu essen für mich? Muss ich Essen nicht bezahlen?"
Sie hatte ihren kleinen Sohn dabei, der wissen wollte:
„Bekommen wir ein Lunchpaket mit?"

Ich verlor zwar nicht die Geduld, wusste aber nun, dass ich mich deutlicher ausdrücken musste und antwortete:
„Sie sind doch nur vier Stunden unterwegs, bei solch kurzen Ausflügen ist das Essen nie inklusive. Schauen Sie, Sie können davor und danach auf dem Schiff essen. UMSONST. Quasi zwanzig Stunden am Tag. Ich bin mir sicher, Sie schaffen es für die vier Stunden ohne Nahrung auszukommen. Und sollten Sie doch wider Erwarten Hunger bekommen, können Sie sich ja während des Ausfluges irgendwo etwas kaufen. Ein Sandwich oder so finden Sie bestimmt überall."
Sie schaute mich an und fragte:
„Gibt es Gutschein von Schiff, wenn ich kaufe Sandwich?"
Auch das musste ich verneinen, und unsere Reederei als erbarmungslose Organisation, die der Sättigung der Menschen mit Spott entgegenblickte, entblößen.

Die Dame war empört, dass sie bei einem etwaigen Hungeranfall ihr Essen selber zahlen sollte und war am Ausflug nicht mehr sonderlich interessiert. Weiter durch das Ausflugsheft blätternd fragte sie auf einmal, wie von einem Gedankenblitz getroffen:

„Wenn ich drei Ausflüge buche, bekomme ich dann vierten UMSONST?“
Ich verneinte wiederum. Plötzlich wurde sie nervös, schaute auf ihre Uhr und sagte hastig:
„Ich muss los, muss los. In Theater – da ist Treffpunkt für Ausflug in Costa Rica.“
Ich musste dies – ich war mittlerweile Profi – verneinen und erklären, dass wir bereits am Vortag in Costa Rica waren. Doch sie gab keine Ruhe und erklärte mir:
„Dann andere Ausflug. Muss in Theater. Gruppe treffen. Möchte jetzt auf Ausflug!“
Es dauerte lange, aber letztendlich konnte ich ihr verständlich machen, dass wir uns den ganzen Tag auf hoher See befänden und sie daher nicht auf Ausflug gehen könne. Dies schien ihr einzuleuchten, und so erwog sie es, sich mit ihrer Schnäppchenjagd auf andere Territorien zu konzentrieren, die ihr an einem Seetag nützlicher sein konnten. Nun waren es unsere Barkeeper, die verneinen mussten, dass es die Getränke UMSONST gab.

Langsam endete mein Dienst und es kam so gut wie niemand mehr zu meinem Schalter, als plötzlich ein energisches: „Buenos Dias“, ertönte. Ich schaute auf, und vor mir standen zwei schick angezogene Jamaikanerinnen. Die eine dick – wie eine Mama aus den Südstaaten und die andere dünn daneben. Sie fragten nach der Rezeption und zeigten mir später an der Bar ihre Familienfotos. Eine nette Begegnung.

Auf der abendlichen Party fiel uns eine Dame durch ihren auffälligen in kastanienrot-gefärbten Zopf auf, den sie streng zur Seite trug. Ein Seitenzopf eben – und dies war auch der Name, den wir ihr gaben. Sie hatte eine ungeheuerliche Masse an Haaren, die bis auf die letzte Strähne zur Seite frisiert waren. Dazu trug sie ein langes flatterndes buntes Kleid. Die Dame war in ausgelassener Partystimmung und rockte das Schiff. Sie marschierte auf der Tanzfläche ständig wie ein Zinnsoldat von ganz links nach ganz rechts. Spezi Astrid und ich standen auf einer Treppe, von der aus wir das gesamte Pooldeck überblicken konnten. Direkt darunter tanzte ein Mann, dessen Glatze so sehr poliert war, dass sich der Mond darin spiegelte. Äußerst romantisch!

ꕥ Montego Bay II ꕥ

„Sorgt euch nicht über eine Sache, weil jede kleine Sache gut werden wird.“
(Bob Marley)

In Montego Bay durfte ich heute einen ganz besonderen Ausflug begleiten. Auch wenn mir der Tarzan an meiner Seite fehlte, schwebte ich im Dschungel Jamaikas von Baum zu Baum. Canopy nannte sich das Ganze. Bevor wir während der Überfahrt auf die Ausflüge geschult wurden, hatte ich nicht den blassesten Schimmer, was es hiermit auf sich hatte. Wie auch – schließlich gehört es in der Eifel nicht zu meinem Morgensport, mich von Baum zu Baum zu schwingen. Canopy bedeutet nichts anderes als „Überdachung“. In diesem Fall war die Überdachung des Waldes gemeint, also die Baumkronen. Und genau in diesen befanden sich, auf bis zu 35 Meter Höhe, Plattformen, die durch Drahtseile miteinander verbunden waren. Eine Rolle, die jeder an seiner Ausrüstung befestigt hatte, wurde an die Kabel eingehakt und so glitten wir, an den Seilen, von Plattform zu Plattform durch den Regenwald. Eigentlich war der Ausflug nicht geeignet für mich, als Scout mit Schlangenphobie und Respekt vor der Höhe. Aber, mitgehangen, mitgefangen!

Ich wusste am Anfang überhaupt nicht, was auf mich zukam. In einem Holzrondell wurden wir für das große Abenteuer ausgestattet. In Tragegeschirr gesteckt, das doppelt und dreifach abgesichert war, mussten wir dem Material vertrauen. Mulmig war es jedem, und am Anfang half dagegen auch kein versichertes „No Problem“ der uns begleiteten Jungs und Mädels. Nach einer kurzen Einführung darüber, wie wir uns während des Fluges zu verhalten haben, erfolgte das Unabwendbare. Nun gab es kein Entrinnen mehr. Die ersten Gäste standen bereits auf der ersten Plattform, und schwangen sich mit anfänglichem Geschrei hinüber zur zweiten, wo ein Jamaikaner für ihre Ankunft bereit stand. Die Ruhe, die die Crew ausstrahlte und das Wissen darüber, dass das Material in den USA, statt auf Jamaika, hergestellt und täglich gewartet wird, beruhigte, und so stellte ich mich, mittlerweile neugierig, ans Ende der Gästeschlange an.

Über einen Gast war ich bereits vor Beginn des Ausfluges gewarnt worden. Es war ein älterer, sehr freundlicher Herr, der sich „Trompetenbaumprofessor“ schimpfte. In Costa Rica hatte er Kati mit endlosen Fragen über Flora und Fauna konfrontiert und von ihr gefordert, die allgemeinen Erzählungen der Reiseleitung zu unterbrechen, damit diese sich ihm und seiner Wissbegierde widmen konnte. Dies ging natürlich nicht. Eine Reiseleitung ist für die gesamte Gruppe da und kann sich nicht ausschließlich einem einzigen Gast zuwenden. Nun war der Mann mit mir und meiner Gruppe unterwegs. Kurz bevor es an mir war, die Plattform zu erklimmen, steuerte er ein wenig zerstreut auf mich zu und erzählte mir von seiner wissenschaftlichen Arbeit, die er über den Trompetenbaum schrieb. Plötzlich, als wäre ein Wunder geschehen, fingen seine Augen vor Begeisterung an zu strahlen, und mit Freude heischender Miene und fast ungläubig sagte er entrückt:
„Ich habe gerade den Trompetenbaum gefunden. Ich brauche diesen Baum. Eine Säge für Wurzel und Stamm habe ich dabei.“
Ohne mir die Chance zu geben ihm zu antworten, drehte er sich um und verließ die Gruppe. Es ist doch verständlich, dass ich mich im Leben über rein gar nichts mehr wundere, komme was komme. Da fährt ein mit Säge ausgestatteter Professor mit unserem Schiff, nur um zwei Wochen lang nach einem Trompetenbaum Ausschau zu halten. Herrlich! Das meine ich, wie ich es sage. So wunderbar harmlos anders – herrlich eben.

Meine Gruppe war nun um einen Passagier ärmer. Ich rief ihm hinterher, er solle sich in zwei Stunden bitte wieder im Rondell einfinden. Er drehte sich um, nickte eifrig, rief: „Ja, ja“, winkte mir noch einmal zu und lief davon.

Nach dieser Ablenkung konzentrierte ich mich wieder auf das Canopy und musste mit Schrecken feststellen, dass nun ich an der Reihe war. Nachdem ich mit zitternden Knien die Leiter der Plattform bestiegen hatte, schaute ich kurz nach unten und sah in die schwindelerregende Tiefe. Warum hatte ich mir keinen anständigen Beruf ausgesucht? Eine normale Arbeit in der Verbandsgemeinde zum Beispiel, bei der ich schick in einem Kostümchen auf einem Stuhl sitzen würde. Ach was rede ich, heute war Samstag. Ich hätte Wochenende und noch fast vierzig Stunden Zeit bis ich wieder in einem Kostümchen auf dem Stuhl sitzen würde. Und nicht zu vergessen, ich hätte eine Anstellung auf Lebenszeit und nicht so eine Zeitvertragsschiene wie die, die ich fuhr. Aber ich arbeitete nicht im Büro, ganz im Gegenteil, die Wirklichkeit sah erschreckend anders aus. Denn in dieser stand ich, ausgestattet wie Bob der Baumeister, nur noch mit den Fersen auf dem dünnen Holz der Plattform.

Noch einmal tief durchatmend und mit beiden Händen das Sicherheitsseil festklammernd, stieß ich mich von der Plattform ab und befand mich nur an einem Seil hängend in den oberen Höhen des Regenwaldes. Baumkronen rasten an mir vorbei und mit lauter Kehle schrie ich sehnsuchtsvoll nach Verbandsgemeinden und Aktenordnern.

Diese Trasse war etwa 25 Meter lang und war zum Eingewöhnen gedacht. Die Kuscheltrasse, könnte man auch sagen. Ich muss gestehen, nachdem ich gut am anderen Ende angekommen war, war meine Angst verflogen und ich hatte riesigen Spaß an dem Unterfangen gewonnen. Die Art mit der die Jamaikaner ihre Arbeit erledigten, war wirklich bemerkenswert. Mit äußerster Konzentration schauten sie bei jeder Plattform, ob wir alle richtig abgesichert waren. Etliche Male zählten sie die Ösen und Karabinerhaken, bevor sie das Signal zum Verlassen der Plattform gaben. Wir fühlten uns alle gut aufgehoben und vertrauten ihnen blind.

Die obersten Gebote des Canopys waren: das Geschirr nicht anzurühren, mit keiner Öse zu spielen und an der Art und Weise, wie die Crew uns gesichert hatte, nichts zu ändern. An den Plattformen waren wir mit einem extra Seil befestigt. Wäre jemand von der Holzplatte gefallen, wäre er nach einigen Metern, dank des Seiles, aufgefangen worden. Es konnte wirklich nichts passieren, es sei denn, man befolgte die Gebote nicht.

Drei Damen vom Grill fanden den Ausflug total aufregend. Natürlich sollten das zu Hause alle erfahren, und so wurde ein Foto nach dem anderen geschossen. Dies wäre schön und gut gewesen, wenn dieses Vorhaben nicht auch auf der höchsten und engsten Plattform ins Auge gefasst worden wäre, denn von ihr ging es vierzig Meter steil hinab in die Tiefe. In dem Moment, als die Guides sich wegdrehten, wollte eine der Drei sich abschnallen und

um ihre Freundinnen herumklettern, damit diese das optimale Bild von ihr schießen sollten. Ein Alptraum! Ich stand genau hinter ihr und hörte wie sie diese lebensmüde Idee aussprach, und ihre Hand dabei zu der Öse glitt.
„Stop!" schrie ich mit weit geöffneten, erschrockenen Augen.
„Bist Du von allen guten Geistern verlassen?" hörte ich ihre Freundinnen brüllen. Gott sei Dank ließ sie darauf von ihrem Vorhaben ab. Sie murmelte zwar noch einige unverständliche Worte, die durch den Tadel ihrer beiden Reisegefährtinnen aber schnell eingedämmt wurden. Ich stand unter Schock. Unglaublich, einfach unglaublich. Was wenn die beiden oder ich ihre Idee nicht zufällig mitbekommen hätten?

Ein Schock folgte auf den nächsten. Was hatte ich verbrochen? Ich stand zum Gleitflug auf einer weiteren Plattform bereit und, was soll ich sagen, von dieser war die Zielplattform überhaupt nicht mehr zu sehen. Vor mir lag nur, soweit das Auge reichte, eine sehr tiefe Schlucht. Ich schaute den Guide an und fragte, was denn dies für eine traumhafte Trasse sei und erfuhr, dass ich soeben dabei war, die längste Trasse aller Canopy-Anlagen weltweit zu überwinden. Ich dachte mich trifft der Schlag. Mein Hals wurde trocken, mein Magen drehte sich und meine Knie zitterten. Es war mir nicht möglich mich sofort von der Plattform abzustoßen, da ich mich erst sammeln musste. Doch dann war ich bereit für den großen Flug. Wie auf der Achterbahn, wenn sich die rasante Geschwindigkeit in den Magen schiebt, kamen mir die ersten Sekunden vor. Doch schnell hatte ich mich daran gewöhnt. Ich schaute links und rechts und unter mich. Endlose Meter lagen unter mir, sowie ein wunderschönes Tal, durch das sich ein Wildwasserfluss reißend schlängelte, große Wälder und die Bergspitzen der Blue Mountains, die in der Ferne walteten. Ich hatte das Gefühl zu fliegen – unbeschreiblich und unsagbar schön. Als mich etwa zwanzig Meter vom Ziel trennten, passierte mir das, was fast jedem meiner Vorgänger widerfahren war. Meine Geschwindigkeit war so langsam geworden, dass der Schwung nicht bis zum Schluss reichte und ich gestoppt wurde und in schwindelnden Höhen hängen blieb. Auch für diesen Fall, war uns während der Einweisung beigebracht worden, was zu tun sei. Und als Vorbild aller, hielt ich meine Hände am Seil der Trasse fest, und kämpfte mich wie ein Klammeraffe, Zentimeter um Zentimeter nach vorne. Es war grausam, anstrengend und jeder weiter errungene Meilenstein zum Ziele hin – welches aus einer Baumkrone voll mit wartenden Gästen bestand – tat entsetzlich weh. Als ich die Plattform fast erreicht hatte, verließen mich meine Kräfte und meine Hände glitten schlaff von dem Trassenseil ab. Wie ein Deja Vu sah ich die bereits so hart erkämpften Meter an mir vorbeiziehen, da mein Flug nun rückwärts ging. Sprich, wieder zu der Plattform hin, von der ich gestartet war. Natürlich war dieser nur von kurzer Dauer, und so wurde ich, einhundert Meter entfernt von der einen und fünfzig Meter entfernt von der andern Plattform, erneut gestoppt.

Unter mir lag die Schlucht und der immer noch reißende Fluss, über denen ich fertig wie eine ausgequetschte Zitrone hing. Und auf der Plattform hinter mir standen schadenfroh klatschende Gäste – na prima! In dieser Situation konnte ich nur noch auf die Hilfe der Crew hoffen, und zu meiner Erleichterung ließ diese mich nicht im Stich. Einer der Guides kam zu mir, umklammerte mich mit beiden Beinen, und brachte mich auf die gleiche Weise, wie ich es zuvor vergeblich versucht hatte, sicher zur Plattform. Die Reaktion der Gäste begleitete mich bis zum Ende der Tour. Wie diese ausfiel, könnt ihr euch wohl denken. Ich sage dazu nur: „Wer den Schaden hat, braucht für den Spott nicht zu sorgen."

Ach ja, fast hätte ich es vergessen, es gab ja auch noch den Professor, der nicht wie verabredet am vereinbarten Treffpunkt war. Gemeinsam mit den Guides machte ich mich auf die Suche nach ihm, allerdings ohne Erfolg. Wir riefen seinen Namen, aber wir bekamen keine Antwort. Er schien verschollen, und kam erst nach kräftigem Hupen des Busfahrers aus dem Regenwald gebummelt.

Verrückt vor Freude, welche Blumen, Pflanzen und Bäume sich ihm für seine wissenschaftliche Arbeit offenbart hatten, bat er darum, mit dem Bus der Nachmittagstour zurück zufahren. Ich wollte den Suchenden nicht aufhalten und willigte ein. Er ist übrigens am Nachmittag wieder auf unserem Schiff angekommen.

∽ Modewahn ∼

„Jede neue Mode ist ein Abenteuer."
(Pierre Cardin)

Wieder kamen neue Gäste auf unser Schiff. Eine ältere Dame auf jung gestylt, mit Minirock, langer blonder Mähne und einer gewaltigen Briese Make-up, stürmte an meinen Schalter und tönte:
„Nur alte Leute im Flieger, nur alte Leute. Ich werde verrückt. Ich möchte Ausflüge bei denen es ab geht. Ich kann alte Leute nicht ertragen. Los buchen Sie, ich will Action."
Mir platzte der Kragen und auf ein freundliches Getue ihr gegenüber hatte ich keine Lust. Dafür hatte ich aber Lust ihr einen Spiegel vorzusetzen. Ich schaute ihr in die Augen und sagte:
„Wissen Sie, wenn Sie Glück haben, werden Sie auch einmal alt. Und wenn Sie noch mehr Glück haben, sind Sie dann noch gesund und rüstig. Und mit ganz viel Glück gibt es dann viele junge Menschen, die sich mit Ihnen freuen, dass Sie noch in der Lage sind bis nach Jamaika zu fliegen."
Sonderbar - sie schien kein Verlangen zum Diskutieren zu haben, sondern ging gesenkten Blickes davon.

Als ich hinüber zur Bar schaute, glaubte ich zu träumen. Hatte ich ein erneutes Deja Vu? War ich in ein Zeitloch gefallen? Heute morgen war unser „Seitenzopf" abgereist, doch an der Bar saß eine Dame mit kastanienrot gefärbten Haaren, einem langem buntem Kleid und einem strengen Seitenzopf. Hatte unser Lieblingsgast der letzten Woche am Flughafen kehrt gemacht und war zurückgekehrt? Ich schaute im Computer nach ihrem Namen und stellte fest, dass sie abgereist war. Was dort an der Bar saß, war tatsächlich ein neuer Seitenzopf. Ich schickte einen Kollegen nach dem anderen in ihre Richtung, jeder blieb verdutzt stehen und glaubte seinen Augen nicht.

Sieben kurze und ein langer Ton zogen sich ohrenbetäubend durch das Schiff. Es war Sonntag Morgen am ersten Seetag, und die allerorts unbeliebte, aber wichtige Seenotrettungsübung stand auf dem Programm. Wie aufgefordert

kamen von überall her die Passagiere mit ihren Rettungswesten und gingen zu den ausgewiesenen Musterstationen. Aus einer Kabine schaute völlig benommen eine Frau, die mit nicht mehr als einem Handtuch bekleidet war. Dies war nichts außergewöhnliches – als man sie jedoch aufforderte mit ihrer Rettungsweste zu ihrer Musterstation zu gehen, lief ihr Gesicht plötzlich rot an und verlegen stammelte sie:
„Meine Rettungsweste, die ist in einer anderen Kabine. In der meines Mannes." Während der Rettungsübung sahen wir noch zwei weitere Seitenzöpfe. Unglaublich – dies schien wohl der neueste Modetrend in Deutschland zu sein. Ich sah es als wichtig an, dem auf den Grund zu gehen, damit ich nicht, nach Vertragsende am Kölner Hauptbahnhof ankommend, zwischen all den Seitenzöpfen als krasse Außenseiterin auffallen würde. In der Crewmesse machten wir unseren Spaß darüber, und fast alle Scouts erschienen im anschließenden Meeting mit Seitenzopf. Inklusive unserem Taucher.

Komm mit mir nach Mexico!

„Wir aber zeigen unseren Kindern, dass Gott überall ist.
Und zwar in jedem Baum, in jeder Blume, in jedem Blatt,
in jeder Wolke, in jedem Berg, Stein, Sandkorn, etc.
Also ÜBERALL!
(Maya-Weisheit)

Unsere Traumroute führte uns nach Mexiko. Der Besuch dieses schönen Landes war wie ein Festtag, und um diesen zelebrieren zu können klingelte mein Wecker bereits um 4:35 Uhr. Aus dem Tiefschlaf gerissen, wachte ich müde auf. Der Ausblick jedoch in „el Mundo Maya" – die Mayawelt einzutauchen, und eines der bedeutendsten Kulturdenkmäler der Geschichte zu besuchen, ließ mich frohgemut aus den Federn steigen.

Bei jedem der sich ein wenig für Geschichte interessiert, müsste ein Name weit oben auf der Sightseeing-Wunschliste stehen. Ein Name mit der die Mayageschichte unzertrennlich verbunden ist: Chichen Itzá! Bis zur Ausgrabungsstätte war es ein weiter Weg, denn unsere NABUCCO lag im Hafen der vorgelagerten Insel Cozumel. Mit der Fähre benötigten wir fast eine Stunde, um Playa del Carmen und das Festland zu erreichen. Chichen Itzá wiederum liegt drei Stunden entfernt von Playa del Carmen. Dies ergibt nach Adam Riese fast vier Stunden Fahrt pro Strecke. Und es musste natürlich genügend Zeit und Raum zur Besichtigung der Ausgrabungsstätte und für das Mittagessen sein, das natürlich nicht fehlen durfte. Kurzum – eine lange Fahrt, aus der sich das frühe Aufstehen erklärte.

Die gecharterte Fähre stand bereit, und alle im Halbschlaf versunkenen Gäste waren nach Vollständigkeit abgezählt. Dies war relativ schwer gewesen, denn 489 Passagiere fuhren mit meinen Kollegen und mir rüber nach Playa del Carmen. Freilich wollten nicht alle nach Chichen Itzá. Weitere Ausflüge auf dem Festland waren: die Besichtigung der am Meer gelegenen Ausgrabungsstätte Tulum, und ein Tag zur Entspannung im Xel-Ha Naturpark.

Alles lief perfekt, und rasch bekamen wir das OK zum Verlassen der NABUCCO. Als die ersten hundert Gäste bereits in den Treppenhäusern waren, wurden sie abrupt gestoppt, da ihnen das Betreten der Pier verweigert wurde. Der Grund lag auf der Hand: die Pier gehörte einer großen amerikanischen Reederei, von der genau in diesem Moment ein Schiff anlegte. Da dessen Gäste bevorzugt behandelt wurden, waren wir gezwungen zu warten, bis diese ihr Schiff verlassen hatten. Mit einem Mal waren unsere Passagiere hellwach und ein lautes Gemecker begann. Von einer schlechten Organisation seitens der Scouts war die Rede, als ob wir etwas dafür gekonnt hätten. Die Zeit zog ihre Kreise, und nach einer halben Stunde endlich bekamen wir das erneute Startzeichen.

Mit allen Passagieren in der Fähre ging es nun nach Playa del Carmen. Das Boot schunkelte zwar enorm, was einigen nicht so gut bekam, aber ich liebte die Fahrt dennoch. Die Morgensonne schien sanft auf unsere Gesichter, und die Reinheit des neuen Tages lag in der Luft. Zu dieser Uhrzeit Playa del Carmen zu erleben war ein Gedicht. Der perlenweiße Strand, der vom karibischen Meer umspült wurde, begrüßte uns von Weitem. Von der Hast des Tages hätte man noch nichts vernommen, wären wir nicht mit der Größe einer staatlichen Armee durch die Straßen Playa del Carmens gezogen.

Denn wir mussten alle, nachdem wir die Fähre verlassen hatten, zum etwa 700 Meter entfernten Busparkplatz gehen. Man hatte mir im Voraus den Weg erklärt und mir das Vertrauen geschenkt, die Gäste dorthin zu führen. So wie mir befohlen, so geschah es. Mit einer gut sichtbaren leuchtend gelben Mappe, die ich in die Luft hielt, ging ich voran und hinter mir schlossen sich 489 Passagiere an. Als ich mich nach einigen Minuten umdrehte, war die gesamte Straße, die Hunderte Meter lang war, überfüllt von NABUCCO-Gästen, und noch immer stiegen welche aus dem Boot. Die Einheimischen, die dieses Spiel beobachteten, schauten mich ein wenig merkwürdig an, als ich diese Menschenmasse hinter mir herführte. So muss es wohl ausgesehen haben, als Moses sein Volk aus dem gelobten Land führte.

Obwohl die Fahrt nach Chichen Itzá drei Stunden dauerte, war sie in keiner Weise von Langeweile erfüllt. Wir passierten viele Maya-Dörfer, die in den Regenwald eingebettet waren. Wie im 2. Jahrtausend v. Chr. bauen die Dorfbewohner heute noch ihre Wohnhütten. Die sogenannte „Choza" – die indianische Hütte – besteht aus geflochtenen Holzstäben und einem Palmstrohdach. Das Leben findet jedoch davor statt. Wir sahen die Frauen kochen und in großen Bottichen ihre Wäsche waschen, und kleine Kinder in den Wäldern toben. Ich hatte mir vorgenommen ein wenig zu schlafen, aber dafür war alles viel zu spannend und ich zu neugierig. An den Straßen boten die Maya immer wieder Kunsthandwerk, Indianerschmuck, Hängematten oder selbstgeknüpfte Teppiche an. Wie gerne wären einige Gäste ausgestiegen, um nach Herzenslust einkaufen zu können. Jedoch war das wichtigste für heute, die Uhr im Auge zu behalten, und so blieb für solche Vorhaben keine Zeit. Und dann war es soweit – wir erreichten Chitchen Itzá – und schon nach den ersten Augenblicken wusste ich: hiefür hatte sich das frühe Aufstehen gelohnt.

Wir hatten gerade die Ausgrabungsstätte betreten, als der Reiseleiter uns zu einem Aussichtspunkt führte. Auf dem kurzen Weg dorthin versuchte eine junge Frau die Mitreisenden aufzuhetzen und gegen den Guide zu wettern, da dieser in den letzten zwei Minuten keine Erklärungen abgegeben hatte. (Während der dreistündigen Fahrt hatte er ununterbrochen gesprochen). Wie ein aufgescheuchtes Huhn lief sie wildgackernd durch die Reihen.

Die Stätte war beeindruckend und Geschichte wurde schnell lebendig. Ich ging voller Achtung und Respekt über die Anlage, wohl wissend, welch intelligentes, hochentwickeltes Volk hier gelebt hatte. Zu den großartigen Ruinen des Komplexes gehören der „Tempel des Jaguars" und der „Tempel der Krieger", der von unzähligen Säulen umgeben ist. Die Säulen verlaufen sich im Dschungel, was darauf hinweist, dass ein großer Teil des „Krieger-Tempels" noch nicht ausgegraben wurde. Wir betrachteten das gut erhaltene Observatorium, von dem aus die Maya ihre astrologischen Studien – die so exakt wie fast keine anderen waren – betrieben hatten.

Auch damals wurde bereits dem Ballsport gefrönt und bestes Beispiel hierfür ist der berühmte Ballspielplatz. Als Ball diente der zusammengeformte Gummi des Gummibaumes. Gekickt wurde mit den Hüften, und Steinwände bildeten die Banden. Der Platz war und ist 545 Fuß lang und 225 Fuß breit. An den Enden befindet sich ein Tempelbereich und ein stilles Flüstern von diesem aus reicht, um das Gesagte über den gesamten Platz klar und deutlich zu verstehen. Selbst der Wind – egal in welche Richtung er weht – vermag das gute Verständnis nicht zu trüben. Je weiter die Archäologen mit den Restaurierungsarbeiten des Ballspielplatz voranschritten, desto deutlicher wurde die Akustik. Im Jahre 1931 machte es sich Leopold Stokowski zur Aufgabe, das Geheimnis und das Prinzip der Geräusch-Übertragung zu lüften, die so perfekt ist, dass man sie für jedes Openair-Theater dieser Welt anwenden könnte. Er forschte, untersuchte und überlegte, aber er gab auf, und bis heute konnte das Geheimnis nicht gelüftet werden.

Die Ballspiele der Maya waren nicht einfach nur zum Spaß an der Freude gedacht, sondern sie waren Bestandteil großer Feierlichkeiten. Die Sieger wurden getötet und den Göttern geopfert. Dies war jedoch keine Strafe, sondern eine Ehre für die Männer. Zum Ende erreichten wir die große Pyramide Kukulkan. Ein Meisterwerk! Die immer wieder überbaute Pyramide – war ein König gestorben, wurde seine Pyramide geschlossen und für den neuen König eine weitere darauf gebaut – ist aus behauenen Steinblöcken zusammengesetzt. An ihren Seiten gehen Steintreppen steil nach oben. Da in ihr die jeweiligen Könige und Herrscher thronten, liegt ihr ein offener großartiger Platz zu Füßen, der als Zeremonienplatz diente.

Ohne Gnade schien die Sonne vom Himmel und der Wind stand still. Meine Suche nach Schatten blieb meist erfolglos und das Einzige, woran ich mich klammern konnte, war meine Wasserflasche, die allerdings schnell den letzten Tropfen aufwies. Ohne Wasser, ohne Schatten und mittlerweile müde stand ich vor der Entscheidung, die Pyramide zu erklimmen oder nicht. Viele Horrorgeschichten waren mir zu Ohren gekommen, wie zum Beispiel von Menschen, die nicht mehr selbstständig herunterkamen und von einem Hubschrauber gerettet werden mussten. Wie peinlich wäre das bitte geworden? Ich dachte mit Schrecken an die Geschichten von erlittenen Hitze- und Herzschlägen, die mir erzählt worden waren. Wobei ich mir bei dieser Variante zumindest keine Gedanken über etwaige Peinlichkeiten hätte machen müssen. Da ich wirklich erschöpft war, beschloss ich mit beiden Füßen auf dem Boden zu bleiben. Ich hatte der Pyramide bereits den Rücken gekehrt, als das schlechte Gewissen an mir nagte und mich doch noch einmal umkehren ließ. Ich konnte Chichen Itzá nicht verlassen ohne den obligatorischen Aufstieg auf den Tempel getan zu haben. Allen Geschichten zum Trotz war der Aufstieg nicht so schwer. Von oben hatte ich einen wunderbaren Blick auf das Mayaland. Die Ausgrabungsstätte lag vor mir, und soweit das Auge reichte, war endlos dichter Regenwald zu sehen. Ich setzte mich und dachte ein wenig über die Geschichte und Kultur der Maya nach. Freilich hatten wir einen tollen Guide gehabt, der uns im bestem Deutsch interessante Informationen nähergebracht hatte. Und ich dachte, es wäre nicht schlecht, das Gehörte in wunderbarem Ambiente noch einmal im Geiste Revue passieren zu lassen. Und wo schickte sich dies besser, als auf dem Gipfel einer der kulturträchtigsten Pyramiden überhaupt.

Hauptsächlich lebten die Maya von der Landwirtschaft, wobei der Mais das dominierende Anbauprodukt war. Daneben wurden Kakao, Bohnen und Baumwolle angebaut. Gang und gäbe war die Herstellung von Schmuck gewesen, der aus bunten Federn, Jade, Kupfer und Gold angefertigt wurde. Das Weben, Spinnen und Färben von Baumwollstoffen war bereits in vorkolumbischer Zeit eine der wirtschaftlichen Grundlagen der Maya, da diese Techniken schon damals hochentwickelt waren. Das Rad war dagegen unbekannt. Der Handel wurde groß geschrieben und als Zahlungsmittel dienten Kupfer und Kakaobohnen. Wann genau die Mayakultur entstand, unterliegt lediglich Spekulationen. Viel zu viele Funde lassen hierfür die verschiedensten Deutungen zu. Jedoch einigen sich die Forscher darauf, dass die Olmeken, welche als Ahnen der Maya bekannt sind, ihre Kultur um 1500 v. Chr. ausbreiteten. Als diese plötzlich verschwunden waren, schlug vermutlich um 400 v. Chr. die Stunde der Maya. Zum Mayaland gehören neben der Yucatán Halbinsel: Honduras, Guatemala und Belize.

In den ersten Jahrhunderten war nichts von einer einheitlichen Mayakultur zu spüren. Im Gegenteil – einzelne Völkergruppen und Stadtstaaten, wie Copán und Palenque, bekriegten sich, gleich den griechischen Städten des Altertums. Nur in Friedenszeiten führten sie Handel miteinander. Die Macht der Städte ging von einem hohen Priester, dem Gottkönig, aus. Um zu verdeutlichen, dass eine Stadt die Vorrangsstellung gegenüber einer anderen hatte, wurden gewaltige Pyramiden und Zeremonienplätze gebaut. Vermutlich setzte sich erst in den Jahren 300 bis 900 n. Chr. eine einheitliche Kultur durch. Hier nach verliert sich die Spur der Maya und bis heute weiß niemand genau, weshalb sie ihre Städte verließen und warum ihre Kultur unterging. Manche sagen, die Maya seien verhungert, da eine Dürreperiode den Regenwald ausdörren ließ. Andere reden von Bürgerkriegen und einer Auflehnung der niederen Bevölkerung gegen die Elite. Denn nur die letztgenannte lebte in den Mayastätten, der größte Teil der Bevölkerung dagegen lebte in den angrenzenden Wäldern. Wie und auf welche Weise sie dies taten, ist ein weiteres bisher ungelüftetes Geheimnis. Die Eroberung Mittelamerikas durch die Spanier trug, um es milde auszudrücken, nicht gerade dazu bei, die Kultur der Maya zu pflegen. Denn alles, was hätte zur Aufklärung beitragen können, wurde von den Spaniern vernichtet. Allen voran Schriftrollen, die als Almanach der Lebensweisen galten. Auf diesen zusammengefalteten Papierstreifen war in Hieroglyphenschrift alles niedergeschrieben, was dieses intelligente Volk über Astrologie, Jagd, Medizin, Wettervorhersage und Landwirtschaft gewusst hatte. Die Maya hatten bereits ein komplettes Hieroglyphen System, dass unserem Alphabet gleichkam. Für die Nachwelt blieben leider nur vier dieser Rollen, auch Codices genannt, erhalten. Eine beherbergt Dresden, eine Paris und die beiden anderen befinden sich in Madrid. Es schmerzt, wenn man darüber nachdenkt, welch großartiges Wissen uns verborgen blieb und vermutlich bleiben wird. Allein das Wissen, das die Maya im Bereich der Astrologie besaßen, spricht Bände über ihre Intelligenz. Ihre Zeitrechnung gehört heute noch, neben dem gregorianischen Kalender, zur genauesten der Welt. Was die Religion betrifft, glaubten die Maya an Naturgottheiten in großer Zahl. Die wichtigsten waren: der Regengott Chac, der Schöpfergott Kukulkan und der Himmelsgott Itzamná. Die Maya vertrauten ihren Göttern blind und glaubten fest, dass diese ihr Schicksal und ihre Handlungen lenken würden. In ihrem Glauben gab es dreizehn Himmel und die Unterwelt. Es war ergreifend, über die Maya und ihr Verschwinden nachzudenken. Wer weiß schon wirklich, was geschah? Für uns werden es wohl immer nur Vermutungen bleiben.

Ich hatte die Passagiere morgens am Treffpunkt, im Bus und während des Mittagessens zur Pünktlichkeit angehalten. Ich hatte sie angefleht, um 15:20 Uhr an den Bussen zu sein und wäre dabei fast vor ihnen auf die Knie gegangen. Der Grund war, dass wir UNBEDINGT die 19 Uhr Fähre von Playa del Carmen nach Cozumel erreichen mussten. Zur vereinbarten Zeit, waren alle pünktlich – außer Einem! Die gute Seele war, wie ich erfuhr, bereits am Bus gewesen und hatte nichts besseres zu tun, als zurück zur Ausgrabungsstätte zu laufen, um den Ballspielplatz noch einmal zu fotografieren. Einer unserer Reiseleiter hieß „Weiße Feder", kaum hatte er das Verschwinden bemerkt, rannte er los, um den Hobbyfotografen zu suchen. Ohne Erfolg! Ich schaute nervös auf die Uhr, es wurde 15:30 Uhr, es wurde 15:40 Uhr, die Zeit schritt voran, aber er blieb verschollen. Die Busfahrer und die Reiseleiter drängten nun zur Abfahrt. Mitten in diesem Durcheinander stand seine weit über 70jährige Frau. Sie war verständlicherweise völlig aufgelöst, den Tränen nahe und von einem Nervenzusammenbruch nicht sehr weit entfernt. Aber manchmal läuft es im Leben eben nicht so wie geplant, und wer zu spät kommt, den bestraft das Leben, oder der hat Ferien in Mexiko gebucht. Denn, wie gesagt, die 19 Uhr-Fähre schrie nach uns, da die NABUCCO um 20 Uhr auslief. Und so MUSSTEN wir losfahren.

Seine Frau, immer noch mit Tränen in den Augen, blieb zurück. Ein Alptraum für mich, ein Alptraum für meine Kollegen und ein Alptraum für jeden, der auch nur ein bisschen Mitleid mit der alten Dame hatte. Ich organisierte ihr einen Taxifahrer, der gemeinsam mit ihr auf ihren Mann wartete, um bei Erscheinen die Aufholjagd zu starten. Eine Kollegin borgte der Dame noch einhundert Euro, bevor uns nichts anderes mehr übrig blieb, als auf ein schnelles „Wiedersehen“ zu hoffen. Noch nie war ein Gast verloren gegangen und ausgerechnet am Ende der Welt, in der Pampa Mexikos, mussten wir zwei Passagiere fast ohne Geld und ohne Papiere zurücklassen. Während der ganzen Rückfahrt drehte sich mir der Magen, und ich hatte nicht mehr die Nerven, aus dem Fenster guckend kleinen Mayakinder zuzuwinken. Meine Gedanken kreisten unaufhörlich um den verschwundenen Gast und seine Frau. Die Frage, ob es richtig war, sie zurückgelassen zu haben, quälte mich. Aber weder ich noch meine Kollegen hatten eine andere Wahl gehabt. Wenn wir bei ihnen geblieben wären, hätten wir vielleicht ebenfalls die Fähre versäumt und somit die NABUCCO. Dies hätte für uns eine hohe Geldstrafe bedeutet, plus dass wir die Reisekosten zum nächsten Hafen hätten selber tragen müssen. Und das wäre der Fall gewesen, bei dem wir von Glück hätten sprechen können. Im schlechtesten Fall hätten wir uns einige Tage später mit der Kündigung in der Tasche vor unserem örtlichen Arbeitsamt wiedergefunden. Außerdem gab es noch andere Gäste, um die wir uns zu kümmern hatten, und mehr als immer wieder zur Pünktlichkeit anzuhalten, kann man nicht tun.

Da wir mit ein wenig Verspätung in Playa del Carmen eintrafen, stand die Fähre schon bereit. So mussten wir alle sofort auf das Boot, das endlich ablegen wollte. Ich hatte mich mit meinen Kollegen am Ende der Schlange versammelt, und wir versuchten ein wenig Zeit rauszuzögern. Wir schauten uns immer wieder um, jedoch war keine Spur von den beiden Verlorengegangen zu sehen. Vor der Fähre stand jetzt nur noch eine überschaubare Gruppe von Gästen. Nun waren bald wir an der Reihe, und die Türen zur Abfahrt waren kurz davor sich zu schließen. Wie in Zeitlupe sah ich jeden Einzelnen über die Gangway gehen, während ich Schritt für Schritt folgte. Ich schaute zurück – Nichts! Die Hoffnung war gestorben, denn nur noch wenige Sekunden blieben übrig. Ein Blick auf meine Kollegen genügte: auch ihnen war elend zumute. Plötzlich vernahmen wir ein Hupkonzert und sahen ein in den Hafen fliegendes Taxi, dessen Türen fast im Fahren aufgerissen wurden. Und wer kam hinaus gestürmt? Bingo – der fußballfeldfotografierende Chico und seine Chica. Mit wehenden Fahnen kamen sie auf uns zugerannt. Ich war erleichtert, als wäre eine Zentnerlast von mir abgefallen. Wir nahmen die beiden in unsere Arme, liefen auf die Fähre und dampften davon. Diesmal spendete niemand wie so oft spöttischen Applaus, denn über den glücklichen Ausgang war jeder viel zu froh.

Immer noch in Tränen aufgelöst, erklärte uns die Dame was geschehen war: Als ihr Mann den Ballspielplatz fotografiert hatte, wollte er zurück zu den Bussen gehen. Da es in Chichen Itzá aber zwei Ausgänge gibt, hatte er sich schlichtweg für den falschen entschieden. Nachdem seine Frau mit dem Taxifahrer eine Zeitlang gewartet hatte, waren sie mit letzter Hoffnung zum zweiten Parkplatz gefahren. Und da hatte ihr Mann tatsächlich gestanden – mutterseelenallein und hilflos. Danach waren sie in stürmischer Eile – alles überholend, was im Wege war – zurück nach Playa del Carmen gerast. Auf der NABUCCO herrschte bereits Hochalarm und die Pässe der beiden lagen zur Übergabe an die örtlichen Behörden bereit. Aber dazu bestand ja nun kein Anlass mehr, und auch hier atmete man allerorts tief durch.

Ich war total erschöpft. Das „Waterloo" des Tages hatte Spuren hinterlassen. Aber das Drehbuch, das heute geschrieben wurde, war mit einem Happy End gekrönt worden. Und darauf tanzten und feierten wir bis tief in die Nacht.

∞ *Honduras* ∞

**„Ja, es gibt Menschen,
die die Sonne nur anschauen,
um Flecken darauf zu finden."**
(Johannes Paul I.)

**„Wer die Gottesgabe, der Begeisterung besitzt,
der wird wohl älter,
aber niemals alt."**
(Johann Gerhard Oncken)

Den neuen Tag kümmerte nicht, dass ich nur wenige Stunden Schlaf genießen durfte. Er erwachte frisch und die Morgensonne, die von den Maya als junger Gott angesehen wird, strotzte voller Energie. Heute sollte ich noch ein wenig tiefer in die Hochkultur der Maya eintauchen. Wir waren im Hafen Puerto Cortez angekommen, einem Industriehafen, in dem hauptsächlich Kaffee und Bananen in großen Mengen exportiert werden. Die gelbe Frucht hatte schon immer eine große Rolle in der Geschichte des Landes gespielt, denn wir befanden uns in Honduras, der ehemaligen Bananenrepublik!

Wie bereits am Vortag lag ein langer Tag vor mir. Alle Scouts, außer Astrid und mir, hatten sich gewünscht einen kurzen Ausflug zu begleiten. Wir beide stattdessen hatten seit Wochen gehofft, Copán, eine der großartigen Mayastätten, besichtigen zu dürfen. Und unser Wunsch wurde erfüllt. Auch die Passagiere hatten sich zum größten Teil für Ausflüge in die Umgebung entschieden und es hatten sich, warum auch immer, nur vierzig Gäste zur Fahrt nach Copán gefunden. Daher waren Astrid und ich in einem Bus gemeinsam unterwegs. Dies hatte wirklich Seltenheitswert, und es erwies sich als Geschenk des Himmels, da die Gäste nicht besonders umgänglich waren, und wir so wenigstens uns hatten. Niemand der Passagiere sprach ein Wort und allein mit ihnen hätte ich wohl das Reden verlernt. Schon deshalb, weil wir einen deutschsprachigen Guide hatten und ich mich statt zu übersetzen einfach mal zurücklehnen konnte.

Ich schaute träumend aus dem Busfenster und sog jeden Ausblick in mich auf. Die Fahrt dauerte vier Stunden und führte uns, bis zur Grenze Guatemalas, ins Hochland Honduras´. Ein Traum! Wir fuhren entlang an tropischen und subtropischen Wäldern, an Pinienhainen, Bananenplantagen, zerklüfteten Bergen mit Bächen, Wasserfällen und Flüssen, die früher als Handelswege dienten, und auf denen zarte Nebelschleier lagen, und breiten Tälern mit angelegten Maisfeldern und Kaffeeplantagen. Ich liebte diese landschaftlichen Schönheiten, und obwohl wir die Ausgrabungsstätte noch nicht erreicht hatten, liebte ich bereits diesen Ausflug. Immer wieder durchfuhren wir Indianerdörfer mit bunten Märkten und freundlichen Einheimischen.
Ab und an kamen wir auch an einem Fußballplatz vorbei. Weshalb ich das betone? Weil Honduras das einzige Land ist, in dem der Fußball Anlass eines Krieges war. 1969 kam es zu Kämpfen mit El Salvador. Die militärischen Auseinandersetzungen erfolgten nach dem Ausscheidungsspiel El Salvador – Honduras für die Fußball-Weltmeisterschaft. Nach 100 Stunden war der Krieg zwar vorüber, jedoch hielten politische Unruhen noch Jahre lang an. Die Ursache für den Krieg war natürlich nicht das Fußballspiel gewesen. Flüchtlinge aus El Salvador wurden zuvor für wirtschaftliche Probleme von den Bewohnern Honduras´ verantwortlich gemacht, und feindlichen Angriffen ausgesetzt.

Dies und alles, was man über Honduras wissen muss, erzählte unser Guide in einer mitreißenden Weise. Für mich war er einer der besten Reiseleiter, die ich je hatte. Und wie reagierten unsere Gäste auf ihn und die schöne Landschaft? In ihnen regte sich keine begeisternde Stimmung und sie schauten nur streng vor sich hin, bis plötzlich jemand von ihnen das Wort ergriff. Ein Herr rief mich zu sich, schaute mich an und sagte:
„Manchmal sieht man aber ganz schön viel Müll in den Straßengräben."
Ich entgegnete ihm: „Oh, darauf habe ich noch gar nicht geachtet. Ich war derartig gefesselt von der schönen Natur, da habe ich mich noch gar nicht so auf die Straßengräben konzentriert. Ich werde jetzt aber mal drauf achten."
Damit ließ er sich jedoch nicht abwimmeln und fuhr fort: „Wenn die keinen Müll in den Straßengräben liegen hätten, kämen viel mehr Touristen. Sagen Sie das mal dem Reiseleiter."

Darin sah ich keinen Sinn und versuchte ihm dies auf nette Art beizubringen: „Ich kann ihm das gerne sagen, aber der wird daran auch nichts ändern können."
Der Müllentsorgungs-Gast gab mir darauf einen Schubs zum Guide hin und meinte dabei:
„Sagen Sie ihm das bitte. Der soll das heute Abend mal dem Präsident ausrichten, damit was passiert."
Die Augenbrauen hebend fragte ich mit ungläubiger Stimme:
„Dem Präsidenten?"
„Ja", entgegnete er, „dem Präsidenten von Honduras. Der Guide soll ihm das heute Abend mal sagen."
Ich ging daraufhin zum Reiseleiter, redete mit ihm aber über irgendein anderes Thema. Ganz lächerlich wollte ich mich ja nun doch nicht machen.

Honduras gehört zu den Dritten Welt Ländern und vor allem in den ländlichen Regionen leiden die Indios oftmals an Unterernährung. Auch wenn der Schulbesuch kostenlos ist, ist die Analphabetenquote sehr hoch, da ein akuter Lehrermangel besteht. Die Auslandsverschuldung ist riesig und man hofft, durch den aufkommenden Tourismus, den ein oder anderen Schuldenberg abbauen zu können. Das Land ist zwar reich an Bodenschätzen, deren Abbau jedoch wird so gut wie kaum gefördert. Und so leben die Menschen hauptsächlich vom Export von Kaffee, Bananen, Mais, Bohnen und Reis.

Die amerikanische Handelsgesellschaft United Fruit Company besaß Ende des 19. Jahrhunderts große Anbauflächen. Honduras geriet in die Abhängigkeit der Firma, die zudem viele politische Entscheidungen beeinflusste. So wurde das Land als „Bananenrepublik" bekannt. In der Stadt Copán aßen wir zu Mittag. Zuvor hatte unser Busfahrer nicht sofort das Hotel erreicht, in dem wir dieses einnahmen, sondern hatte wegen einer Absperrung zurücksetzen und eine größere Runde durch die Stadt fahren müssen. Hinter Spezi Astrid und mir saß der deutsch-polnische Mitreisende Wladimir P. Er hatte das Wieso und Warum des Wendens nicht mitbekommen, und sagte prompt mit abfälligem Ton zu seiner Frau:
„Ha, der hat sich verfahren! Nicht mal das können die in den Ländern hier richtig."

Das saß! Astrid und ich schauten uns innerlich kochend vor Wut an, und ich musste ganz tief durchatmen, bevor ich ihm freundlich den Sachverhalt erklärte.

Das Restaurant war in einem wunderbaren Hotel untergebracht, in dem, da wir inzwischen Dezember hatten, jeder Raum weihnachtlich geschmückt war. Nur wenige Minuten nachdem wir die beschriebenen Landschaften gesehen und unvergessliche Eindrücke von Honduras gewonnen hatten, saßen die Passagiere mit eisigem Schweigen im Restaurant, und mit einem Gesichtsausdruck, als wären sie bei ihrem Henkersmahl und würden ihrer Hinrichtung entgegenharren. Wir fragten sie, ob alles in Ordnung sei, oder warum sie so traurig schauen würden. Sie antworteten, dass alles toll wäre, schenkten uns ein kurzes Lächeln, und verfielen erneut in die Beerdigungskaffee-Gesichtsaudrucksstarre. Unmöglich – sie fanden alles toll, konnten aber keinerlei Freude zeigen. Ich wollte mich nicht ärgern und entschied mich daher, den Weihnachtsbaum anzuschauen – der strahlte wenigstens!

Auf riesigen Holzplatten war in reichhaltigem Maße das Mittagessen für Herz und Gaumen angerichtet worden. Wir bekamen zusammengeklappte Tortilla serviert, die mit Käse, Bohnen und verschiedenen Fleischsorten gefüllt waren, dazu gab es in Bananenblättern gehülltes Gemüse, und zum Nachtisch in Honig gebratene Bananen, die mit Zimt und Nelken verfeinert waren Dies waren typische Spezialitäten des Landes.

Beim Anblick des Essens strahlten plötzlich viele Gäste um die Wette. Ich wusste nicht mehr, ob ich lachen oder weinen sollte. Weinen über die Tragödie, die sich soeben vor mir abspielte, oder lachen über die zynisch bayrischen Kommentare, die Astrid mir von der Seite zuraunte.

In dem Restaurant arbeiteten ausschließlich Einheimische, die am Ausgang eine kleine Trinkgeldbox aufgestellt hatten. Nach dem Schlemmen standen viele Gäste auf und gingen, die Trinkgeldbox missachtend, hinaus. So ging es weiter. Zwei kleine Mädchen – ich schätze, die beiden waren fünf und sieben Jahre alt – mit langem schwarzen Haar verkauften selbstgemachte

Papierengelchen für einen US-Dollar. Nachdem Astrid und ich einen solchen gekauft hatten, kam eine Dame dazu. Die Kleinen zeigten auch ihr eine Auswahl der Engel, doch die gnädige Frau lehnte ab. Als sie unsere Blicke sah, schämte sie sich wohl doch ihres Verhaltens und gab als Erklärung ab:
„Ich würde ja einen kaufen, aber die Engel haben keinen Anhänger."

Begierig, den Verkauf der Himmelsboten anzukurbeln, griff eines der Kinder in seine Tasche und zog einige Engel - mit Anhänger – hinaus und streckte sie mit bittendem Blick der Dame entgegen. Diese nahm sie entgegen, drehte und wendete sie, und gab die Engel dann nach langer Begutachtung den Mädchen zurück, und sagte:
„Der Anhänger ist nicht gelb. Das passt nicht zu meinem übrigen Weihnachtsbaumschmuck."
Wir unterließen jeglichen Kommentar, zumindest in ihrer Gegenwart! Ich hoffe, dass die Primadonna sich an ihrem „Kugel-und-Anhänger-zusammenpassenden-Weihnachtbaum" erfreut hat, und ihr der fette Weihnachtsbraten gut bekommen ist.

Mir blieb ein wenig Zeit, durch den Ort Cópan zu bummeln. Ich ging über die hügeligen, schmalen Straßen und schaute mir die Häuser und die Menschen an. Einfache Steinbauten, mit holzgestützter Veranda, an deren Pfählen bunte Hängematten schwangen, waren die Norm. Auf dem Hauptplatz, den eine wunderschöne Kirche einnahm, fand ein Indianermarkt mit einer großen Auswahl an Gemüse, Fleisch, Fisch, Holzmasken und Schmuck, statt. Das bunte Treiben wurde von den prächtigen Blumen, die den Platz säumten, unterstrichen. Allerorts spielten Kinder, und eine alte Frau ging mit ihrem kleinen Enkel zu den Nachbarn hinüber.

In Lebensmittelläden erhielt man alles für den täglichen Gebrauch. Auf einer Leiter sitzend und an einen Strommasten angelehnt ging ein Mann seiner Arbeit nach, indem er ein Stromkabel reparierte. Die Straßen waren holprig und gingen beständig auf und ab. Der Ort liegt inmitten des Hochlandes und ist von üppiger tropischer Vegetation umgeben. Vom Dorf aus gingen wir etwa einen Kilometer zu Fuß zu der Ausgrabungsstätte von Cópan. An ihrem Eingang musste unser Reiseleiter für eine kurze Zeit auf die Eintrittskarten warten. Mit einem erschrockenem Blick auf die Uhr und der Überlegung, wann wir, wenn wir mit Verspätung zum Rundgang starten, zurück auf unserer NABUCCO seien, sagte eine junge Frau mit kreischendem Ton: „Bekommen wir noch ein Abendessen auf dem Schiff?"

Astrid und mir reichte es so langsam. Wir sahen das Mädel an und wie aus einem Munde sagten wir laut und deutlich:
„Das ist ja wohl jetzt typisch Deutsch. Sie haben doch gerade erst gegessen. Und Sie sind im Bergriff ein UNESCO-Weltkulturerbe zu besichtigen. Nun freuen Sie sich doch endlich mal und denken Sie nicht schon an das Abendessen, das Sie eventuell versäumen könnten. Und außerdem, machen sie sich keine Sorgen, die NABUCCO hat noch niemanden hungrig ins Bett geschickt, sollten wir nach den offiziellen Öffnungszeiten der Restaurants zurück kommen, werden die Köche und das Servicepersonal Überstunden für Sie machen." Zugegeben – da waren wir frech. Und ich weiß, das war nicht richtig gewesen. Aber wenn man stundenlang durch ein armes Land gefahren ist, und dann jemanden, der gerade vom Essen kommt, nach weiterer Nahrung flehen hört, kann man schon mal den „Knigge der Kreuzfahrt" vergessen.

„Oh Gott", kam ein Rufen aus einer anderen Ecke, „was ist, wenn das Schiff ohne uns abfährt?" Immer wieder befiel die Gäste dieser absurde Gedanke – als würde unsere NABUCCO ihre Leinen lösen, wenn ein Ausflugsbus noch nicht zugegen ist. Unser Kapitän wartet keine Ewigkeit, wenn ein Gast durch Eigenverschulden nicht pünktlich erscheint, so wie es in Mexiko um ein Haar geschehen wäre. Freilich aber doch, wenn ein vom Schiff organisierter Ausflug, aus Gründen, für die kein Gast etwas kann, noch nicht zurück ist. Als wir zu unseren Rundgang starten wollten, mussten wir erneut warten, dank unserem deutsch-polnischen Mitreisenden Wladimir. Denn dieser versorgte in Zeitlupentempo behutsam die Beine seiner Frau mit Anti-Mückencreme. Anschließend zog er sanft ihre Schuhe aus und cremte ihr zärtlich die Füße und dann jeden einzelnen Zeh ein. Nun ja, Spezi Astrid und ich konnten darüber spotten wie wir wollten. Wladimirs Herzdame hat sie offensichtlich gefunden: die „Liebe ohne Leiden", das mussten wir neidlos anerkennen.

Nicht weniger begeistert als in Chichen Itzá schaute ich mir die Ausgrabungsstätte an und hörte erneut auf all die spannenden Erzählungen. Weshalb das Ende Cópans kam, ist ebenfalls unbekannt.

Obwohl die Forscher Grabräuberei belegen können, glauben sie nicht an eine gewaltsame Machtübernahme, denn dafür sind die Indizien zu gering. Es wird stattdessen vermutet, dass Überbevölkerung und Naturkatastrophen am Niedergang Schuld waren. Die Population wuchs und wuchs und die Menschen bauten ihre Hütten auf die fruchtbaren Felder und Wiesen. Der Bevölkerungswachstum war so enorm, dass die Menschen von der Landwirtschaft nicht mehr ernährt werden konnten. Viele Bauern wurden an die Berghänge vertrieben. Um eine Existenz aufbauen zu können, mussten sie den Wald roden. Daraus wiederum resultierten Klimaveränderungen, die eine Nahrungsmittelknappheit mit sich führten. Bald schon litten nicht nur die Bauern, sondern auch die Adeligen an Unterernährung.

Sicher ist man sich darin, dass Copán um das Jahr 820 n. Chr. verlassen wurde. So hatte die Stadt die Zeit der Spanier nie erlebt und diese hatten von ihrer Existenz nie erfahren, da sie von Pflanzen und Bäumen des Regenwaldes überzogen war. Entdeckt wurde sie erst wieder 1939 im Rahmen wissenschaftlicher Expeditionen.

Forscher vergleichen Copán mit der Akropolis Athens, da gleich viele guterhaltene Bauten, Tempel, Altäre und Säulen zu finden sind. Allen voran die große auf der Welt einzigartige Hieroglyphentreppe, die sich aus 1200 Inschrift-Steinblöcken zusammensetzt. Im Vergleich zu anderen Mayastätten ist die Lage Copáns ungewöhnlich. Sie liegt eingebettet in einem tiefen Tal, und ist von hohen Bergen umgeben. Besonderen Ruhm erlangte die Stadt dadurch, dass sie den größten Ballspielplatz der Mayawelt beherbergt. Daraus lässt sich erschließen, dass sie eines der bedeutendsten Zeremonienzentren gewesen sein muss. Auf dem Altar „Q“ wurden die Reliefs von 16 Männern entdeckt. Dies ließ lange Zeit vermuten, dass es sich hierbei um einen Astronomenkongress gehandelt hatte. Doch von dieser These ist man abgewichen und zu der Überzeugung gelangt, dass die Reliefs, die Reihenfolge der Herrscher Copáns darstellen.

Vom ersten König ist nur soviel bekannt, dass er die Dynastie in dem damals armen Dorf gegründet hatte. Die nachfolgenden Herrscher erhielten mehr Ruhm und Ansehen und ehrenvolle Namen wie: „Rauchender-Himmel“ oder „Rauch-Jaguar“. Hieraus erlangte man die Erkenntnis, dass der Rauch eine wichtige Bedeutung inne hatte. Der berühmteste Regent Copáns trug den Namen „18-Kaninchen“. Von seiner Herrschaft konnten die Forscher ein größeres Wissen erringen als von den restlichen Regenten zusammen. Seiner Thronbesteigung folgte eine prachtvolle Zeit und die Ausgestaltung des Hauptzeremonienplatzes und des Ballspielplatzes. „18-Kaninchen“ fand seinen Tod durch die Einwohner der Mayastadt Quiriguá, von denen er auf grauenhafte Weise geopfert und im rituellen Stil geköpft wurde. Als die Zeit Copáns bereits dem Ende zuging, trat der Herrscher „Sonnenaufgang“ den Thron an. Seine Mutter stammte aus dem Geschlechte Palenques. Er führte ein strenges Regiment. Das politische Gefüge wandelte sich und selbst seine Brüder, die in Reichtum und Prestige standen, mussten ihm huldigen.

Die Sonne war mittlerweile verschwunden und dicke Regenwolken hingen tief über den Bergen. Nebel setzte sich ins Tal ab und die Mayastätte war von mythischem Zauber umgeben. Moskitos flogen wild umher, und wäre ich mal besser dem Beispiel Wladimirs P. gefolgt, hätte ich Copán nicht komplett zerstochen verlassen müssen.

Auf der Heimfahrt legte sich die Dunkelheit schnell über die Berge des Hochlandes. Einige Lichter leuchteten in der Ferne aus den Tälern. So fuhren wir mit unseren vierzig neu gewonnenen Freunden im Schlummerschlaf durch die späten Abendstunden. Dies war sehr süß!

In den Dörfern hatten viele Familien vor ihren Häusern Lagerfeuer entzündet, um die sie in größerer Runde herumsaßen. Ins Träumen geriet ich besonders, während wir Honduras` Hauptstadt San Pedro Sula passierten. In dieser gab es kein Haus, das nicht weihnachtlich geschmückt war. Tausende und aber Tausende von Lichtern zogen sich durch die Stadt. Auf den Hauptplätzen standen große buntgeschmückte Weihnachtsbäume, und überdimensionale aufblasbare Weihnachtsmänner wachten daneben. San Pedro Sula ist sehr amerikanisiert und so fanden sich überall die einschlägigen Fastfood-Ketten.

Auch in diesen herrschte Adventsstimmung und aus ihren Fenstern funkelte ein Christbaum schöner als der andere. Selbst die Dächer und Wände kleiner Holzbuden, in denen Maiskolben oder gebratene Bananen verkauft wurden, waren festlich geschmückt. Der einzige Wermutstropfen der Rückfahrt war das vierstündige Julio Iglesias-Gejammer aus dem Kassettendeck des Busfahrers. Die meiste Zeit hatten wir leider keinen Radioempfang, und so mussten wir auf Sender, die wunderbare Weihnachtsklassiker spielten, verzichten. Als ich Spezi Astrid kurz einen Kommentar bezüglich der Musikauswahl zurief, bekam ich nur zu hören, ich wäre selber schuld, wenn ich keinen Sinn für Romantik hätte. Und schon lehnte sie sich wieder zurück – Ausblicke UND Julio Iglesias genießend.

Nicht alle meine Kollegen hatten Glück mit ihren Ausflügen gehabt. Sie waren bereits an der Pier niedergeschrieen worden, als auf dieser gelbe – aus den USA ausrangierte – Schulbusse bereitstanden, die weder Klimaanlage noch Mikrofon hatten.

Ganz böse hatte es das Fräulein Alexi auf ihrem Ausflug getroffen. Sie war erst am Nachmittag – in einem gelben Schulbus – gestartet, um mit den Gästen zwei der schönsten Natursehenswürdigkeiten des Landes zu erkunden. Aber leider hatte sich die Reederei bei der Planung des Ausfluges geirrt, denn jedes Ziel steuerte die Gruppe erst an, als es bereits Dunkel war. Die Reaktionen der Gäste dem armen Fräulein Alexi gegenüber möchte ich, um dem Fräulein beim Lesen dieser Zeilen nicht die Erinnerungen an einen ihrer dunkelsten Tage zu wecken, überhaupt nicht groß erwähnen. Nur soviel – sie wurde fast gesteinigt.

Noch schlimmer erging es Scout Marion. Sie unternahm den gleichen Ausflug wie das Fräulein Alexi und sah die gleichen Sehenswürdigkeiten in gleicher Dunkelheit. Der einzige Unterschied: sie saß in einem anderen gelben Bus!

Nachdem man auch sie fast gelyncht hatte und es vor einem Bananenfeld zur fairen Gästerevolte – dreißig gegen einen – gekommen war, gelang es Marion, die Meute zu überreden, in den Bus zu steigen, um die Rückfahrt anzutreten. Nachdem alle Gäste Platz genommen hatten, dauerte es keine

Minute, bis es plötzlich einen großen Knall gab und sich der Bus keinen Meter mehr bewegte. Das Rad war gebrochen und es gab keine Chance es sofort zu reparieren. Ein neuer gelber Bus musste organisiert werden, und Marion musste während der einstündigen Wartezeit auf diesen mit den Gästen vor dem dunklen Bananenfeld warten. Guten Abend – gute Nacht! Dies galt auch für mich und am anderen Morgen, da Gott wollte, wurden wir alle wieder geweckt.
Übrigens: Scout Marion arbeitet schon lange nicht mehr auf dem Partyschiff. Im Gegenteil – sie hat ihre Erfüllung in einer Pathologie gefunden. O-Ton Marion: „Heute werde ich nicht mehr gescholten wegen Dingen, für die ich nichts kann. Und die Kundschaft stellt keine dummen Fragen mehr."

ઇ *Belize* ૭

„Weshalb zogst du so fernen Weges,
quertest mühsam zu querende Ströme,
gern wüßt ich, worum es dir geht?"
"Ich bin auf der Suche nach dem Paradies."
(Aus dem Gilgamesch-Epos)

Nach langer Zeit lagen wir wieder auf Reede. Da wir nach Australien vor dem zweitgrößten Korallenriff der Welt lagen – dem Barrier Reef – war es strengstens untersagt mit einem großen Schiff in die Nähe der Küste zu fahren. Das Reef zieht sich 280 km lang von der Küste Mexikos bis nach Belize. Und Belize war an diesem Tag unser Ziel gewesen. Wir hatten von den örtlichen Behörden nicht die Erlaubnis bekommen, unsere eigenen Tenderboote zu nutzen, und mussten daher auf Landtender zurückgreifen. Diese verfügten leider nicht über die Kapazität wie unsere Boote, und in einigen von ihnen fanden nur zwanzig Gäste Platz.

Es dauerte eine lange Zeit, bis wir alle Passagiere ausgebootet hatten, und so hieß es Geduld wahren. Hinzu kam, dass der Tenderweg bis zu einer halben Stunde dauern konnte, und der Busparkplatz an der Pier so klein war, dass bereits wenige Passagiere ausreichten, um Hektik entstehen zu lassen. Nicht gerade traumhafte Voraussetzungen, aber dank der freiwilligen Hilfe vieler

Kollegen, die uns bei der Organisation der Ausflugsabwicklung zur Seite standen, schafften wir es ohne Probleme.

Ich sollte heute in den Genuss kommen eine der vorgelagerten Inseln Belizes zu besuchen, die auch tropische Paradiese genannt werden. Es machte wenig Sinn, von der Pier aus auf ein Ausflugsboot umzusteigen, und dann zu der Insel zu fahren, und so holte uns das Boot direkt von der Tenderluke der NABUCCO ab. An dieser war reges Treiben, es warteten Individualgäste und Passagiere anderer Ausflüge, die natürlich zur Pier fahren wollten. Unter ihnen befanden sich auch zwei unserer Animateure, die auf dieser für gute Stimmung sorgen sollten. Die beiden machten, verkleidet als Kapitän im Bärchenschlafanzug mit Stoffaffen auf der Schulter und als Schiffsjunge im Matrosengewand, eine gute Figur. Ich sah sie kurz im Deck umherschwirren, nickte ihnen zu und da waren sie auch schon auf einem der, wie sie glaubten, Landtender verschwunden.

Für meinen Ausflug standen uns vier Boote zur Verfügung. Ich nahm das letzte von ihnen, und schon begann die Fahrt auf dem karibischen Meer. Mir blieb noch gerade Zeit die Schwimmweste anzuziehen, als der Fahrer auf das Gaspedal trat und wir mit hoher Geschwindigkeit über das Wasser rasten. Es ging entlang der Küste, mit weißen Sandstränden und Villen, an denen sich Showgrößen wie Madonna ein zweites Zuhause geschaffen hatten. Unter der Sonne funkelte das Riff in allen Blautönen. Zahlreiche kleine Inseln waren an ihren Ufern mit Mangrovenwäldern übersät. Sie waren die Heimat vieler Vögel, die ab und an in die Lüfte flogen, um der Sonne ein wenig näher zu sein. Auch wir flogen frohgemut über die Wellen, bis wir an unserem ersten Stop anlegten. Coconut Island! Die Pause war als kurzer Fischfutter-Besorgungsstop gedacht. Das was wir von der Insel sahen, war ein Traum. Palmen über Palmen an strahlend weißen Stränden und dazu das wunderbare Türkis des Korallenriffs, an dem sich die Wellen brachen. Plötzlich warf ich einen Blick auf die Pier und staunte nicht schlecht, als ich auf dieser einen Kapitän mit einem Stoffaffen auf der Schulter und einen Schiffsjungen mit Megaphon an seiner Seite stehen sah. Alle Achtung – dachte ich zuerst, die Animation lässt die Gelegenheit nicht aus, selbst für diesen kurzen Halt die Gäste zu unterhalten. Doch ein genauer Blick verriet mir, dass sie auf dieser abgelegenen Insel ein wenig verloren da standen. Als sie mich sahen, riefen sie mich beschämt zu sich und offenbarten mir ihr Missgeschick. Mit dem guten Willen, zur Pier nach Belize City zu fahren, um ihrer Arbeit nachzugehen, waren sie aus Versehen auf das falsche Boot gestiegen. Nämlich auf eines unserer Ausflugsboote, dass sie vierzig Meilen entfernt von Belize City auf die Kokosnussinsel gebracht hatte. Sie waren ziemlich verzweifelt, da sie keine Chance hatten zurückzukommen – wie auch, ohne Geld und auf einem kleinen Eiland, auf dem man, wenn man sich einmal um sich selber dreht, von allen Seiten nur das endlos weite Meer sieht. Auch ich hatte kein Geld an mir und keine Zeit, um für sie ein Boot zu organisieren. Schnelles Handeln war gefragt! Summa Summarum gab es nur eine Möglichkeit, und zwar, die beiden mit auf meinen Ausflug zu nehmen. Von dieser Minute an zogen wir ein gemeinsames Animationsprogramm durch, und so schöpfte kein Gast auch nur den kleinsten Verdacht ihres Fehlers. Mit Hilfe des Megaphons machten wir Späßchen, beantworteten Fragen, übersetzten die Informationen des Guides und des Fahrers und schafften es immer wieder, die Leute zum Lachen zu bringen. Die Gäste machten alles mit und waren ausgesprochen fröhlich und wir hatten dabei einen Heidenspaß.

Das Fischfutter fand nun seine Abnehmer, denn wir hielten inmitten eines herrlichen Schnorchel- und Tauchreviers, und kaum nachdem wir den Anker geworfen hatten, wimmelte es um uns herum von Stachelrochen und – nun schnallt euch an – Ammenhaien. Egal wie friedlich diese Art von Haien sein mag, ich fürchtete mich doch ein wenig, als sie mir ins Gesicht sahen.

Nachdem wir der Unterwasserwelt „Hallo“ gesagt hatten, ging die Fahrt zu unserem Hauptziel der Tages: zum Paradies nach San Pedro Island! Kaum festen Fußes auf dem Boden, sah ich mich um und ich wusste, ich hatte ihn gefunden – den Platz an der Sonne. Zu dieser Erkenntnis trugen bei: puderweiße Sandstrände, im Wind rauschende Palmen, das in karibischen Farben glitzernde Meer und auf Holzstegen gebaute Kneipen und Restaurants. Eines dieser Lokale war „Wet Willy´s“, die erste Adresse am Platz, in dessen wundervollem Ambiente wir BBQ-Hühnchen, Fruchtpunsch und frische Melonen genossen.

Unser ständiger Begleiter war der Stoffaffe, den wir spontan Wet Willy tauften, und der als Fotomodel einen wunderbaren Job machte. Wenn in mir die Sehnsucht nach dieser Zeit mal wieder geheilt werden muss, schaue ich mir all die Bilder an, und sehe ihn auf Palmen, in den Armen der einheimischen Kinder, an Bars, auf Stegpfeilern oder auf Fischerbooten sitzen. In dem Ort, an dem wir anlegten, zierten unzählige Hängematten den Strand. Auf unasphaltierten Straßen klapperten alte Fahrräder, da absolutes Autoverbot bestand, und farbenprächtige Holzhäuschen standen fröhlich unter der Sonne. Mit meinen beiden Kollegen erkundete ich die Umgebung. Damit ich mich nicht als Außenseiter fühlen sollte, wurde mir die Matrosenmütze auf mein Haupt und der Stoffaffe auf die Schulter gesetzt. Dass uns die Einheimischen ein wenig sonderbar anschauten, war unter diesen Umständen wohl normal.

Wir waren an einem Ort, der dem Paradies gleich war. Voller Freude hüpften wir durch die Straßen, kletterten auf Palmen, und spielten ausgelassen und unbeschwert mit den kleinen Kindern, die uns am Strand hinterherliefen. Wer weiß, vielleicht dachten sie Papa Langstrumpf sei gestrandet. Sie wollten sich gemeinsam mit uns fotografieren lassen, und nahmen den Stoffaffen in die Arme, warfen ihn in die Luft und jauchzten, wenn sie ihn wieder auffingen.

Obstverkäufer boten von Fahrrädern aus, an deren Lenkrädern große Körbe geschnallt waren, tropische Früchte an. Für ein paar Cent nur bekamen wir die leckersten Mangos und Bananen.

Selbst die Mülleimer waren hübsch anzusehen, thronte auf jedem doch eine holzgeschnitzte buntbemalte Comicfigur, die mit einem Schild darauf hinwies, die Insel sauber zu halten. Irgendwo in einer kleinen Hütte untergebracht war ein Barbiergeschäft, in dem Männer eingepinselt dem Können des Friseurs vertrauten.

Am Strand bräunte sich auf rosa Liegestühlen die High-Society, für die San Pedro Island ein Hideaway ist. Jachten und Fischerboote lagen gemeinsam vor der Küste, und Schiffe mit bunten Segeln verschwanden und tauchten dann wieder am Horizont auf. Zum Ausruhen standen bunte Bänke am Strand um die herum vier Holzpfeiler ein strohbedecktes Dach hielten, das in der Mittagssonne Schatten spendete. Einheimische hatten ihre Fahrräder an einen der Pfeiler gelehnt und schauten träumend hinaus aufs Meer, während sie eine kleine Pause vom Tage einlegten. Ab und an stiegen Möwen zum Himmel, bis sie sanft auf den Holzresten alter Stege landeten, die einsam aus dem Wasser ragten. Der Tag war auch für uns ein Höhenflug gewesen. Es war ein Tag, an dem alles stimmte, an einem Ort, der so wunderschön war und an dem die Welt noch in Ordnung zu sein schien. Nun aber mussten wir uns auf den Nachhauseweg machen und uns schweren Herzens von San Pedro Island, seinen Kindern und „Wet Willy´s“ – der ersten Adresse am Platz – verabschieden und zum Schiffsalltag zurückkehren.

Unser Ausflugsboot fuhr uns nicht direkt zur NABUCCO, sondern zur Pier von Belize City. Diese war extra für die immer häufiger ankommenden Kreuzfahrtschiffe gebaut worden und demnach ist sie sehr touristisch angehaucht und eine Kneipe reiht sich an die nächste. Dies ist aber in keiner Weise störend, da alle Lokale im karibischen Stil erbaut und so in die Umgebung eingefügt sind. Allerorts lief Calypsomusik und Cocktails wurden fleißig gemixt. Ich trank einen Cappuccino, mit Blick auf das Meer, während die Landtender eifrig hin und her fuhren und Passagiere ein- und ausstiegen. Unsere NABUCCO lag so weit draußen, dass man sie vom Hafen aus nicht sichten konnte. Dies im Blickfeld und die Uhr im Nacken, nahm ich den nächsten Tender, der mich zurückbrachte. Als wir uns unserem Schiff näherten, lag ein Wolkenkranz um es herum, durch den die Sonne brach, und die unsere NABUCCO kraftvoll anstrahlte.

Da der Wind heftiger geworden war, bereitete das Anlegen an die Tenderluke größere Schwierigkeiten, aber nach mehreren Versuchen hatte der Fahrer es geschafft und uns wohlbehalten zurückgebracht.

Nach den schönen Stunden auf San Pedro feierten wir am Abend eine Überraschungsparty, da die Zeit zum Abschiednehmen mal wieder gekommen war. Das Fräulein Alexi verließ beim nächsten Montego Bay-Anlauf unser schönes Schiff. Auf unserem Crewdeck hatten wir die Tische bayrisch geschmückt. In Trachten gekleidet, die wir aus dem Theaterfundus ausgeliehen hatten, mit Hansi Hinterseer Tönen im CD-Spieler (Spezi Astrids Liebling) und dem Crewkoch, den wir als Grillmeister arrangiert hatten, warteten wir auf Alexi, die von alle dem nichts ahnte. Die Freude war groß und die Überraschung gelungen. Erst als die Weißwürste und das Weißbier ausgingen und Hansi Hinterseer zum X-ten Mal in der Wiederholungsschleife gelaufen war (auf Spezis Befehl), verließen wir die „Wiesn".

Natürlich besteht Belize nicht nur aus vorgelagerten tropischen Inseln, sondern auch aus einem traumhaften Festland, das eine mit Muse geschriebene Symphonie ist. Die Harmonien, aus der diese zusammengesetzt ist, sind all die unzähligen Naturschönheiten, die mir so lieb geworden sind, dass ich Belize und die Länder Mittelamerikas ganz tief ins Herz geschlossen habe.

In den folgenden Anläufen machte ich immer wieder Bekanntschaft mit dem Landesinneren Belizes. Ich sah Landschaften reich an Flüssen, Regenwäldern, Savannen, Sumpfgebieten, Mangrovenwäldern und Lagunen. Selbst wenn sich ein Ausflug wiederholte, war es, als sähe ich alles zum aller ersten Mal. Immer wieder entdeckte ich Neues. Besonders gerne mochte ich die Fahrt auf dem Old Belize River. Die alte Handelsstraße des Landes ist heute nicht mehr für den öffentlichen Schiffsverkehr, sondern nur noch für Ausflugsboote befahrbar. An den Ufern standen: Palmen, Mangroven, Affenbrotbäume, meterhohes Schilf, Limetten-, Gummi- und Mahagonibäume. Während der Fahrt sichtete ich stets exotische Tiere, wie gefährliche Flusskrokodile, an die der Bootsfahrer so nah heranfuhr, dass es mir Angst und Bange wurde. Wie versteinert lagen sie im Gestrüpp des Ufers und urplötzlich, mit einer schnellen Bewegung, waren sie ins Wasser gehuscht und abgetaucht. Feuerrote Leguane und Wasserschildkröten schliefen auf Bäumen und im Gras den Schlaf der Gerechten, und Reiher, Seeadler, Störche und exotische Schmetterlinge gaben sich mir kurz zu erkennen, bevor sie davonflogen. Hin und wieder sah ich sogar Delphine. An den Flussabschnitten, die krokodilfrei waren, nahmen Kinder ein Bad in den stillen Fluten. Wenn es einen alten Belize-Fluss gibt, gibt es natürlich auch einen Neuen, und auf diesem fuhr ich, als ich die Mayastätte Lamanai besichtigte. Über eine herkömmliche Straße ist das Kulturdenkmal nicht zu erreichen, da es mitten im Regenwald gelegen ist. Der Name Lamanai bedeutet nichts anderes als „abgetauchtes Krokodil". Die tolle Lage der Ausgrabungsstätte, und die Tatsache, dass noch recht wenige Touristen sie besuchen, geben ihr einen ganz besonderen Flair. Der Ort ist erfüllt von Stille und er ist beeindruckender Zeitzeuge des Mayazeitalters. Die Tempel sind in großartiger Weise erhalten. Sie stammen aus vorklassischer Zeit, da die Stätte bereits vor 1500 v. Chr. besiedelt war. Mit Wurzeln überzogene Wege führten mich zu der imposantesten und größten Pyramide, deren Gipfel 33 m hoch über die Baumkronen hinausragt. Auch auf diese kletterte ich hinauf und lieferte mir dabei einen Wettkampf mit einem der Passagiere. Als wir zeitgleich und nach Luft ringend unser angestrebtes Ziel erreichten, raubte uns der Ausblick den restlichen Atem. Flüsse, Wälder und Tempel – und wir standen, die Arme zum Himmel gerissen, auf dem Gipfel der Pyramide und überschauten das ganze Land.Wir befanden uns hoch auf der Pyramide des Regengottes, und prompt fing es nach einigen Minuten an zu nieseln.

Vielen ist Belize besser bekannt als British Honduras. Es gehörte im Gegensatz zu allen anderen mittelamerikanischen Staaten als einziges Land zum britischen Empire. Und auch heute noch sind die Spuren dieser Zeit allgegenwärtig. In Belize City prägen anglikanische Kathedralen und englische Kolonialbauten mit großen Freitreppen und Balkonen das Stadtbild. Belize ist das einzige zentralamerikanische Land, das Englisch zur Amtssprache hat.

Den Linksverkehr schaffte man vor einigen Jahren ab. Grund hierfür war, dass die Hauptstraßen direkt zu den Nachbarstaaten Mexiko und Guatemala führen, und so die Umstellung vom Links- zum Rechtsverkehr oder umgekehrt von einer Minute zur anderen zu schwierig gewesen war. Immer wieder hatten sich zahlreiche Unfälle ereignet, so dass auf ein einheitliches System umgestellt wurde.

Vor meiner ersten Ankunft hätte ich schwören können, Belize City sei die Hauptstadt des Landes. Ich lernte jedoch, dass dies der Vergangenheit angehört. Denn nachdem Belize City von einem Hurrikan zerstört wurde, verlegte man den Sitz der Hauptstadt 1970 ins Landesinnere und seitdem werden die Regierungs- und Amtsgeschäfte von Belmopal aus getätigt. Seit 1973 trägt das Land nicht mehr den Namen British Honduras. Die völlige Unabhängigkeit von England erlangte Belize am 21. September 1981.

Es ist schwer ein Scout zu sein

„Wer einmal Reiseleiter war,
hat das Fegefeuer bereits hinter sich.“
(Emilio Tacchini)

Seit einigen Tagen war ich nicht mehr zum Schalterdienst verdonnert worden, doch diese Schonfrist war nun abgelaufen. Am heutigen Seetag blieben mir genügend Stunden Zeit mein Dasein am Counter zu fristen.

Ich hatte mein Gehirn noch nicht auf Hochtouren gebracht, als sechs gemeinsam Reisende vor mir standen. Eine Dame aus der Gruppe hielt mir ein Zettelchen hin auf dem verschiedene Ausflüge standen, und wollte wissen, was es mit den Exkursionen auf sich hat. Als ich jeden ausführlich erklärt hatte, kamen zwei weitere Freunde der Gang dazu. Und prompt verlangten sie, ich solle noch einmal jeden Ausflug erläutern. Dies machte ich dann auch geduldig.Kaum war ich fertig, kamen zwei weitere Freunde zu der Gruppe. Und – eigentlich unglaublich – wiederum kam die Aufforderung, jede einzelne Tour zu erklären. Ich lächelte sie an und ging dem Wunsch nach. Als sie endlich wussten was sie wollten, sagte eine der Damen, ich solle die Flussfahrt auf Jamaika einbuchen. Als ich das Ticket ausgedruckt hatte und ihr die Quittung zur Unterschrift hinlegte, änderte sie jedoch ihre Meinung und ich musste den Ausflug stornieren. Doch kurz nachdem ich die Stornierung eingegeben hatte, wollte sie das Ticket doch wieder – dann wieder nicht, dann doch wieder. So ging es wie ein Ping-Pong Ball ewig hin und her, bis sie das Ticket am Ende doch genommen hat. Daraufhin buchte der Rest der Gruppe den gleichen Ausflug. Wie es sich gehörte, sagte ich ihnen, wann und wo der Treffpunkt sei, und dass der Guide Englisch spricht. Kaum war diese Information meinen Lippen entwichen, wurden sie hysterisch, da sie natürlich eine deutsche Führung wollten. Und sie baten mich alle Tickets zu stornieren – dann doch nicht, dann doch wieder, dann wieder nicht und am Ende doch. Mir blieb nichts anderes übrig, als alle bisher eingebuchten Tickets zu stornieren und auf jedes Einzelne den Grund der Absage zu schreiben. Eine der Damen versuchte weiterhin, den passenden Ausflug zu finden und begann eine lautstarke Diskussion mit ihrem Mann, der mit einer Ladung Gel in den Haaren neben mir stand. Darauf fielen alle in die Unterhaltung ein, so dass ich überhaupt nicht mehr zu Wort kam. Der Streit setzte sich fort, bis Gaby, die Anführerin der Gruppe, ins Spiel kam, von der auch der ominöse Zettel stammte, auf dem die Ausflüge standen. Sie brachte Ordnung in den Hühnerhaufen, und schnell war für jeden der richtige Ausflug gebucht.

Die Topaussage der Truppe möchte ich euch nicht vorenthalten. Denn wegen der englischsprechenden Guides in Mittelamerika hatten sie die mit Nobelpreisambitionen bahnbrechende Idee. Wir könnten doch, so meinten sie, das kanadische Konsulat mit diesem Problem beauftragen.

Cayman Islands

„Ich hoffe, dass bald die Stunde schlägt,
da mich ein Schiff zu der Insel trägt."
(Caterina Valente)

Immer wieder hatte ich in den vergangen Wochen meine Emails im Internet geprüft. Nun wollte ich meinen Briefkasten leeren und freute mich daher auf die Cayman Islands, das Steuerparadies der Karibik. 500 Banken, 400 Versicherungsgesellschaften und etwa 20.000 Briefkastenfirmen sind auf den Inseln ansässig. So sind das Offshore-Finanzwesen, die freizügigen Steuergesetze und der Schutz des Bankgeheimnisses neben dem Tourismus die größten Einnahmequellen.

Eine ganz besondere Bedeutung spielt die Schildkröte im Leben der Einheimischen. Als Kolumbus im Jahre 1503 die Inseln entdeckte, taufte er sie auf den Namen „Las Tortugas" - Schildkröteninseln. 1530 nannte man sie Caymans, aufgrund der Echsenarten, die in großer Zahl auf den Inseln lebten, und die zu Anfang mit Krokodilen verwechselt wurden. Zu der Inselgruppe gehören drei Inseln: Little Cayman, Cayman Brac und die größte von ihnen, so wie es der Name schon sagt, Grand Cayman.Vor der letzteren lagen wir auf Reede, und mit uns vier weitere riesige Kreuzfahrtschiffe. Die meisten besuchen die Insel wegen ihrer Strände, wie dem Seven-Miles Beach, der sich tatsächlich sieben Meilen entlang der Westküste erstreckt und mit Hotels der Extraklasse und einem 18-Loch Golfplatz das Besucherherz beglückt. Die Touristen kommen zudem wegen eines besonderen Highlights, das in dieser Art sonst nirgends auf der Welt zu finden ist: das Schmusen mit den Stachelrochen in Stingray City, einer etwa vier Meter tiefen Sandbank, in der sich die Tierchen zu Hunderten tummeln.

Zur Schmuserunde traf ich mich morgens um 9:00 Uhr mit meinen Gästen. Fast alle waren pünktlich – nur zwei fehlten. Ich rief einige Minuten nach Neun in ihrer Kabine an und eine Frau kam ans Telefon. Sie teilte mir mit, dass sie sich nicht wohl fühle, ihr Mann aber auf dem Weg sei. So ging ich schnurstracks zurück zum Treffpunkt, an dem er mittlerweile eingetroffen war. Ich sagte ihm, dass ich schon angerufen hatte und prompt bekam ich eine heftige Rüge deswegen. Er wäre Punkt 8:58 Uhr da gewesen, und ich solle nicht so lügen und behaupten es wäre bereits kurz nach 9:00 Uhr gewesen. Überhaupt keine Lust, mich mit ihm anzulegen, ließ ich ihn in dem Glauben. Aber er war nicht mehr imstande, sich zu beruhigen und ging motzend von Tisch zu Tisch der wartenden Gäste und beschwerte sich über mich. Zu seinem Leidwesen bekam er kein Echo, da alle Zeuge seines Zu-spät-Kommens gewesen waren. Aber auch wenn die Gäste sich nicht von ihm aufhetzen ließen, waren doch viele sehr eigenartige Zeitgenossen gewesen. Als Hilfsscout stand mir Melanie von der Rezeption zur Seite. Wir erzählten den Passagieren von dem wunderbaren Erlebnis, das uns allen bevorstand. Und auch davon, was für ein Glücksstern doch über uns wachen musste, da der Rochenausflug sehr oft wegen starken Windes abgesagt wird, heute jedoch die See ruhig wie selten sei. Doch so sehr wir uns auch bemühten, es gelang uns nicht Vorfreude zu schüren. Emotionslos starrte die Gruppe uns an. Für mich war dies immer eine der schlimmsten Situationen. Es war mir lieber, wenn sie fauchten und schrieen, als dass überhaupt keine Gefühlsregung von ihnen ausging. Da wir auf Reede lagen, mussten wir wieder mit Booten zur Pier übersetzen. Diesmal allerdings mit unseren eigenen Tenderbooten.

Auf dem Weg zur Tenderluke hörte ich immer wieder eine tiefe Stimme, die unentwegt: „Zwei Minuten vor Neun“, „Zwei Minuten vor Neun“, vor sich hin brummelte. Während der Fahrt mit dem an den Seiten offenen Tender wurde das Meer für den Hauch eines Momentes unruhig und eine große Welle prallte auf unser Boot, oder um genauer zu sein, auf den „8:58 Uhr-Mann“, und platsch war er von oben bis unten nass. Nicht, dass ihr denkt, ich würde mich in Schadenfreude wähnen, aber sonderlich traurig bin ich nicht gewesen.

Bis wir auf das Boot steigen konnten, das uns letztendlich zur Sandbank bringen sollte, stand eine kurze Busfahrt an. Wir hatten die Ehre, diese mit Fred, dem singenden Busfahrer, zu unternehmen. Er gab keinerlei Auskünfte über die Insel, sang sich dafür aber die Lunge aus dem Leib und die Kehle wund. Zum Takt schlug er auf das Lenkrad oder betätigte die Bushupe. Die Fahrt dauerte wahrhaftig nicht lange, aber sie reichte aus, um uns einen Querschnitt aus seinem Repertoire vorzustellen, dass aus Gospel-, Country-, Rock- und Reggaemusik bestand. Fred gab sich enorme Mühe mit seiner Sangeskunst, doch von den Gästen wurde er nur mit Fassungslosigkeit angeschaut.

Uns begrüßte eine freundliche Crew, und schon fand ich mich auf einem weiteren Boot, in freudiger Erwartung auf die „Rochenstadt“, wieder. Eine zahlenmäßig übergroße Gruppe schlecht gelaunter Passagiere, eine Rezeptzionistin und einen Scout konnte man natürlich nicht blauäugig auf die Rochen loslassen. Da bedurfte es freilich der einen oder anderen Erklärung in Bezug auf den richtigen Umgang mit den Tieren. Sie nur nicht aus dem Wasser heben, nicht auf den Stachel treten, den Daumen beim Füttern in der Faust lassen, waren einige der Gesetzte, an die wir uns, wenn wir ein freundliches Zusammentreffen genießen wollten, halten mussten.

Einer der Guides erklärte mir dies und demonstrierte es mit Hilfe eines Stoffrochens. Ich nahm daraufhin das Mikrofon, um den Gästen den behutsamen Umgang näher zu bringen. Leider kam just in diesem Moment ein Lüftchen auf und meine Worte wurden vom Winde verweht. Doch anstatt ein paar Schritte näher zu mir zu kommen, rief ein Typ aus der Menge:

„Ich versteh nichts, verdammt noch mal, führen sie Selbstgespräche?"
Melanie trat zu ihm, und bat ihn und den Rest der Gruppe, einfach nach vorne zu treten. Aber das machten sie nicht. Stattdessen starrten sie wieder nur vor sich hin und motzten darüber, dass sie nichts verstanden.
Wir hatten Stingray City erreicht und was ich sah, übertraf all meine Erwartungen. Überall drehten Stachelrochen fröhlich ihre Kreise. Das Wasser der Sandbank war türkis und so klar, dass ich bis auf den Grund schauen konnte, und auch auf diesem lagen Rochen schlafend auf dem Sand.

Ich staunte über die Fische, als sich eine hysterische Frau zu mir gesellte und sich darüber aufregte, dass neben uns drei weitere Ausflugsboote mit Gästen anderer Kreuzfahrtschiffe zugegen waren. Versuchend einen mitleidigen Blick aufzusetzen, heuchelte ich Verständnis für ihre Wut, entgegnete aber auch:
„Ich kann verstehen, dass Sie sich freuen würden, wir wären alleine hier. Aber wissen Sie, wir haben nur das Ausflugsboot gechartert, nicht den gesamten Ozean."

Die Gäste tummelten sich alle im Wasser. Nur Melanie und ich saßen noch am Rand des Bootes, zum Absprung bereit. Irgendwie brachten wir es nicht über uns, den Sprung ins Rochenterritorium zu wagen. Immer dann, wenn wir gerade allen Mut zusammen genommen hatten, tauchte unter uns eine Handvoll Tiere auf, die uns respektvoll erstarren ließen. Dem Heldentod nahe, wagten wir es dann doch und kreischten bei jeder Berührung mit den Rochen um die Wette, die um uns herumglitten, und uns frech anstupsten, bevor sie wieder davon schwammen. Von den Passagieren schon belustigt angeschaut, rissen wir uns endlich am Riemen und streckten herzbebend unsere Hände aus, um die Tiere zu berühren. Es dauerte ein bisschen, aber dann hatten wir uns an die Fische gewöhnt und sie waren uns vertraut geworden. Nun wollten wir überhaupt nicht mehr aus dem Wasser hinaus. Es war herrlich – wir schwammen gemeinsam mit den Rochen unsere Bahnen, tauchten mit ihnen unter, streichelten und küssten sie. Die Idee für diese Art von Erlebnis stammt von Fischern, denen aufgefallen war, dass die Rochen, wann immer man ihnen Futter zuwarf, an die Oberfläche kamen. Ein wenig später wurden Taucher von den normalerweise scheuen

Tieren um Futter angebettelt. Und schon war eine neue – aber schöne – Attraktion entstanden, uns Touristen anzulocken. Zurück zum Hafen brachte uns Fred, mit weiteren inbrünstig vorgetragenen Gesangseinlagen. Ich schaute aus dem Fenster und dachte an das vergangene Jahr, als sich mir an gleicher Stelle ein Bild des Schreckens bot. Der nur vor wenigen Wochen zuvor über die Insel gefegte Hurrikan hatte grausame Spuren hinterlassen. Riesige Bäume lagen entwurzelt auf der Erde, Sträucher und Hecken waren verwüstet, die meisten Holzdächer waren abgedeckt und nur mit Schutzfolie provisorisch repariert worden. Häuser standen leer ihrer Fassaden beraubt. Ganze Mangrovensümpfe, die als Naturschutzgebiet galten, waren verschwunden. Doch das Leben geht weiter und so hatte man an der Westküste begonnen, die Infrastruktur wieder aufzubauen. An der Nordküste allerdings, so erfuhr ich, gab es noch immer Orte, die von der Außenwelt abgeschnitten waren. Das Motto der Insel lautet: „He has founded it upon the sea" - er schuf sie auf dem Meere schwimmend. Denn Grand Cayman liegt nur 18 Meter über dem Meeresspiegel und ist so selbstverständlich ein beliebtes Angriffsziel für Hurrikans.

An der Pier angekommen, lohnte es sich für mich nicht zurück zum Schiff zu fahren. Denn ich stürzte mich von einem Ausflug in den nächsten. Daher machte eine Kollegin für mich die Abwicklung auf der NABUCCO und ich nahm meine Gäste im Hafen in Empfang. Es war eine kleine überschaubare Gruppe, mit der ich eine tolle Jetski-Fahrt startete. Mit schwindelerregender Geschwindigkeit rasten wir über Meer und Wellen. Als Fahrer hatte ich mir den örtlichen Guide ausgesucht. Ich saß hinter ihm und klammerte mich an ihm fest, während wir die Passagiere kreuz und quer durch das Wasser jagen ließen.

Immer wieder zogen wir unsere Kreise um die NABUCCO und winkten der Brücke und den Gästen zu, die uns von Deck oder vom Restaurant aus beobachteten. Anschließend legten wir zwei Schnorchelstops ein, und rasten entlang des Seven-Miles Beaches. Nass von Kopf bis Fuß, zog ich später durch einige Kneipen der Hauptstadt Georgetown. Aus deren Lautsprechern erklang „Jingle Bells" und aufblasbare Weihnachtsmannfiguren grüßten mich an den Eingängen. Die Lokale waren zum Meer hin geöffnet und mir bot sich ein toller Blick auf mein schönes Schiff. Ich fühlte mich in meiner Meinung ein weiteres Mal bestätigt: egal neben welchem Kreuzer sie lag – die NABUCCO war mit Abstand das schönste Schiff von allen. Zum Schluss meines Aufenthaltes ließ ich einen guten Teil meiner Heuer im ortsansässigen Hardrockcafe.

Eine Köstlichkeit der Cayman Inseln ist der Rumkuchen, den ich gemeinsam mit einigen Kollegen in großen Mengen kaufte. Es gibt ihn in allen Variationen und Geschmacksrichtungen. Mein Favorit, falls es jemanden interessiert: „Tortuga Rumkuchen – Original".

Weihnachten an Bord

„Weihnachten, Weihnachten bin ich zu Haus, wenn auch nur im Traum."
(Weihnachtslied)

Nachdem wir die Cayman Inseln verlassen hatten, befanden wir uns auf hoher See, die uns still und friedlich zum nächsten Ziel geleitete. Es war der Abend vor der Heiligen Nacht und fleißige Hände dekorierten feierlich Restaurants, Bars und Treppenhäuser. Zur richtigen Zeit, am richtigen Ort bekam ich die Chance einen Weihnachtsbaum zu schmücken, der stolz vor der Rezeption aufgestellt war. So hatte ich das Glück, diese liebgewonnene Gewohnheit auch in diesem Jahr nicht missen zu müssen.

Weihnachten nicht zu Hause zu sein, war nicht das, was auf meiner Wunschliste ganz oben stand. Und wären wir nicht so traumhafte Ziele angefahren, hätte ich die wunderbare Zeit daheim schmerzlichst vermisst. Denn seit jeher liebe ich alles, was mit Weihnachten zu tun hat: die Adventszeit, Kerzen, Weihnachtsmärkte, die Lieder, die Stille und die Gemütlichkeit. Leider war von alledem auf einem Schiff, das sich der immerwährenden Partystimmung verschrieben hat, nicht viel zu spüren. Aber ich konnte es nicht ändern – das war der Preis den ich für diesen schönen Job zahlen musste. Ich erinnere mich zurück, als ich vor Jahren eine Einladung nach Brasilien abgesagt hatte, da die Reise über Weihnachten gewesen wäre. Diesmal hatte ich keine Wahl –

mitgehangen, mitgefangen! Mir blieb nichts anderes übrig, als die Situation anzunehmen. Dies war für mich und für viele Kollegen nicht einfach, aber ich kann sagen, dass von Schiffsseite aus alles getan wurde, um uns die Zeit so schön wie möglich zu gestalten. Den Schnee und die Stimmung konnte niemand herzaubern, aber zu fast jeder Stunde war unsere Crewmesse gefüllt mit Christstollen, Lebkuchen und allerlei sonstigem Weihnachtsgebäck. Ein großes Lebkuchenhaus zierte die Messe, auf dessen Dach sogar ein wenig Schnee lag – Puderzucker – aber immerhin.

Im Übrigen standen zwei traumhaft große Lebkuchenhäuser, von unseren Köchen gezaubert, prunkvoll zur Dekoration vor den beiden Restaurants. Und ein großes für jeden sichtbares Schild mit den Worten „Nicht zum Verzehr" lag daneben. Und was geschah? Die Häuschen führten ein grausames Dasein. Immer wieder wurden sie ihrer Zäune, Schornsteine, Fensterläden und Haustüren in Form von Dominosteinen, Marzipanstückchen und Gummibärchen beraubt. Und wer war der Täter? Kein geringerer als der Gast! Der immer wieder schleichend an den Häuschen vorbeiging und auf kriminelle Weise ein Stück aus dem Lebkuchenhaus herausbrach, um es dann verstohlen in seinem Mund verschwinden zu lassen. Ganze Gruppen fielen über das Opfer her, immer schön das Hinweisschild missachtend. Es gab keine Nacht, in der unsere Köche nicht Teile des Häuschens reparieren mussten, so dass es am Morgen wieder frisch und jungfräulich dastand. Das Schild und die Buchstaben wurden immer größer und konform gehend damit die Dreistigkeit einiger Passagiere. Einmal ertappten Spezi Astrid und ich einige der Lebkuchenhäuschen-Schänder auf frischer Tat, nachdem sie aus dem Restaurant, also vom Essen gekommen waren. Ihre Hände griffen gierig in Richtung Haus und schon fehlte der halbe Zaun.

Die Gäste liebten es, das Weihnachtsfest an Bord zu verbringen. Für viele von uns sah das, wie schon erwähnt, ein wenig anders aus, und mit Unverständnis beobachteten wir die zahlreichen Familien mit Kindern. Wie froh bin ich, dass ich im Kindesalter den Heiligen Abend nicht an der NABUCCO-Bar verbringen musste. Während des Weihnachtssingens begegnete mir ein Vater mit seinem kleinen weinenden Jungen, der ihn anbettelte, doch dem Singen beizuwohnen: „Mit Weihnachten haben wir nichts am Hut", war die klare Antwort des Vaters. Wenn ich an frühere Tage zurückdenke, war jeder Tag im Advent ein Wunderland: morgens wurde das Türchen des Adventskalenders geöffnet, die Tage wurden gezählt, mit der Großmutter wurden Plätzchen und Bratäpfel gebacken und lange Schneewanderungen unternommen. Wie herrlich war das gewesen. Schön, dass wir mit Weihnachten was am Hut hatten, und es auch immer noch haben.

Am Morgen des Heiligen Abends waren viele von uns ein wenig traurig. Wir schipperten auf hoher See, da wir erst am Mittag in Ocho Rios anlegten. Ich traf mich mit den Scouts zum Sekt-Frühstück, jedoch war die Stimmung nicht besonders gut. Wir stellten einen CD-Player auf unseren Tisch, in den wir unsere mitgebrachte Weihnachtsmusik einlegten, um ein wenig das Weihnachtsgefühl zu wecken. Aber so recht gelang uns das nicht. Nach dem Frühstück versuchte ich nach Hause zu telefonieren, musste mich aber mit dem Besetztton zufrieden geben, da unser Satellit völlig zusammengebrochen war. Kein Wunder – neben mir wollte auch jedes andere Crewmitglied seine Lieben daheim erreichen. Ich versuchte mein Glück über das Internet, doch auch hier versagte der Satellit.

Ein anschließender Rundgang über das Schiff zeigte, welch fleißige Helfer am Vorabend und in der Nacht am Werk gewesen waren. Überall standen wunderschön geschmückte Weihnachtsbäume. Noch nie zuvor in meinem Leben hatte ich so viele Schokoladen-Nikoläuse gesehen, wie auf den Regalen der Restaurants. Auf großen Holzwagen, die vor den Restaurants aufgebaut waren, lagen Nüsse, Mandarinen und Marzipan aus. Weihnachtskugeln und Weihnachtsmänner, sowie hübsch eingepackte Päckchen waren über das ganze Schiff verteilt. Dies alles war ein wunderschöner Anblick und urplötzlich hatte ich doch das Gefühl, dass Weihnachten sei. Aber bevor mich diese Emotionen zusehends einnahmen, hieß es, an Land zu gehen.

Wir hatten vor Jamaika angelegt und so musste ich, wie an jedem anderen Tag, einen Ausflug begleiten. Ich schaute mir mit den Gästen die Dunns River Waterfalls an, doch mir war, als würde sich jede Minute endlos hinziehen. Aus den Radios der Souvenirbuden erklang Bob Marley. Im Grunde ist dies sehr gute Musik, auf die ich an diesem Tag aber wirklich keine Lust hatte.

Von dem Geist der Weihnacht war an den Wasserfällen nichts zu spüren, in deren Wasser Menschen in Badehosen und Bikinis sprangen. Keiner der Gäste sprach vom Fest und wenn doch, dann nur darüber, wie froh sie waren, weit weg von alledem zu sein. Es war ja schön, dass die Leute sich freuten.

Wieder auf dem Schiff ging ich zur Crewmesse, und es war wirklich erstaunlich, was sich die Verantwortlichen einfallen gelassen hatten. Die gesamte Messe glich einem Weihnachtsland. Zugegen waren: Nikolausmänner über Nikolausmänner aus Schokolade und Weihnachtsbäume und Lebkuchenhäuser in großer Zahl. Dazu gab es ein reichhaltiges Büffet, wie ich es am Heiligen Abend noch nie gegessen hatte. Alle Tische waren feierlich eingedeckt und uns stand Rot- und Weißwein zur Auswahl. Diesen konnten wir genüsslich zu tollen Vorspeisen, Scampi, Hummer, Filet und Preiselbeeren trinken. Das war schon etwas ganz Besonderes.

Anschließend musste ich gemeinsam mit Scout Nina zum Schalterdienst. Die Passagiere waren sehr schick gekleidet, und die Offiziere traten in ihrer Galauniform an. Unentwegt brachten uns die Gäste Sekt – so viel, dass wir ihn gar nicht ganz trinken konnten. Der Abend verlief viel schöner als der Morgen. Ich hatte meine Familie telefonisch erreicht und viele liebe Emails erhalten.

Im Theater fand eine Weihnachtsgala statt, der wir am Ende alle beiwohnten, indem wir auf der Bühne zu den Tönen von „Oh Happy Day“ mit einstimmten. Wir waren aufgefordert worden, unseren feinsten Zwirn anzuziehen, und so war der Abend doch anders als so viele andere. Besinnlichkeit suchte ich jedoch vergebens, denn nach der Gala setzte sich das Programm auf dem Pooldeck fort. Zu Beginn mit moderner Weihnachtsmusik, die aber sehr schnell – auf Wunsch der Gäste – durch einschlägige Pop- und Schlagerklassiker ausgetauscht wurde. Darauf ging ich mit meiner Chefin kurz auf ein Getränk in die NABUCCO-Bar, bevor ich mich vom „Heiligen Abend“ verabschiedete.

℘ *Silvester an Bord* ☙

**„Lerne von gestern,
lebe für heute,
hoffe für morgen."**
(Volksweisheit)

Es regnet nie im Paradies! Zu karibischen Träumen gehört stets die uns wärmende Sonne, welche immerfort über uns erstrahlt. Doch in Wahrheit würde der zauberhafte Regenwald ohne einen ab und an bitterlich weinenden Himmel niemals in solch grandios üppiger Weise gedeihen. Ausgerechnet heute am Silvestermorgen zeigte sich Ocho Rios und seine Umgebung in trübem Grau und Petrus schien die Himmelsschleusen eifrig und schwungvoll geöffnet zu haben. So war mein Ausflug zum Mausoleum Bob Marleys völlig verregnet. Einige Gäste waren sauer darüber, doch zu meinem Glück sahen die meisten es gelassen. Die Stunden des letzten Tages im Jahr gingen oder plätscherten, wortwörtlich gesprochen, so dahin.

Der Abend rückte näher und somit auch die größte Party des Jahres. Bereits wie vor einer Woche warfen wir uns alle in unseren feinsten Dress und verliehen der Zeit den Reiz des Besonderen. Auf dem Pooldeck war bereits zur frühen Stunde alles feierlich hergerichtet worden. Eis lagerte in glänzenden, mit Sektfalschen gefüllten Silberkübeln, und eine große Weltkugel, auf der die Uhr dank moderner Laserbestrahlung angezeigt wurde, blickte auf uns alle herab. Zum Glück war das Wetter ein wenig besser geworden und nur hin und wieder mussten wir die Tanzfläche wegen eines kleinen kurzanhaltenden Regenschauers verlassen. Dazwischen blieb genügend Zeit zum Tanzen und zum Feiern. So gutgelaunt wir auch in diesem Moment waren, die Zeit konnten wir nicht anhalten. Unaufhörlich tickte der Zeiger der Uhr dem Neuen Jahr entgegen. Es wurde zehn, es wurde elf Uhr – die Spannung stieg von Minute zu Minute.

Plötzlich war es soweit, wir versammelten uns gemeinsam mit dem Cruisedirektor und Kapitän auf der Poolbühne und streckten unsere gefüllten Sektgläser in die Höhe. Nun wurde nicht mehr in Stunden gezählt, nicht mehr in Minuten, sondern nur noch in Sekunden. Zehn, Neun, Acht, Sieben, Sechs, Fünf, Vier, - doch nicht einmal die Drei ausgerufen, begann es erneut zu regnen. Von einem auf den anderen Moment goss es in Strömen und ein regelrechter Platzregen schüttete sich über uns aus. Als wir an der Eins angelangt waren, waren wir bereits bis auf die Haut durchnässt. Es war unglaublich, aber was konnten wir machen? Der Countdown lief weiter... null – Zero! Es war geschehen, Prost Neujahr! Das alte Jahr, welches so schön gewesen war, gehörte nun der Vergangenheit an. Alles Gute – auf all das, was kommen mag. Irgendetwas jedoch war anders, irgendetwas war falsch in der gewohnten Weise der Silvesternacht. Ich lauschte auf und blickte in den nächtlichen Himmel. Aber außer Regentropfen, die auf den Boden trommelten, sah und hörte ich nichts. Da war kein Knallen, da waren keine Funken, die die mitternächtliche Stunde erhellten. Mit anderen Worten, – und ich denke ihr ahnt bereits was geschehen war – das seit langem ersehnte Feuerwerk auf unserem schönen Schiff blieb aus!

Der Regen hatte unserem Sehnen einen Strich durch die Rechnung gemacht, und so waren da nur das Knallen der Sektkorken und das Klirren der Gläser zu vernehmen. Das entfallene Feuerwerk sollte unsere Laune und unsere Nacht nicht trüben. Immer wieder regnete es und da wir eh mehr als nass waren, räumten wir für die auf uns herabfallenden Regengüsse nicht mehr die Tanzfläche. Wir tanzten unverdrossen weiter und kümmerten uns nicht um Petrus´ Launen. So ging sie irgendwann vorüber, die Silvesterparty auf meinem schönen Schiff. Auch das Feuerwerk sollte ich erleben, denn es stand nun für den nächsten Tag auf dem Programm. Wenn denn die Sonne wieder lachte.

꩜ Ein Neues Jahr ꩜

„Und jedem Anfang wohnt ein Zauber inne.“
(Hermann Hesse),

Die Sonne tat wie geheißen – das Bilderbuchpanorama war wieder hergestellt und Sonnenstrahlen begrüßten den ersten Tag im Neuen Jahr. Von der gestrigen Schlechtwetter-Front war nichts mehr zu spüren und so hatte ich allen Grund, mich auf den Abend zu freuen.

Das Schiffsleben hatte von Neuem seinen gewohnten Gang genommen. Unsere neuen Gäste waren nach langem Flug angekommen, eine neue Reise stand bevor und von den Passagieren der vergangenen Wochen hatten wir uns verabschiedet.

Wie immer lag unsere NABUCCO anmutig im Hafen Montego Bays. Der Abend senkte sich ein weiteres Mal über die Berge, das Meer und die Küste, und als die Dunkelheit gewonnen hatte, fuhr unser Schiff feierlich angeleuchtet unter dem Glanz der Sterne dem Horizont und einem neuen Jahr entgegen. Kurz nachdem wir den Hafen verlassen hatten, liefen wir geschwind zum Pooldeck, denn heute stand einem pompösen Feuerwerk nichts im Wege.

Kaum waren wir auf hoher See, erschallte aus den Lautsprechern herrlich klassische Musik und Nebel hüllte die Bühne ein. Und plötzlich war der Himmel erhellt von einem wunderbaren Feuerwerk. Unermüdlich wurden die Raketen in die Nacht geschossen und ihr Schein glitzerte im Mondlicht und auf die nächtlich schwarze See.

ꕥ *Nachwort* ꕥ

„Es kommt mehr darauf an, wie du kommst, als wohin du reisest;
deshalb sollten wir unser Herz nicht
einem bestimmten Ort verschreiben.
Es gilt die Einsicht zum Lebensgrundsatz zu machen,
dass man nicht für einen einzelnen Winkel geboren ist,
sondern dass die ganze Welt unser Vaterland ist."
(Seneca 1. Jh. n.Chr.)

So wie das Feuerwerk am Himmel erstrahlte und uns den Weg in ein neues Jahr wies, waren auch meine weiteren Monate auf der NABUCCO mit Freude überstrahlt. Ich fuhr noch viele weitere schöne Ziele an und genoss jede Minute. Meine Erzählungen neigen sich nun dem Ende zu. Es war mir eine Freude, euch ein wenig mit auf meine Reise genommen zu haben. Vielleicht werdet ihr ebenfalls einmal an dem ein oder anderen Ziel sein, von dem ich berichtet habe. Vielleicht sogar, wenn ihr Glück habt, mit meinem schönen Schiff. Dann denkt an mich, und versprecht mir mit Neugierde, Begeisterung, Freude und Respekt das Unbekannte zu erblicken und das Wunderbare zu sehen.

Auch wenn es nicht immer so scheinen mag, unser Erdball ist ein wundervoller Ort. Mit all seinen Möglichkeiten, den Menschen, die auf ihm leben, den fremden Ländern, den verschiedenen Kulturen und natürlich den unsagbaren nie enden wollenden Naturschönheiten.

Seht euch alles genau an. Zu reisen ist ein wertvolles Geschenk, durch das ich reich an Erinnerung bin und somit über größere Besitztümer verfüge als ein König.

Haltet eure Augen und Herzen offen, egal wo ihr seid. Herrliche Ein- und Ausblicke werdet ihr dann garantiert finden.

In dem Sinne, lieben Gruß
YW

PS: Ach ja, der deutsche Pauschaltourist! Keine Bange, es ist wie ich es am Anfang gesagt habe. Es gibt sie – die Typen und Miesepeter, die mich verzweifeln ließen. Aber das war die Minderheit. Die Mehrzahl war prima und so waren die meisten NABUCCO-Gäste liebenswerte Menschen.

Die Gäste, die mir das Leben schwer machten, musste es natürlich auch geben, denn ohne ihr kurioses Benehmen und ohne ihre Anekdoten wäre die Idee zu diesem Buch vielleicht niemals entstanden, und das wäre doch schade, oder?

Danke

Es gibt viele Menschen, denen ich danken möchte, da sie mir mit großer Hilfe bei der Entstehung dieses Buches zur Seite standen:

Meinen Kollegen und Kolleginnen, die mich auf großer Fahrt begleiteten, mein Vorhaben ernst nahmen und mich stets mit Anekdoten versorgten, so dass mein Notizbuch nach und nach gefüllt wurde.

Den Empfängern meiner Reiseberichte, deren positives Feedback einen großen Teil zu dieser Idee beitrug.

Meiner Lektorin Marion Wiener.

Dem Design-Studio Michels und meiner Designerin Hilke Käsebier, die sich der Satz- und Umschlagsgestaltung widmete.

Meinem Webdesigner Dirk Diederichs, sowie Resi Freres für die Umschlagszeichnung.

Ganz besonders möchte ich einige Freunde erwähnen, die mich inspirierten und ermutigten, mir ihre Zeit widmeten, mich aufmunterten, an mich glaubten und mir mit Rat und Tat zur Seite standen: Michael Hesemann, Yuliya Tkachova, Astrid Weber, Alexandra Panopoulou, Frank E., Jan Neuharth, Mirco Bretz, Christian Walz, Britta Kanbach, Marion Pietruszwski, Claudia und Adele Kaiser, Carmen Düx, Susanne Vollrath, Caro Nenner und Kaja Dunn.

Ganz besonders danke ich meiner Mutter Hannelore Weber für die Unterstützung und für alles andere.

℘ Anhang ☙

Samstag, 27. Januar 2007

Es ist Samstagmorgen in den späten Januartagen. Aus dem Fenster schauend beobachte ich die herabfallenden Schneeflocken. Die weiße Landschaft vermittelt Stille und Kraft. Obwohl die Heizung auf Hochtouren läuft, ist es mir bitter kalt. Aber egal – ein warmer Tee wird mir bestimmt helfen.
Ich bin in meinem Heimatort. Eine größere Anzahl an Menschen sieht man hier selten. Wenn, dann an Beerdigungen und an der Fronleichnamsprozession – oder ähnlichen Anlässen. Hierhin kommen die Urlauber nicht wegen des pulsierenden Lebens, sondern wegen der wunderbaren Natur. Die Eifel ist eben auch sehr schön, denn ihre Täler, Wälder, Seen und Auen sind ein Kleinod der Idylle. Mein geliebtes Meer liegt jedoch weit entfernt, und ich vermisse es. Doch was mir am meisten fehlt sind die unzähligen interessanten Begegnungen und Gespräche.

Seit einigen Monaten bin ich nun wieder in Deutschland, und so langsam gewöhne ich mich wieder ein. Doch noch immer fällt mir die Antwort auf die Frage, wo ich für eine längere Zeit leben möchte, schwer. Ich muss gestehen, dass ich nach all den rastlosen Jahren auf großer Fahrt ein wenig heimatlos geworden bin. Aber nichts desto trotz habe ich dem Leben auf dem Schiff Adieu gesagt. Es war ein Traumjob auf Zeit, von dem einem irgendwann der Absprung gelingen muss, um in die Realität zurückzukehren. Denn so wunderbar das Dasein an Bord ist, mit dem „normalen" Leben hat es wenig zu tun. Man lebt eben in einer „Urlaubsfabrik", die immer dort ihren Standort hat, wo die Welt gerade am schönsten ist. Die meisten von uns brauchen eine Zeit bis sie wieder an Land Fuß gefasst haben. Immer wieder wird es Momente geben, in denen die Erinnerung mich zurückkapituliert, zu weißen Stränden und zu sorglosen Tagen. Und wenn ausgerechnet dann ein grauer Himmel meine Seele einhüllt, wird die Sehnsucht groß. Aber das ist völlig normal und ich bin froh, dass ich das Leben an Bord immer mit dem nötigen Abstand gesehen, und nie den Traum mit der Wirklichkeit verwechselt habe.

Die Partys und den ewigen Spaß vermisse ich nicht. Im Gegenteil – ich freue mich die Zeit zu haben, in tiefere Dinge einzutauchen, wie in die Felder der Philosophie, der Literatur oder der Kunst.

Es gibt noch viele Träume und viele Ziele, die ich mir erfüllen und die ich erreichen möchte. Einiges wird mir gelingen, anderes nicht. Es wird Siege und Höhenflüge geben und Niederlagen, die mich im Freifall zu Boden stürzen werden. Aber ich genieße den Luxus auch einmal traurig sein zu dürfen, und dies auch zu zeigen. Es tut gut das Leben in all seinen Facetten zu spüren.

Seit meiner Rückkehr habe ich mich mit diesem Buch beschäftigt und es mir erlaubt eine Auszeit zu nehmen, um das Erlebte zu verarbeiten. Denn was ihr gelesen habt, war nur ein kleiner Bruchteil. Ich bin vier Jahre lang nonstop um die Welt gereist, denn auch in meinen Urlauben hatte ich meinen Rucksack gepackt und habe mir die Ziele angeschaut, die mein Schiff nicht anfuhr. Keinen einzigen Tag davon möchte ich hergeben. Am Ende jedoch war ich so etwas wie ausgebrannt und konnte nichts Neues mehr aufnehmen. Die Batterien waren einfach leer.
Nun jedoch ist der Akku wieder geladen und es heißt - auf zu neuen Taten.

Bleibt nur noch die Frage zu klären wo eigentlich mein Zuhause ist.

Eure
Yvonne

ꕥ Von Caro Nenner (Scout) ꕥ

29. Januar 2007

Unser Kopf ist rund damit das Denken die Richtung ändern kann! Träume sind dafür da um realisiert zu werden! Geschafft. Genau zwei Wochen ist es her und ich bin wieder hier in deutschen Gefilden. Oh, Entschuldigung, ich habe vergessen mich vorzustellen. Ich bin es – Scout Caro, die mit Yvonni immer zur heiligen Rita (der Heiligen der Liebe) betete. Wie ihr gelesen habt, bisher allerdings vergebens.

Die Zeit vergeht wie im Fluge und eh man sich versieht ist wieder ein halbes Jahr vorbei. Für mich war dies bereits mein vierter Einsatz und nun gehöre ich schon fast zum alten Eisen meiner Zunft. Die Eindrücke an Bord sind sehr vielseitig und jeder Tag der Woche ist ein Arbeitstag. Jeder Tag ein Tag unter vielen Menschen. Wir arbeiten dort wo andere Urlaub machen und haben auch das Privileg den Leuten kulturelle Besonderheiten näher zu bringen. Wenn das Fräulein Niemand mit dem Herrn Sowieso zum ersten Mal über den großen Teich schippern und sich mit der leichten Brise des Passatwindes zu neuen Ufern treiben lassen. Herrlich! Sind wir nicht alle ein wenig Kolumbus? Ich bin felsenfest davon überzeugt, dass dem Menschen der Entdeckergeist regelrecht angeboren ist. Kreuzfahrten bieten interessante Möglichkeiten, um Land und Leute aus der Wasserperspektive kennen zu lernen.

Eine Seefahrt die ist lustig. Auch für diejenigen, die unter der karibischen Sonne arbeiten und dem durchschnittlichen Gast ein einzigartiges Erlebnis garantieren möchten. „Der Gast als solches ist ein feines Tier!" pflegte einer meiner Kollegen immer mit Augenzwinkern zu sagen bevor er sich wieder ins Getümmel stürzte. Ich erhole mich gerade von meinem Einsatz an der „Front" – d.h. direkter Gästekontakt Tag für Tag! Das kann durchaus auch anstrengend sein und vor allem lernt man doch einiges über die Gesellschaft. Wichtig ist die Realität aus einer gelassenen Distanz zu betrachten und sich in der wohligen Geborgenheit seiner „Komfort-Zone" zu bewegen. Manchmal gar nicht so einfach wenn du an deinem Verkaufsschalter stehst und ein Pulk von schnatternden Gästen sich in ihrer Lautstärke gegenseitig übertreffen und dir zu verstehen geben, dass der eigentlich doch so schöne Ausflug eine Katastrophe & das Essen eine Unverschämtheit war. Krisenmanagement und Beschwerden entgegennehmen...dies ist dann eher die Kehrseite der Medaille und gehört sicherlich nicht zu den Sternstunden des Daseins. Das Leben an Bord ist halt eben eine harte Schule. So leicht bringt mich nach solchen Erfahrungen nichts mehr aus der Ruhe und mittlerweile habe ich diese erstrebenswerte Gelassenheit erlangt. Gelassenheit ist eine Tugend und ein ausgeprägter Sinn für Humor gilt als unser beständiger Begleiter auf allen Wegen.

Yvonni habe ich auf einem meiner Einsätze kennen gelernt und wir hatten jede Menge Spaß miteinander. Ich hatte die Ehre einige Kapitel ihres Skripts zu lesen und war dadurch regelrecht inspiriert zu neuen Taten. Ich hoffe, dass die Leserschaft dieses Buch mit genauso viel Freude und Spannung verfolgt haben. Es trifft den Puls der Zeit und gibt sehr viel von den fast schon parodistischen Erlebnissen wieder, die unseren Tag bestimmt haben. Das Leben ist manchmal schon wie eine Karikatur und dieses Buch holt euch dort ab wo ihr euch gerade befindet und führt euch durch eine Erlebniswelt der Besonderen Art. Begegnungen und Anekdoten bestimmten unseren Alltag.

Denen kann ich an dieser Stelle vielleicht auch noch das ein oder andere hinzufügen. Die Situationskomik ist manchmal wie in einem Film. Stellt euch nur vor wenn sich Gäste nach einer phänomenalen Wanderung auf schlammig-rutschigen Pfaden durch den Regenwald bei mir darüber beschweren, dass die Kleidung und auch das Schuhwerk dreckig wurden. Beispielsweise kann es durchaus auch mal vorkommen, dass ein Paar schlammige Turnschuhe direkt vor deine Nase auf den Tisch geknallt werden und lautstark die Forderung ausgesprochen wurde: „Die Kosten für die Reinigung übernehmen Sie! Damit das klar ist!“ Da kannste dann nur noch mit einem müden Lächeln reagieren. Haben wir es nicht mit erwachsenen Menschen zu tun? Schließlich wird der Teilnehmer des Ausfluges bereits beim Kauf des Tickets darauf hingewiesen, dass es ratsam ist strapazierfähige Kleidung zu tragen. Es kann ja auch durchaus Spaß machen durch schlammige Regenwaldgebiete zu wandern in subtropischen Gebieten. Was erwarten die Leute eigentlich von mir? Bin ich Jesus, der Allwissende? Ich bin (nach all den aufklärenden Maßnahmen) doch nicht dafür verantwortlich wer welche Klamotte wann anzieht? Es ist doch immer wieder sehr desillusionierend festzustellen, dass die Erwartungshaltung des Menschen manchmal sehr stark von den gelebten Realitäten divergiert. Manchmal komme ich mir bei diesem Job vor wie eine Kindergärtnerin. Es ist wahrhaftig nicht ganz so einfach solche Leute, die wenig Erfahrungen mit dem Reisen haben, aufzuklären und im kürzesten Zeitraum darauf vorzubereiten was es bedeutet eine Regenwaldwanderung zum Wasserfall zu unternehmen. Einsicht und Kreativität sind einfach wichtig. Ein Appell an die Vernunft und das allgemeine Wissen sind erforderlich denn das Reisen (als solches) ist auch gleichzeitig eine fundamentale Bildungsform. Es gibt immer ein erstes Mal und schließlich wohnt jedem Anfang ein Zauber inne und nur wer das Gewohnte verlässt kann Besonderes erleben.

Zum Abschluss ein Seemanns-Glossar für alle Landratten!!!

abbacken - abräumen der Back (Tisch) durch den oder die Backschafter.

Abandonnieren - **1.** Das Überlassen der Rechte an einem havarierten Schiff dem Versicherer, der die Versicherungssumme zahlt; **2.** Das Verlassen eines Schiffes auf See wegen Haverie.

Aberglaube - weit verbreitet bei Seeleuten; Beispiele: **1.** das Pfeifen an Bord war nicht erlaubt, man könnte dadurch (unerwünschten) Wind anlocken. Dies hat nicht viel mit Aberglauben zu tun, sondern vielmehr damit, dass früher auf den Segelschiffen die Signale für die Mannschaft mit Pfeifen (vom Bootsmann) übermittelt wurden – nur er durfte pfeifen, um Fehlsignale auszuschließen!
2. Kratzen am Mast sollte Wind bringen;
3. bei Fahrtbeginn wurden Münzen über Bord geworfen, um eine gute Fahrt zu bekommen;
4. das Annageln einer Haifischflosse am Klüverbaum oder Walflosse an Walfangbooten sollte Kraft und Schnelligkeit auf das Schiff übertragen;
5. der Unglückstag ist der Freitag, da lief man nicht aus, Sonntag war immer der gute Tag;
6. Katzen an Bord brachten Glück, Frauen aber Krankheit und Seenot;
7. die Seelen von toten Seeleuten wohnen in Albatrossen, Möwen und Sturmvögeln;
8. bekommt man den Klabautermann zu sehen, dann wird das Schiff bald sinken.

abgreifen - das Entfernungsmessen auf der Seekarte mit Hilfe des Zirkels.

ablegen - ein Schiff oder Boot vom Lande (oder Schiff) freilegen, um es seinen eigenen Weg gehen zu lassen.

Abnahmefahrt - die Probefahrt, auf der nach Erfüllung aller Leistungsbedingungen das Schiff dem Reeder übergeben wird.

Achtern - hinten (ab mittschiffs).

Ahoi - ist nicht wie manchmal angenommen ein Gruß, sondern ein Anruf eines anderen Fahrzeugs („Schiff ahoi" oder „(Name) ahoi").

Alles wohl! - meldeten die Posten nach jedem halbstündlichen Glasen von der Back, um ihre Wachsamkeit zu bezeugen. Dieses Alles wohl! wurde ausgesungen, da man bei Sturm oder Seegang das gesungene Wort besser versteht.

anheuern oder auch anmustern - Vertragsabschluss für die Arbeit als Seemann.

Anker - ist ein Gerät, um ein Schiff vorübergehend oder dauernd auf Grund festzumachen (Ankern).

ausklamüsern - etwas herausfinden.

auklarieren - das Erledigen der Zoll- und sonstigen Behördenformalitäten beim Auslaufen aus einem Hafen.

Außenbordskameraden - die Fische im Meer.

Aye Aye - (aus dem Englischen) bejahende Erwiderung auf einen Befehl, dass man ihn verstanden hat (oft in Verbindung mit einem Handzeichen).

Backbord - linke Seite des Schiffes (in Fahrtrichtung blickend); in Hafeneinfahrten und Fahrrinnen die linke Seite von See aus.

Backen und Banken - das Auftragen der Speisen, die Einnahme der Mahlzeit und Reinigung des Essgeschirrs.

Bauernnacht - wenn keine Seewache gegangen werden muss.

Bilge - die tiefste Stelle im Schiff, an der sich alles eingedrungene Wasser und ausgelaufene Betriebsstoffe (die Kieljauche) sammeln.

Blaufeuer - **1.** nachts von Schiffen gezeigtes Signal, die einen Lotsen wünschen;
2. auf hoher See ein Notsignal.

Bootsrolle - Teil der Sicherheitsrolle, weist jedem Besatzungsmitglied seine besondere Aufgabe zu, wenn im Notfall die Rettungsboote zu Wasser gelassen werden müssen.

Brücke - Kurzbezeichnung für das Brückenhaus / Kommandobrücke usw.

Bruttoregisterrolle - (BRT) altes Maß für den von einem Schiff einschließlich seiner Aufbauten umschlossenen Raum.

Buddel - Flasche

Bug - vorderes Schiffsende.

Bugstrahlruder - Einrichtung in der Nähe des Schiffsbugs, bei der unter Wasser seitlich am Bug ein Wasserstrahl ausgepumpt wird, um den Bug zu bewegen; verbessert die Manövrierfähigkeit und wird vor allem im Hafen eingesetzt.

Bullauge - rundes Fenster.

Bunkern - das „an-Bord-nehmen" von Brennstoff oder anderen Vorräten auf Schiffen.

Chief - leitender Ingenieur.

Chief Mate - erster nautischer Offizier.

Daddeldu - **1.** Bezeichnung für den Seemann nach Ringelnatz Kuddel Daddeldu.
2. vom engl. „that will do" – es ist genug, Ausdruck für Feierabend.

den Anker werfen - ist nicht seemännisch, weil der Anker nicht „geworfen" wird. Richtig ist „lass fallen Anker".

dicker Dampfer - ugs. für eine großes Schiff, auch für eine korpulente Dame.

Dock - ist ein Hafenbecken mit einer Vorrichtung (Tor), die es erlaubt, das Becken leer zu pumpen, um dann das eingefahrene Schiff trocken liegen zu haben.

Dockschwalbe - Prostituierte, besser: Hafenmädchen.

Donkey - Hilfsmaschine.

drei Schwestern - drei hintereinanderfolgende Riesenwellen.

dreimal Wahnsinnige - Spottname für alle „Äußerste Kraft voraus" mit kurzzeitiger Überlastung der Hauptmaschinen im Notfall.

dümpeln - ein Schiff dümpelt, wenn es sich bei Windstille oder vor Anker im Seegang sachte wiegt.

einbooten - das „an-bord-gehen" mit Hilfe des Schiffsbootes.

eindocken, docken - das „in-das-Dock-gehen", etwa um eine Reparatur oder Bodenreinigung vorzunehmen.

einmotten - ein Schiff stilllegen.

einschiffen - das „an-Bord-gehen", um eine Reise anzutreten.

drei Eisheilige - Spottname der Besatzung für den Kapitän, den leitenden Ingenieur und Ersten Offizier.

Eiserner Gustav - Selbststeueranlage.

Fahrensmann - Seemann, Seemann der alle 7 Meere besegelt, befahren hat.

Fahrtgebiet - Einteilung nach Klassen. Küstenfahrt, Kleine Fahrt, Mittlere Fahrt, Große Fahrt.

fest! - Kommando beim Heißen, Hieven, Einholen; bedeutet so viel wie Halt, Stopp, nicht mehr heißen.

Feuerrolle - Teil der Sicherheitsrolle. Weist jedem Mitglied der Schiffsbesatzung seine besondere Aufgabe zu im Fall von Feuer an Bord.

Flaggschiff - Admiralsschiff, größtes Schiff einer Flotte.

Fliegender-Fisch-Seemann - einer, der lieber im warmen Süden als im kalten Norden fährt; svw. Warmwasserduscher.

Fliegender Holländer - Geisterschiff, das gegen den Wind segelt.

Freund Hein - der Tod (als Gestalt).

Fuchs - bei überanstrengten Augen nicht vorhandenes Land sichten.

Garn spinnen - schwer glaubwürdige Erzählungen des Seemannes, Übertreibung.

Glaukos - griech. Gott des Meeres, der Schifffahrt und der Fischer.

Grog - heißes Wasser mit heißem Rum und Zucker („Rum muss, Zucker kann, Wasser braucht nicht"); Mischung 1/3 Wasser, 2/3 Rum = „steifer Grog".

der Große - Spottname für den ersten Steuermann.

Hafenabgaben - diejenigen Gelder, die ein Schiff dafür bezahlen muss, dass es den Hafen samt seinen sämtlichen Anlagen, wie Einfahrt, Befeuerung usw., benutzt. Sie werden bemessen nach der Größe des Schiffes.

Haverie - Unglücke wie Grundberührungen, Zusammenstöße, große Schäden an Schiffen wie z. B. Mastbrüche.

Heck - Hinterende des Schiffes (ganz achtern).

Heimathafen - der Hafen, in dem ein Schiff zu Hause bzw. auf den es in die Schiffsregistern eingetragen ist und wo die Reederei meist ihren Sitz hat.

Hein Janmaat - Durchschnittsmatrose (wie etwa Otto Normalverbraucher).

Heuer - die Löhnung des Seemannes.

hieven - heben, anheben, hochziehen.

Himmelskomiker - Seemannspastor.

Hohe See - umfasst alle die Teile des Meeres, die nicht zur ausschließlichen Wirtschaftszone zum Küstenmeer oder zu den inneren Gewässern eines Staates oder zu den Archipelgewässern eines Archipelstaates gehören.

Hoheitsgewässer - oder Zwölfmeilenzone (früher Dreimeilenzone) sind die Bereiche der Küstengewässer eines Landes, innerhalb derer das jeweilige staatliche Recht Geltung hat.

Isländer - Pullover aus reiner ungefärbter Wolle mit natürlichen Fettgehalt, warm und wasserabweisend, gern getragen von Seemännern.

Jakobsleiter - eine meist mit Holzsprossen versehene Strickleiter.

Jakobsstab - Winkelmessgerät, mit der vor der Erfindung des Spiegelsextanten die Höhe der Gestirne gemessen wurde.

Jonas - Unglücksrabe, der den Wind vertrieb oder schlechtes Wetter brachte.

Jumboizing - Verlängern eines Schiffes durch Zwischensetzen eines neuen Mittelteils.

Jungfernreise, Jungfernfahrt - die erste Reise eines Schiffes.

Kammer - Schlaf- und Aufenthaltsraum der Besatzungsmitglieder an Bord.

Kesselbande - Maschinenpersonal.

Kiel - unterste Längsversteifung des Schiffes

Kielwasser - die sichtbare Spur, die ein Schiff bei seiner Fahrt durch das Wasser hinterlässt.

Klabautermann - ein kleiner Kobold, der unsichtbar an Bord des Schiffes seinen Schabernack treibt und der im Schiff klopft und rumort und entweder durch sein Erscheinen dem Schiff den Untergang anzeigt, oder der im Schiff auf Ordnung sieht und durch sein Verschwinden Unheil anzeigt. Solange er an Bord bleibt, macht das Schiff gute Fahrt. Der Klabautermann sorgt sich um das Schiff, seine Anwesenheit schützte das Schiff.

klar Schiff machen - Schiff zu einem Manöver oder einem Gefecht bereit machen.

Klarieren - das Erledigen der Zoll- und sonstigen Behördenformalitäten beim Ein- und Auslaufen eines Hafens.

Knoten - Geschwindigkeitsmaß, 1 kn = 1,852 km/h (1 Seemeile pro Stunde).

Koje - Schlafstätte (Bett) an Bord.

Kombüse - Bordküche.

Kontorflagge - Reedereiflagge.

Landratte - Nichtseemann.

längsseits kommen - anlegen, am Kai anlegen.

Leckage, Leck - eine Undichtigkeit am Schiffsrumpf, am Deck usw.

Lee - dem Wind abgewandte Seite (abfallen: nach Lee drehen).

Logbuch - Schiffsjournal, Schiffstagebuch.

Lotse - nautischer Beirat, den ein Schiff bei schwierigen Passagen, Einfahrten, Kanälen erhält.

Luke - jede Decköffnung auf einem Schiff.

Luv - Seite, von der der Wind kommt.

Mann über Bord! - Warnruf an den Rudergänger und die Besatzung, dass eine Person über Bord gegangen ist.

Manöver - darunter versteht man die nautisch-technischen Maßnahmen, bei deren Anwendung ein Schiff in eine andere Lage oder geänderte Position gebracht wird (manövrieren).

Mastbruch - wenn die segeltragende vertikale Holz- oder Metallstange durch Wind oder Haverie gebrochen ist. Der Ausdruck „Mast- und Schotbruch" ist Glück- und Segenswunsch in der Seefahrt.

Mayday - Seenotruf im Sprechfunkverkehr, aus dem franz. m'aidez (Helft mir).

Messe - Speiseraum an Bord eines großen Schiffes.

Mettwurst - Ende eines Taues (Umgangssprache).

Mittelwächter - Kaffee, belegte Brötchen, heiße Suppe, um Mitternacht.

Mole - bezeichnet eine als Damm in den See oder das Meer ragende Stein- oder Holzkonstruktion, meistens mit dem (Meeres-)Grund verbunden.

Musikdampfer - Spottname für Passagierschiff.

Mütze voll Wind - umgangssprachlich für etwas Wind.

Navigaton - ist die „Steuermannskunst“ zu Meer (Nautik), zu Land und in der Luft.

Nebelglocke - Die Glocke, mit der sich ein vor Anker liegendes oder festsitzendes Schiff im Nebel bemerkbar macht.

Neptun - römischer Gott der Meere, kommt bei der Äquatortaufe an Bord.

Nixe - Seejungfrau, weiblicher Wassergeist.

Nock - Außenbereich der Brücke an Backbord und Steuerbord.

Ochsenauge - ein Stück blauer Himmel, oftmals im Zentrum eines Tropensturms sichtbar.

Ölprinzen - Maschinenpersonal.

Pavian - Spottname für den Seemann, der Wache hält, wenn das Schiff vor Anker liegt.

Plünnen - nennt der Seemann seine Segel, aber auch sein Zeug, seine Kleidung.

Poller - ein kurzer Pfahl auf der Hafenpier aus Metall oder Holz zum Festmachen eines Schiffes.

querschlagen - Das aus dem Ruder Laufen bei achterlichem Wind und Seegang, so dass Gefahr des Kenterns oder Vollschlagen besteht.

Reede - Ankerplatz außerhalb des Hafens.

Rein Schiff! - Kommando zur gründlichen Reinigung eines Schiffes.

Reling - ein Geländer um ein freiliegendes Deck oder um Decköffnungen.

Ruder - das, was Landratten „Steuer“ nennen.

Schiffstaufe - ist ein feierlicher Akt vor dem Stapellauf von Schiffen.

Schmutt - Schiffskoch (vgl. Smutje).

Schott - Quer- und Längswände zur Unterteilung und Versteifung des Schiffskörpers; auch Bezeichnung für Tür.

Schwalker - ein trunkfälliger, sonst aber tüchtiger Seemann.

Seebär - ein alter Seemann.

Seefahrtsbuch - ist ein Ausweis und dient der Identifikation des Inhabers. Deutsche Seefahrtbücher sind, soweit sie an Deutsche ausgestellt sind, Passersatzpapiere.

Seekarte - ist eine Karte, die für die Schifffahrt die Seewege und Küsten, Untiefen, Seezeichen, Fahrrinnen etc. von einem bestimmten Seegebiet (z.B. Nordsee) darstellt.

Seelenverkäufer - nicht mehr voll seetüchtiges Wasserfahrzeug, das die „Seelen“ der Passagiere und Besatzungsmitglieder „verkauft“.

Seemannsgarn - Lügengeschichten.

Seemannssonntag - seemännische Bezeichnung für den Donnerstag, wo es ein sehr gutes Essen gibt.

Seemeile - oder nautische Meile ist ein in der Schifffahrt gebräuchliches Längenmaß und entspricht 1,85201 km.

Seenot - liegt vor, wenn ein Wasserfahrzeug, dessen Besatzung und gegebenenfalls Passagiere sich in einer Situation befinden, bei der der Untergang des Fahrzeugs droht oder eine ernste, unmittelbare und ohne fremde Hilfe unabwendbar erscheinende Gefahr für die Gesundheit oder das Leben der Personen besteht.

Sextant - (Spiegelsextant, auch Sixtant) ist ein optisches Messinstrument, mit dem man den Winkel zwischen den Blickrichtungen zu relativ weit entfernten Objekten bzw. zum Horizont bestimmen kann. Er wird hauptsächlich zur Höhenmessung von Gestirnen für die astronomische Navigation auf See verwendet.

Shanty - der Matrosengesang.

Signalbuch - dient zur Kommunikation auf See. Es definiert die Bedeutung von Buchstabenkürzeln für Sicherheits- und Navigationszwecke.

Smutje - Schiffskoch.

Spanten - „Rippen" des Schiffes, zur Versteifung des Rumpfes.

Staffkapitän - auf großen Fahrgastschiffen, ein abwechselnder Kapitän, der seinen Vorgesetzten einen Teil der gesellschaftlichen Pflichten abnimmt.

Steuerbord - engl. Starbord, rechte Seite des Schiffes, in Fahrtrichtung blickend.

Tallymann - Ladungskontrolleur.

Tender - Hilfs-, Verkehrs- und Versorgungsfahrzeug für ein Schiff.

Tom Cox's traverse - die unnützen Gänge eines Matrosen, um sich von der Arbeit zu drücken.

Tonnage - von Tonne entstand zu einer Zeit, als Schiffe nach der Anzahl der „Tonnen", der Fässer, die sie transportieren konnten, vermessen wurden.

Tonne - schwimmendes, an bestimmter Position fest verankertes Seezeichen, von Landratten ‚Boje' genannt.

Toppsgast - erfahrener Matrose.

Treideln - das Schleppen eines Schiffes vom Ufer aus, nur möglich an Kanälen und Flussläufen.

Trosse - schweres Tauwerk zum Festmachen oder Schleppen.

übertakelt - zu lange Masten und zu hohe Segel.

unklar - alles, was nicht einsatzfähig, nicht in Ordnung und nicht gebrauchsfertig ist.

verholen - ein Schiff auf einen anderen Liegeplatz oder Ankerplatz fahren.

Verschanzung - der feste Teil der Reling.

vertäuen - das Festmachen eines Schiffes durch Leinen an Land, an Poller usw.

Vor ihrem Herrn herlaufende Hunde - vor einem Orkan herlaufende Dünung.

Wahrschau! - Warnruf: „Achtung!“, „Vorsicht!“

Wanderratte, auch Kairatte - Hafendieb.

Wasserstraße - Seeweg, Fahrrinne durch Eis etc.

Weiße Wand - Riesenwelle mit Schaumkrone.

Wetterprophet - Spottname für den Meteorologen, Rheumakranker Seemann.

Windjammer - Großsegler.

Winkeralphabet - (Semaphore) dient zur optischen Nachrichtenübermittlung zwischen Schiffen.

Wippsteert - ständig unruhiger Seemann.

Wo aus! - Frage an den Ausguck, in welcher Richtung ein Segel, Feuer oder Objekt.

Xmitter - (Funk)Sender.

XY-Recorder - Koordinatenschreiber.

XY-Steuerung - Steuerung mittels Rollkugel oder Steuerknüppel.

Zeug - 1. Ausdruck für die Kleidung der Seeleute;
2. Ausdruck für Takelage.

Zeugwäsche machen - Bevor auf Handelsschiffen in den 1970er Jahren zunehmend Waschmaschinen an Bord kamen, haben die Seeleute ihr Arbeitszeug mit grüner Seife und Wurzelbürste oder Schrubber auf dem Boden ausgeschrubbt.

Quelle: de.wikipedia.org, Liste seemännischer Fachbegriffe, Januar 2007